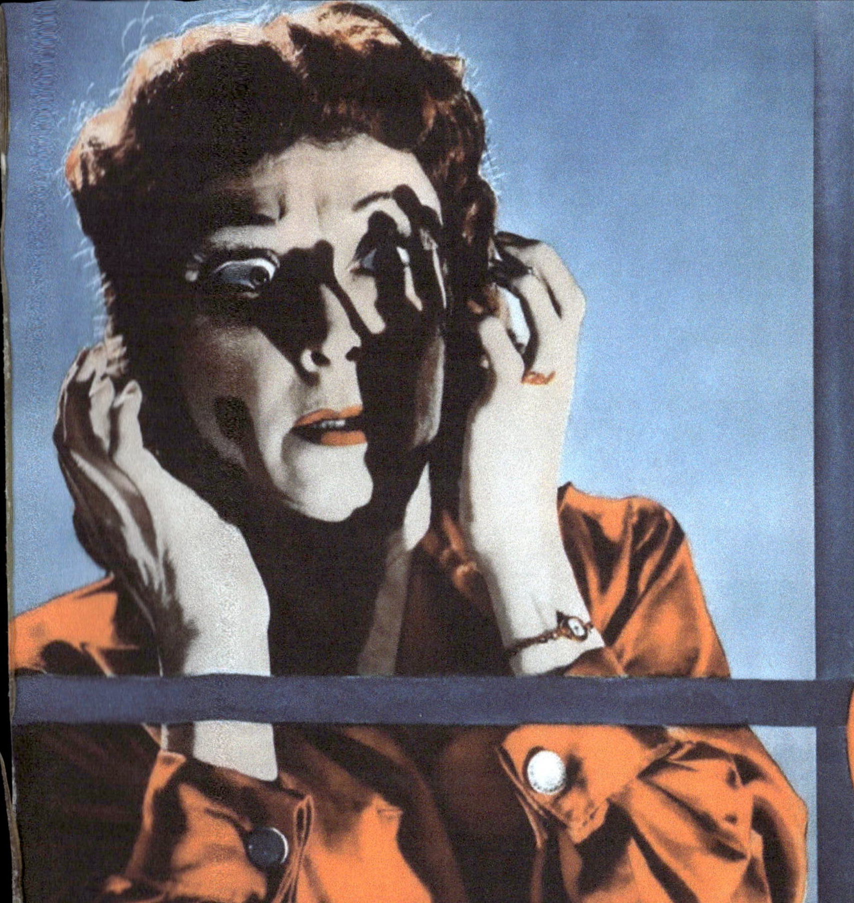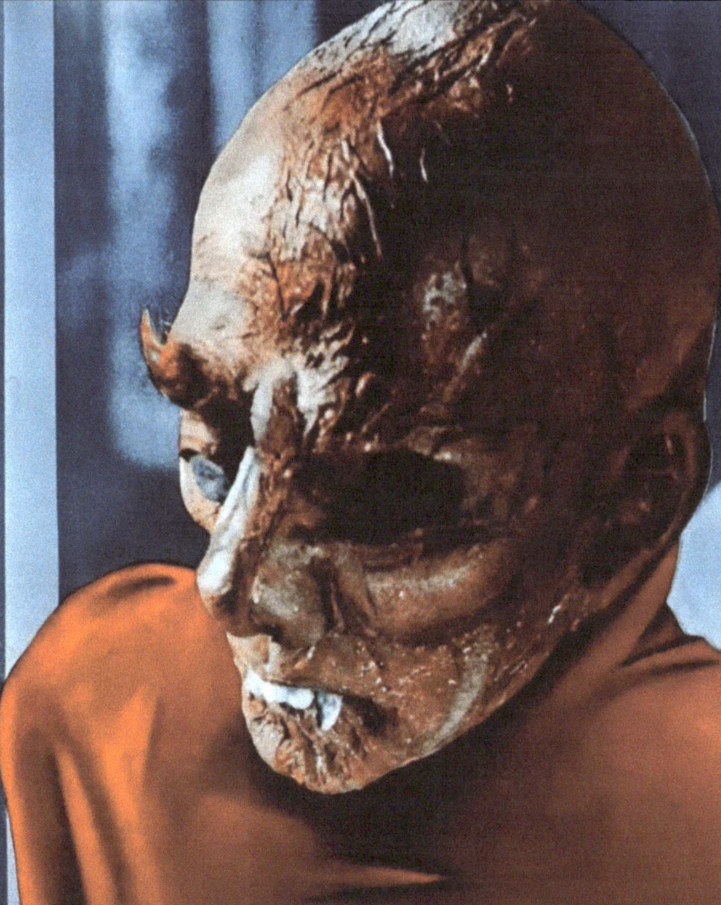

GRINDHOUSE VISIONS

5

140 CULT MOVIE LOBBY CARDS FROM ITALY

GRINDHOUSE VISIONS 5

ISBN : 978-1-917285-40-7
Edited by G.H. Janus
Published by Bonefyre Gas Books 2024
Copyright © Bonefyre World Emporium 2024
All world rights reserved

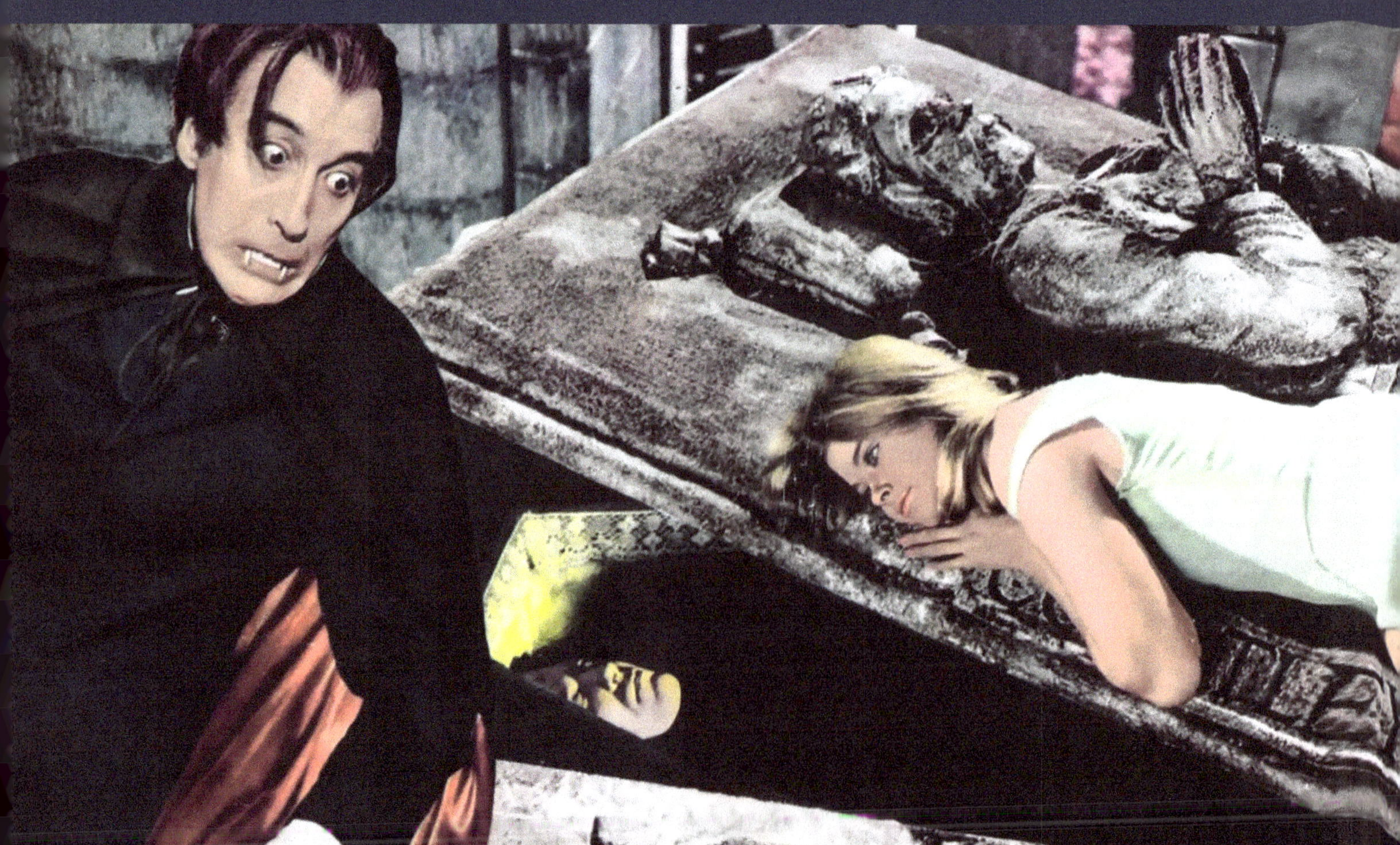

CONTENTS

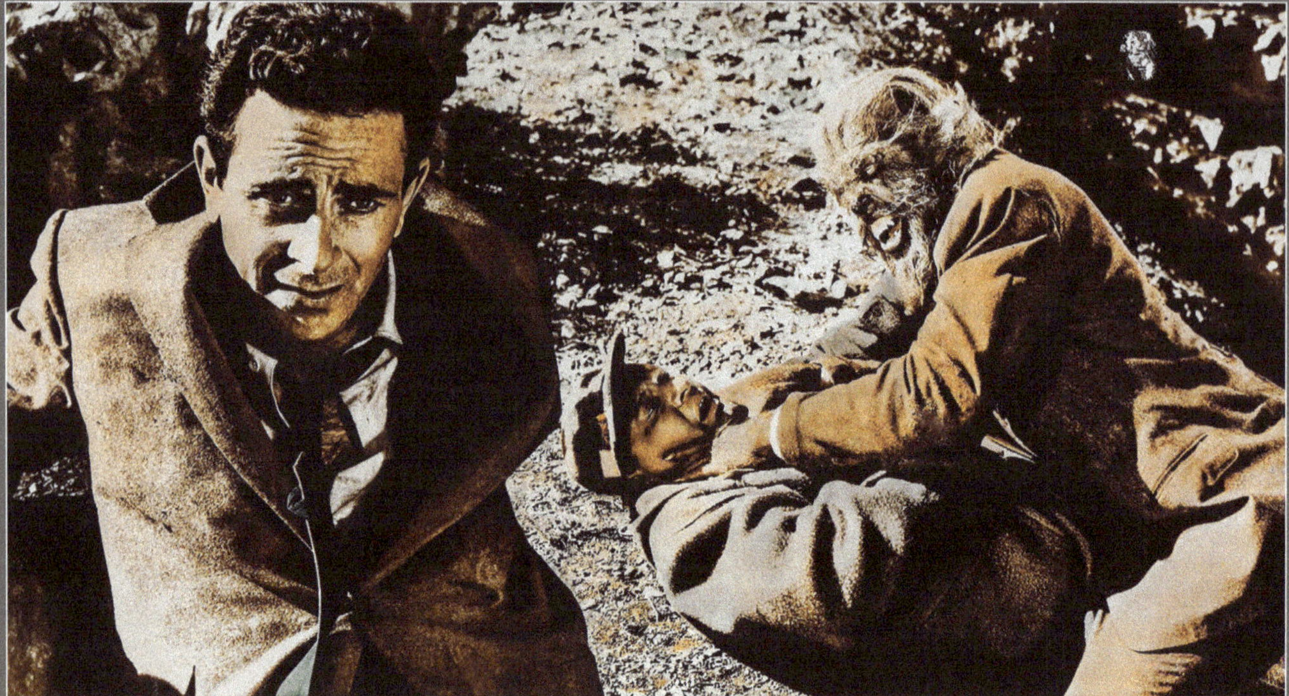

IL MOSTRO DELLA CALIFORNIA
DON MEGOWAN • JOYCE HOLDEN
STEVEN RITCH nella parte del mostro
PRODOTTO DA SAM KATZMAN
REGIA DI FRED F. SEARS
ESCLUSIVITÀ

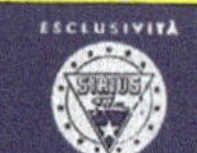

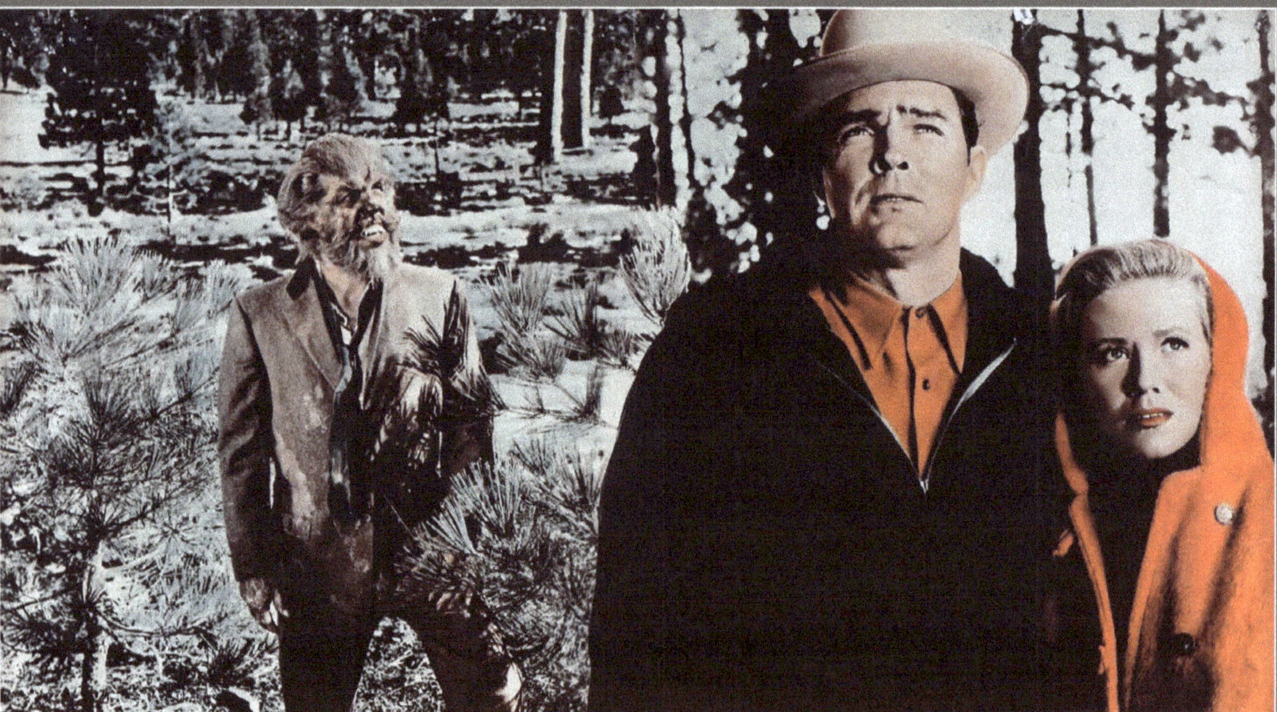

IL MOSTRO DELLA CALIFORNIA
DON MEGOWAN • JOYCE HOLDEN
STEVEN RITCH nella parte del mostro
PRODOTTO DA SAM KATZMAN
REGIA DI FRED F. SEARS
ESCLUSIVITÀ

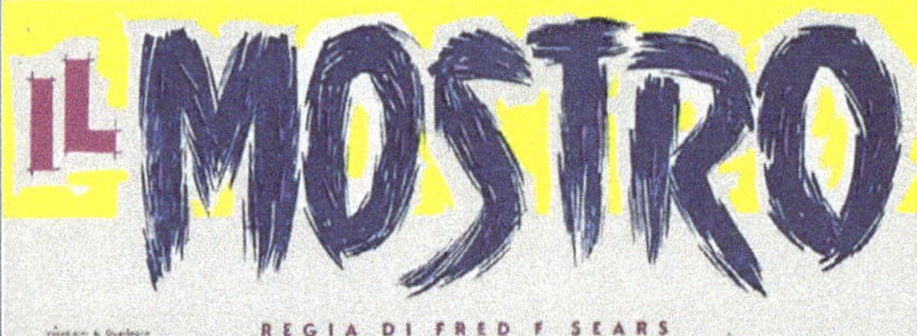

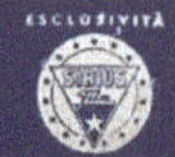

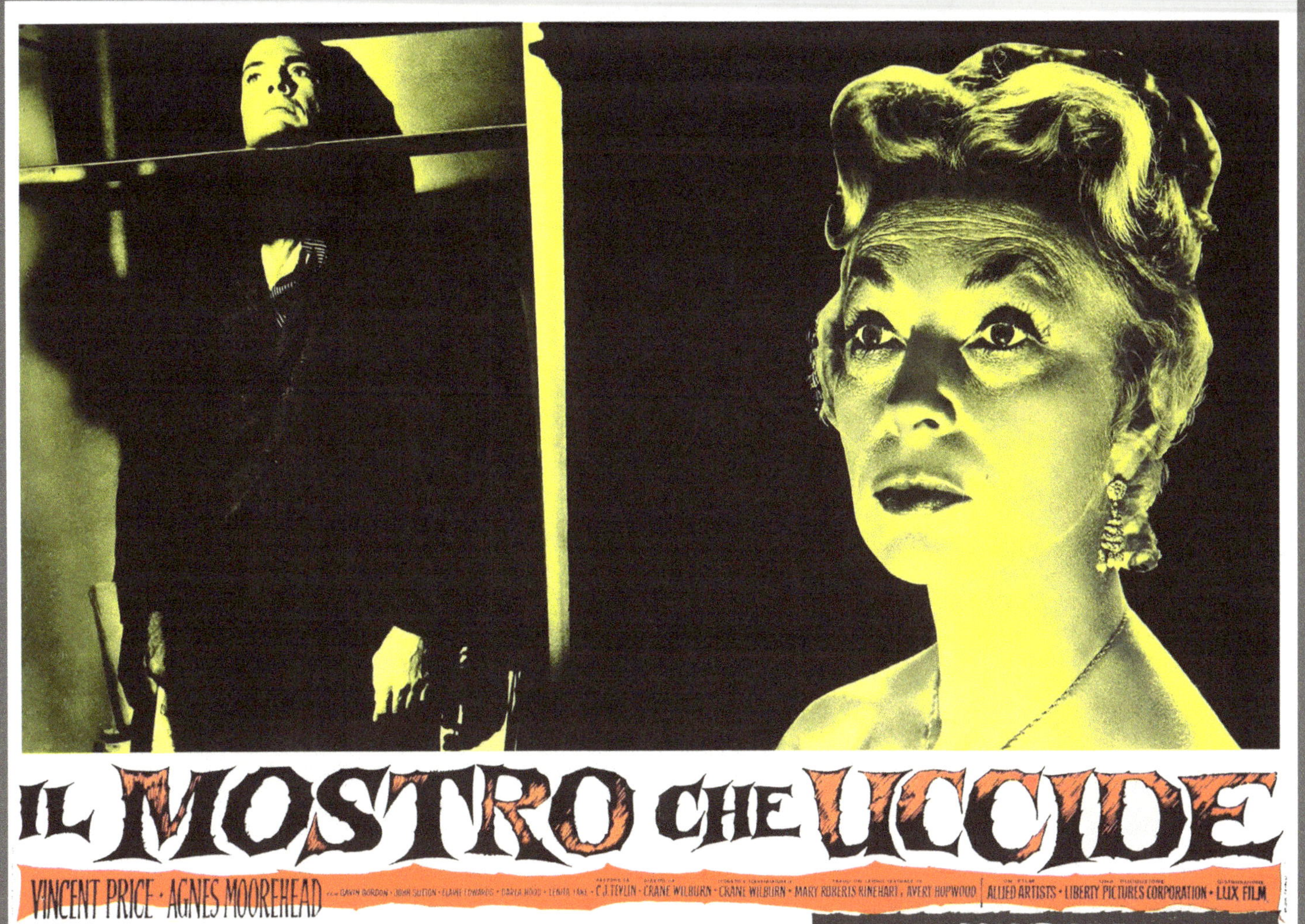

IL MOSTRO CHE UCCIDE
("The Monster That KIlls")
Original Title: **The Bat** (USA, 1959)

OPPOSITE PAGE:

IL MOSTRO DELLA CALIFORNIA
("The Monster Of California")
Original Title: **The Werewolf** (USA, 1956)

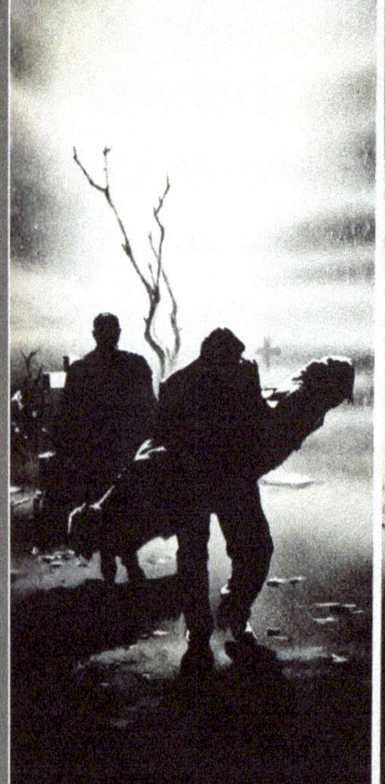

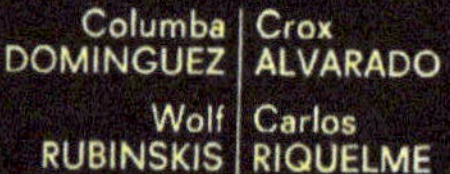
Columba
DOMINGUEZ
Wolf
RUBINSKIS
Regia di
FERNANDO MENDES

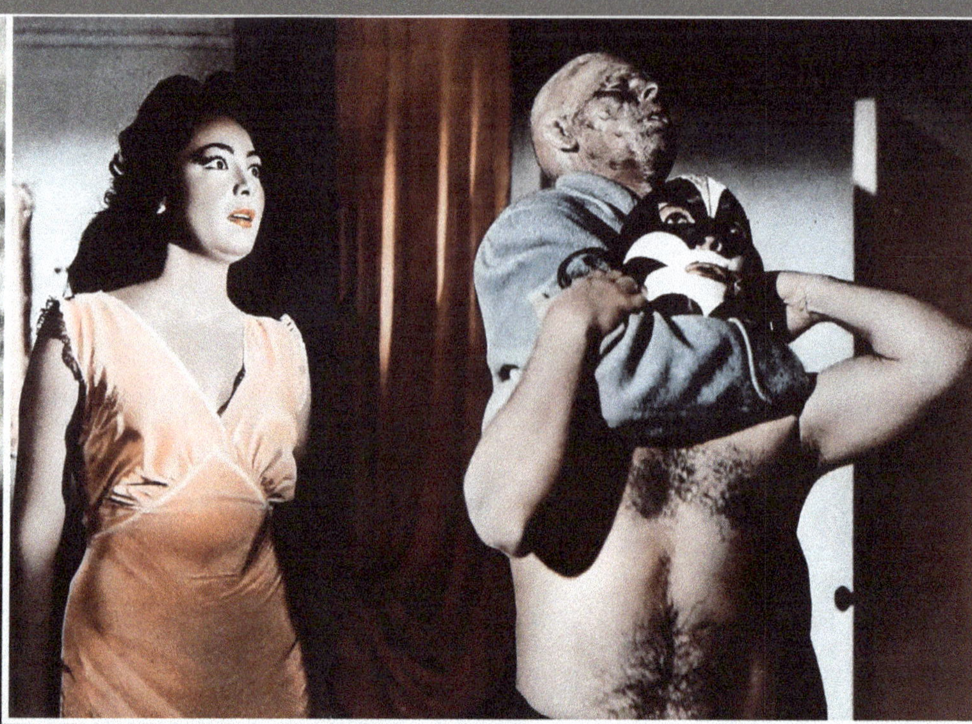
Crox
ALVARADO
Carlos
RIQUELME
LADRI di CADAVERI

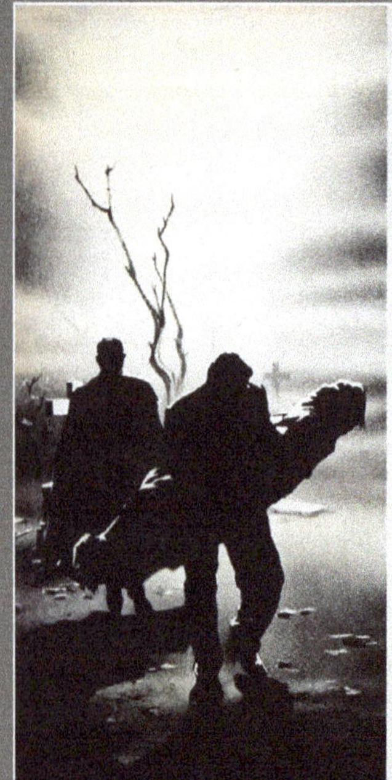

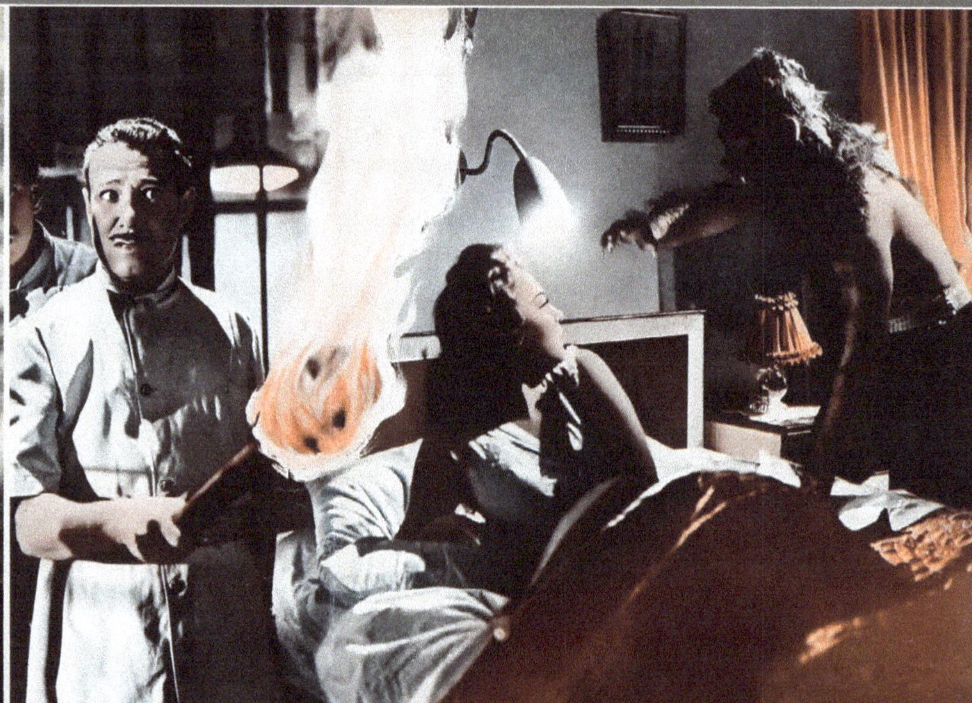
Columba
DOMINGUEZ
Crox
ALVARADO
Wolf
RUBINSKIS
Carlos
RIQUELME
Regia di
FERNANDO MENDES
LADRI di CADAVERI

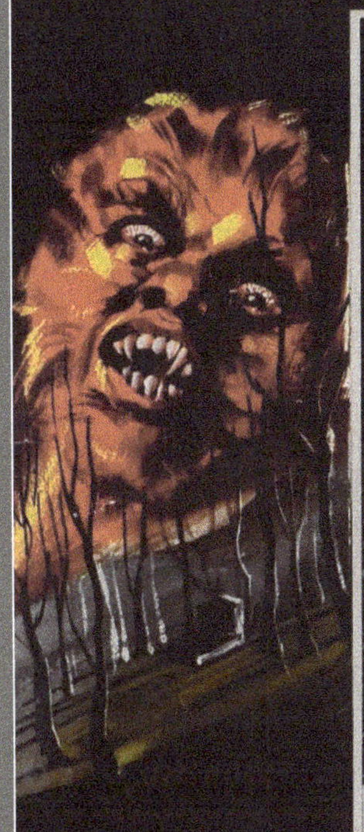

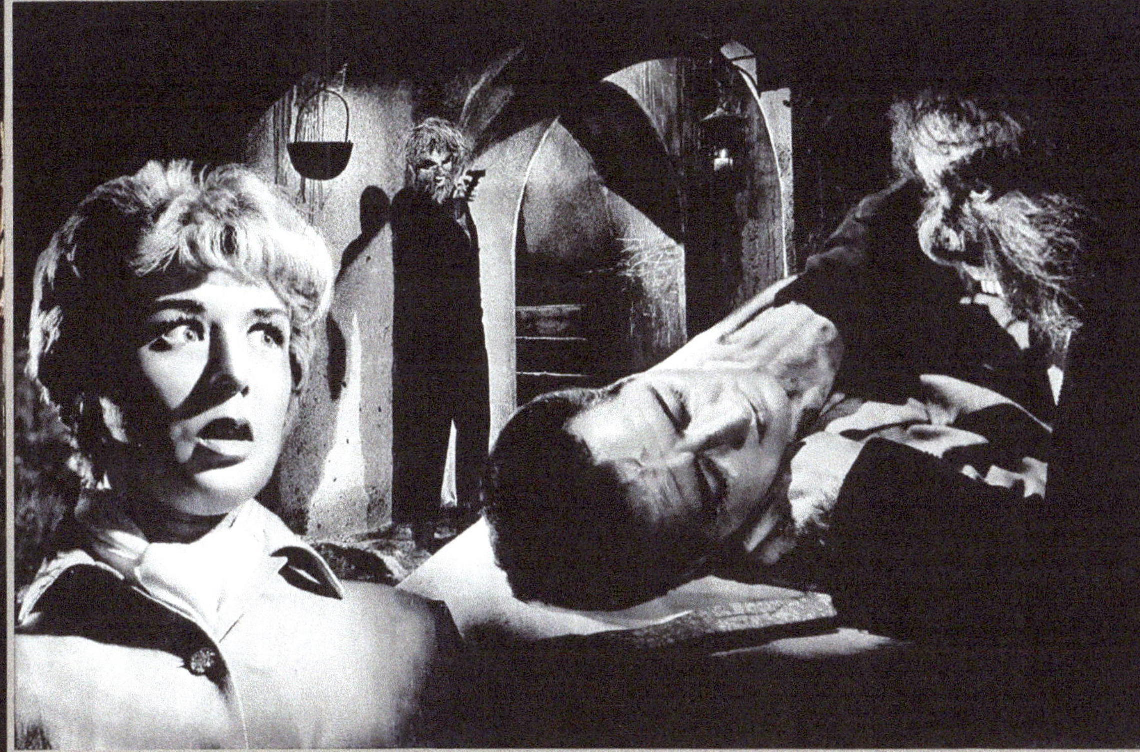

IL PREZZO DEL DEMONIO
(''The Demon's Price'')
Original Title: **El Hombre Y El Monstruo** (Mexico, 1959)

OPPOSITE PAGE:

LADRI DI CADAVERI
(''Corpse Thieves'')
Original Title: **Ladrón De Cadáveres** (Mexico, 1957)

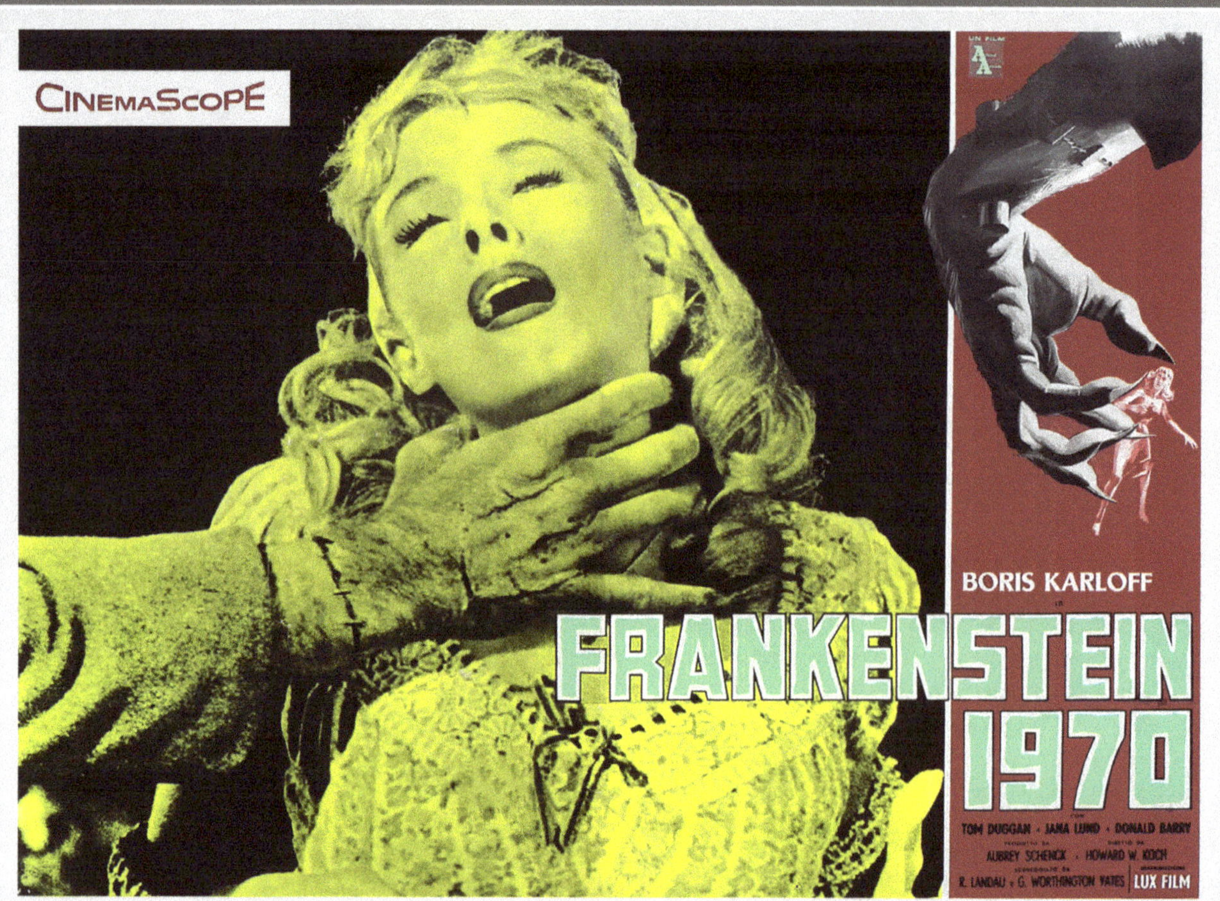
CinemaScopE
BORIS KARLOFF
FRANKENSTEIN
1970
TOM DUGGAN · JANA LUND · DONALD BARRY
AUBREY SCHENCK · HOWARD W. KOCH
R. LANDAU · G. WORTHINGTON YATES
LUX FILM

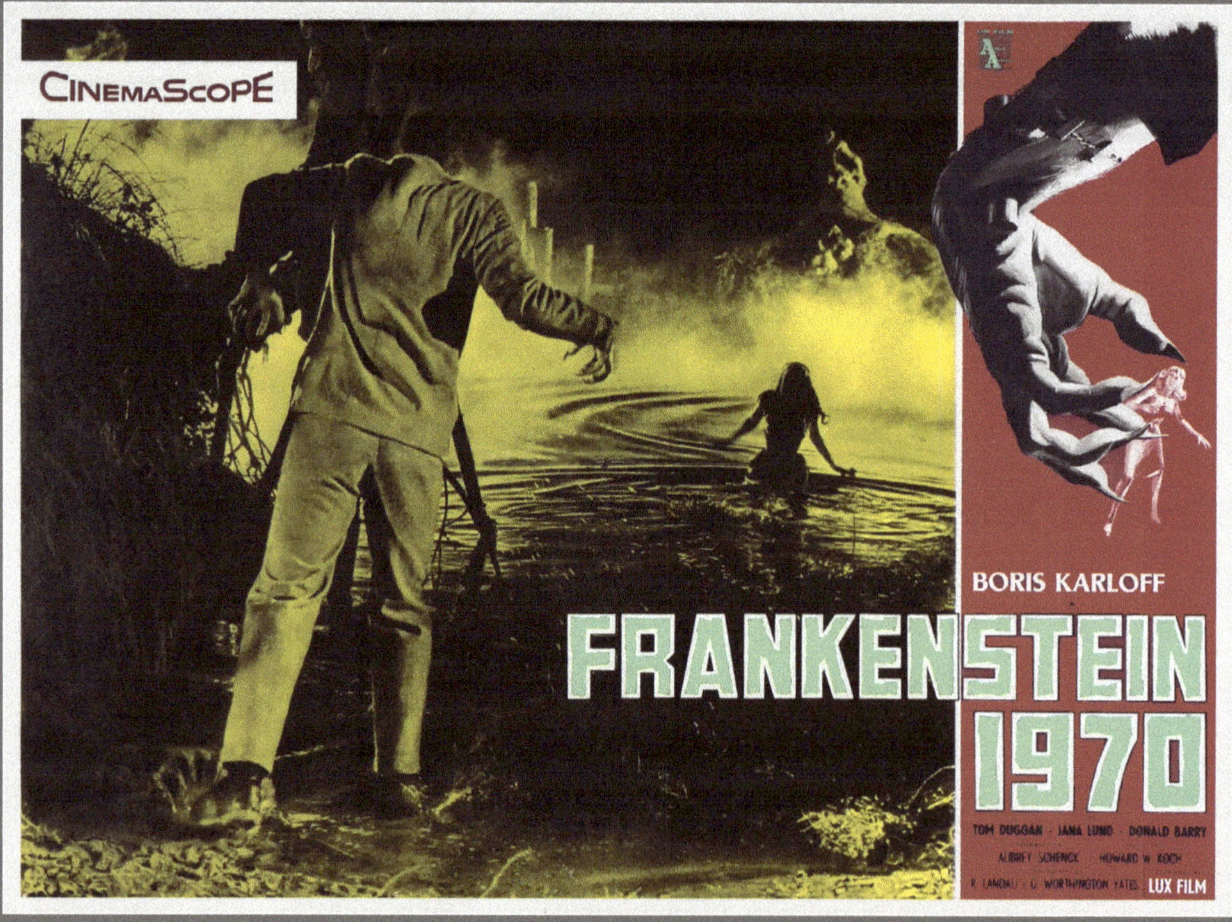
CinemaScopE
BORIS KARLOFF
FRANKENSTEIN
1970
TOM DUGGAN · JANA LUND · DONALD BARRY
AUBREY SCHENCK · HOWARD W. KOCH
R. LANDAU · G. WORTHINGTON YATES
LUX FILM

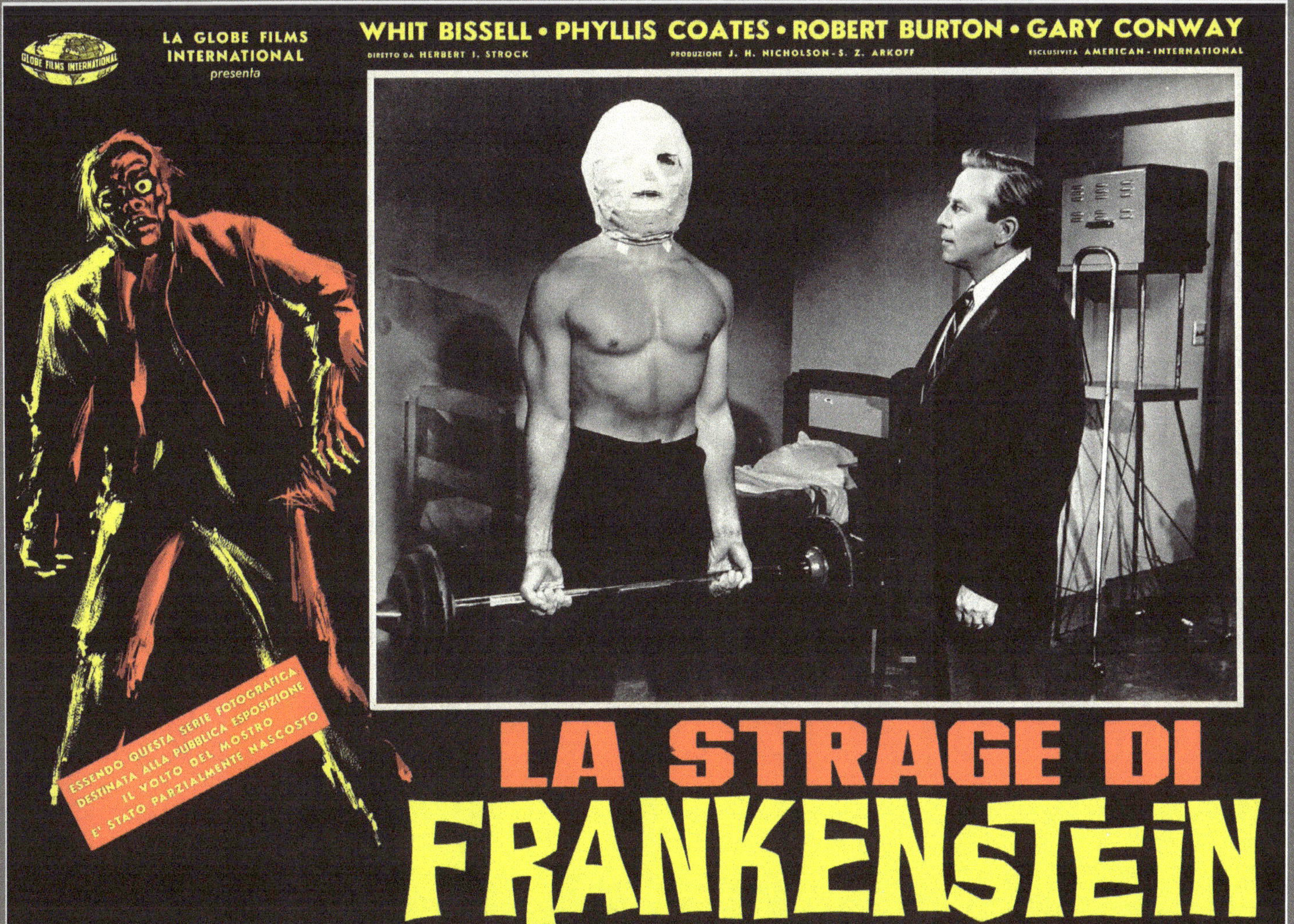

LA STRAGE DI FRANKENSTEIN
("The Frankenstein Massacre")
Original Title: **I Was A Teenage Frankenstein** (USA, 1958)

OPPOSITE PAGE:

FRANKENSTEIN 1970
("Frankenstein 1970")
Original Title: **Frankenstein 1970** (USA, 1958)

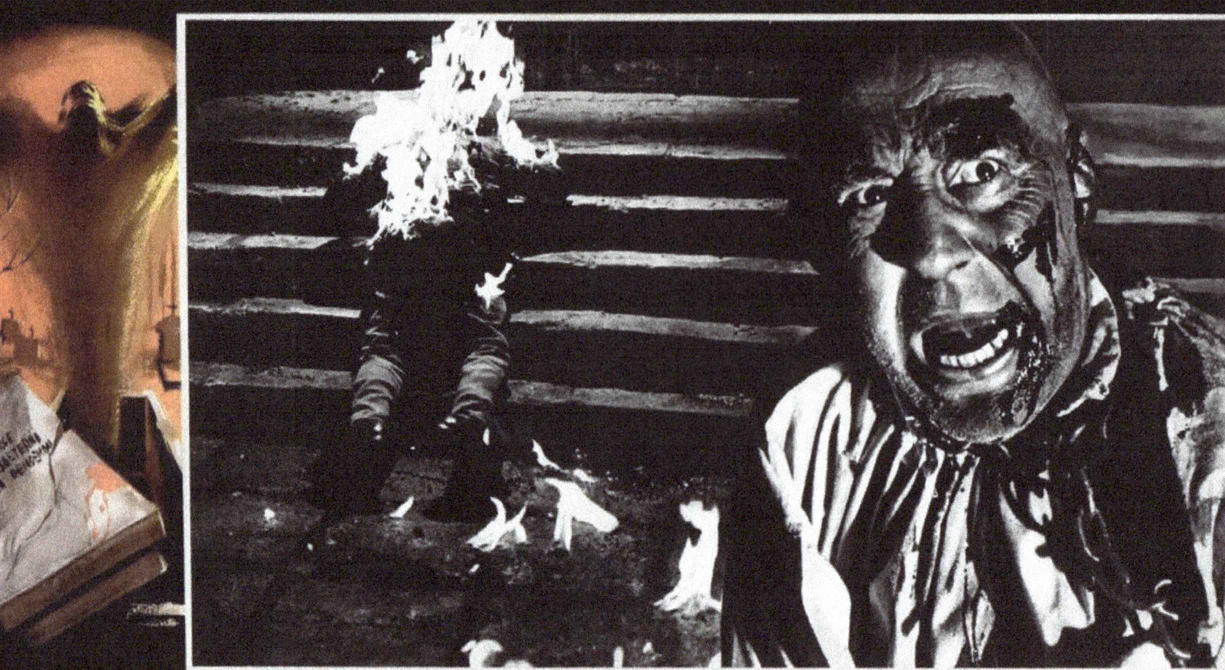

CAROLINE BARRET · ANTONY RAXEL · LUIS ARAGON · BEATRIX AGUIRRE · CHARLES ANCIRA
I MISTERI DELL'OLTRETOMBA
Esclusività CIMEX
Diretto da: FERNAND MENDEZ   Una produzione ALAMEDA Films
CIMEXSCOPE

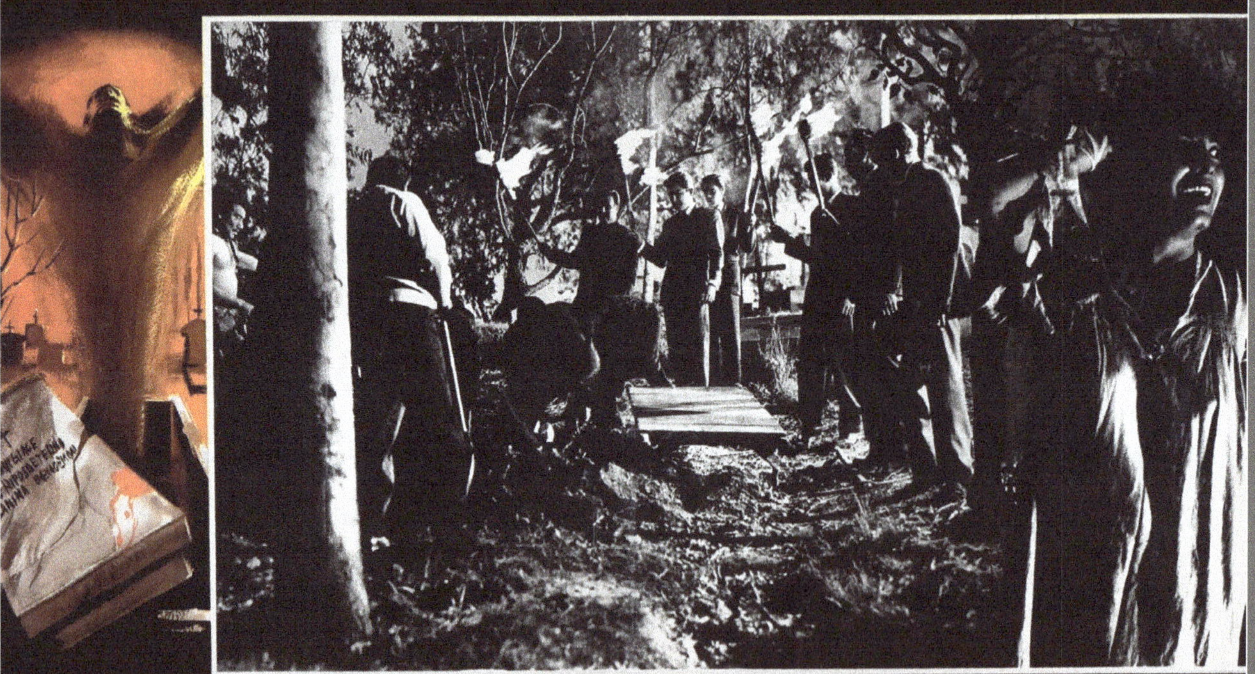

CAROLINE BARRET · ANTONY RAXEL · LUIS ARAGON · BEATRIX AGUIRRE · CHARLES ANCIRA
I MISTERI DELL'OLTRETOMBA
Esclusività CIMEX
Diretto da: FERNAND MENDEZ   Una produzione ALAMEDA Films
CIMEXSCOPE

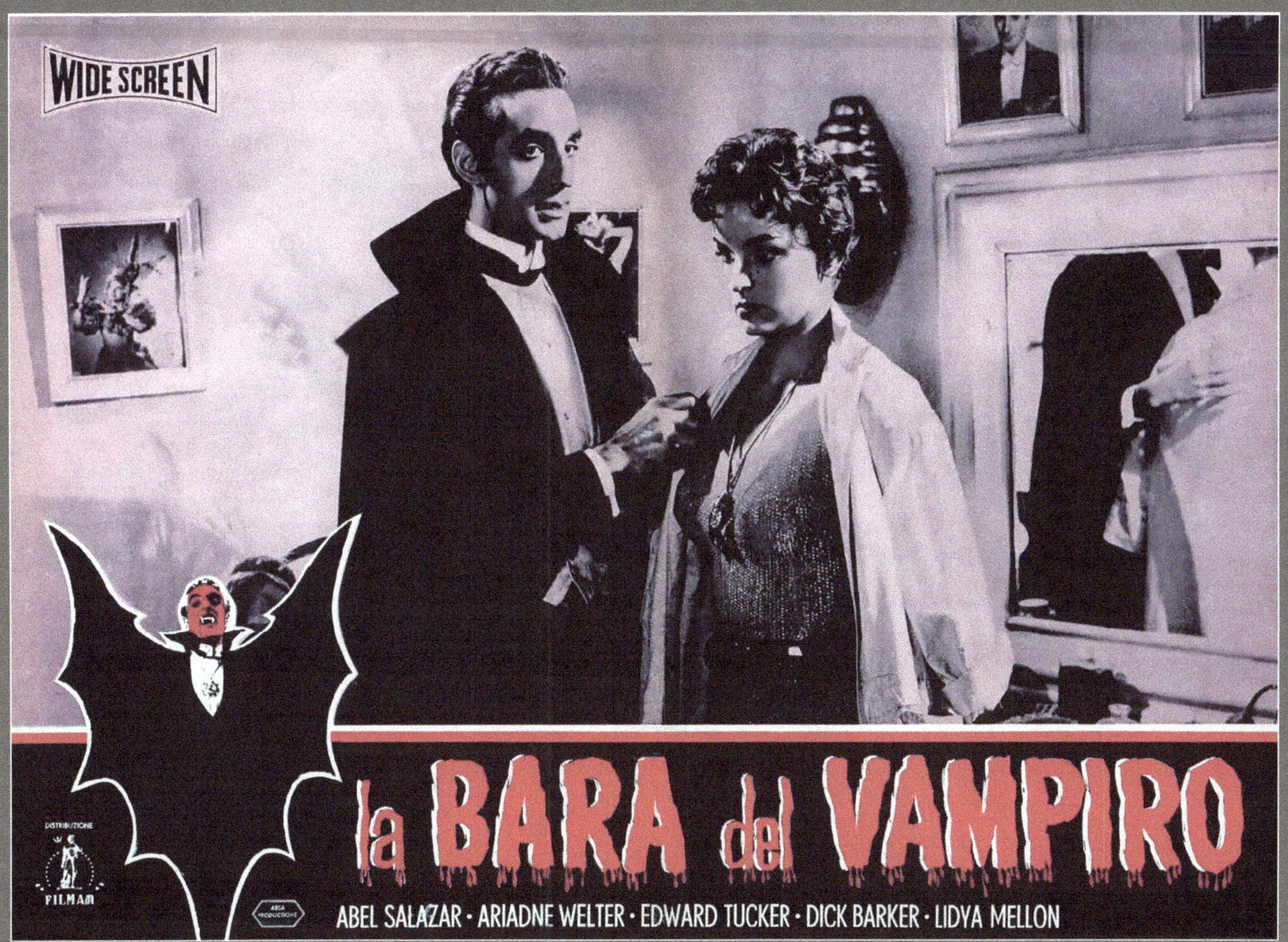

LA BARA DEL VAMPIRO
("The Vampire's Coffin")
Original Title: **El Ataúd Del Vampiro** (Mexico, 1958)

OPPOSITE PAGE:

I MISTERI DELL'OLTRETOMBA
("Mysteries Beyond The Grave")
Original Title: **Misterios De Ultratumba** (Mexico, 1959)

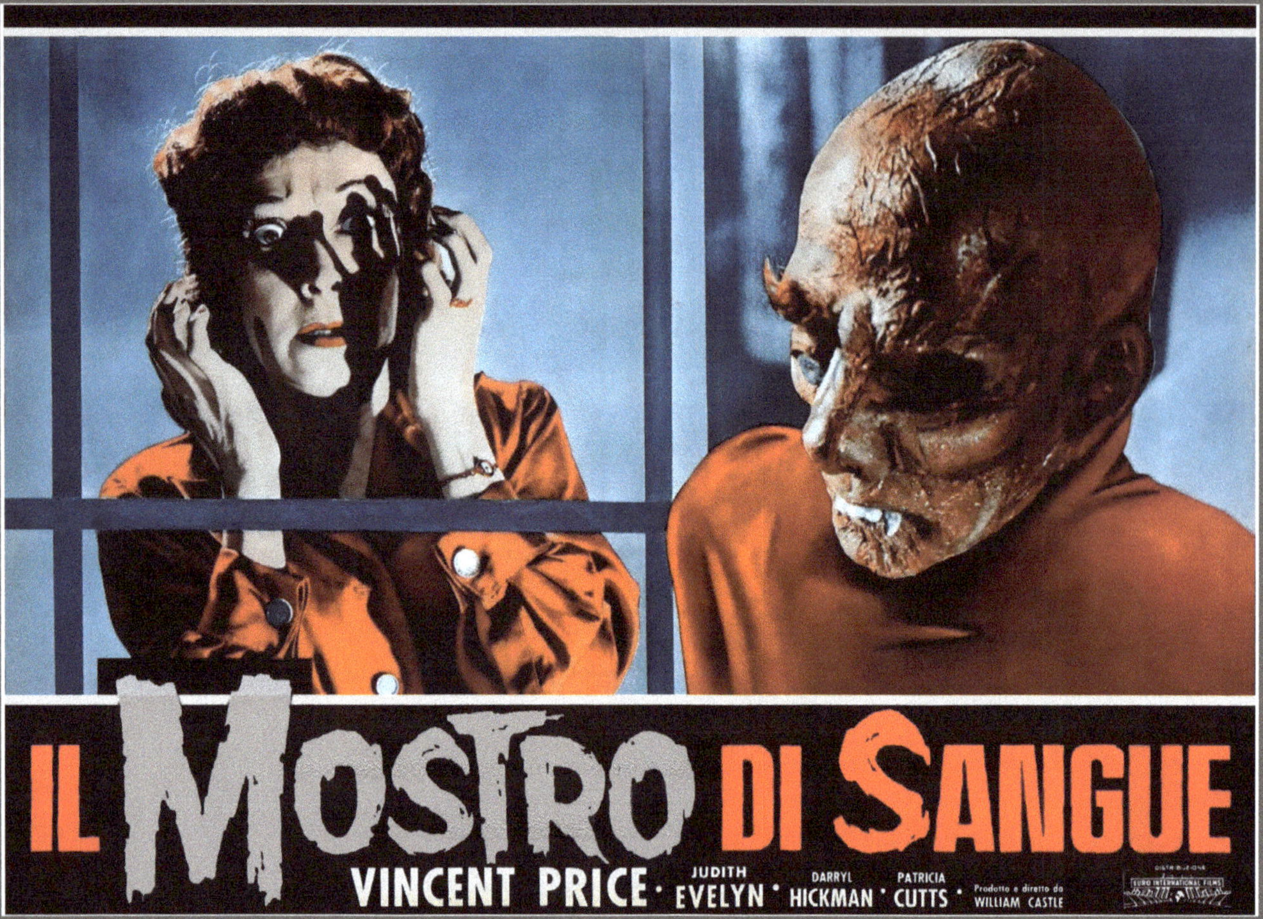

IL MOSTRO DI SANGUE
VINCENT PRICE
JUDITH EVELYN
DARRYL HICKMAN
PATRICIA CUTTS
Prodotto e diretto da WILLIAM CASTLE
EURO INTERNATIONAL FILMS

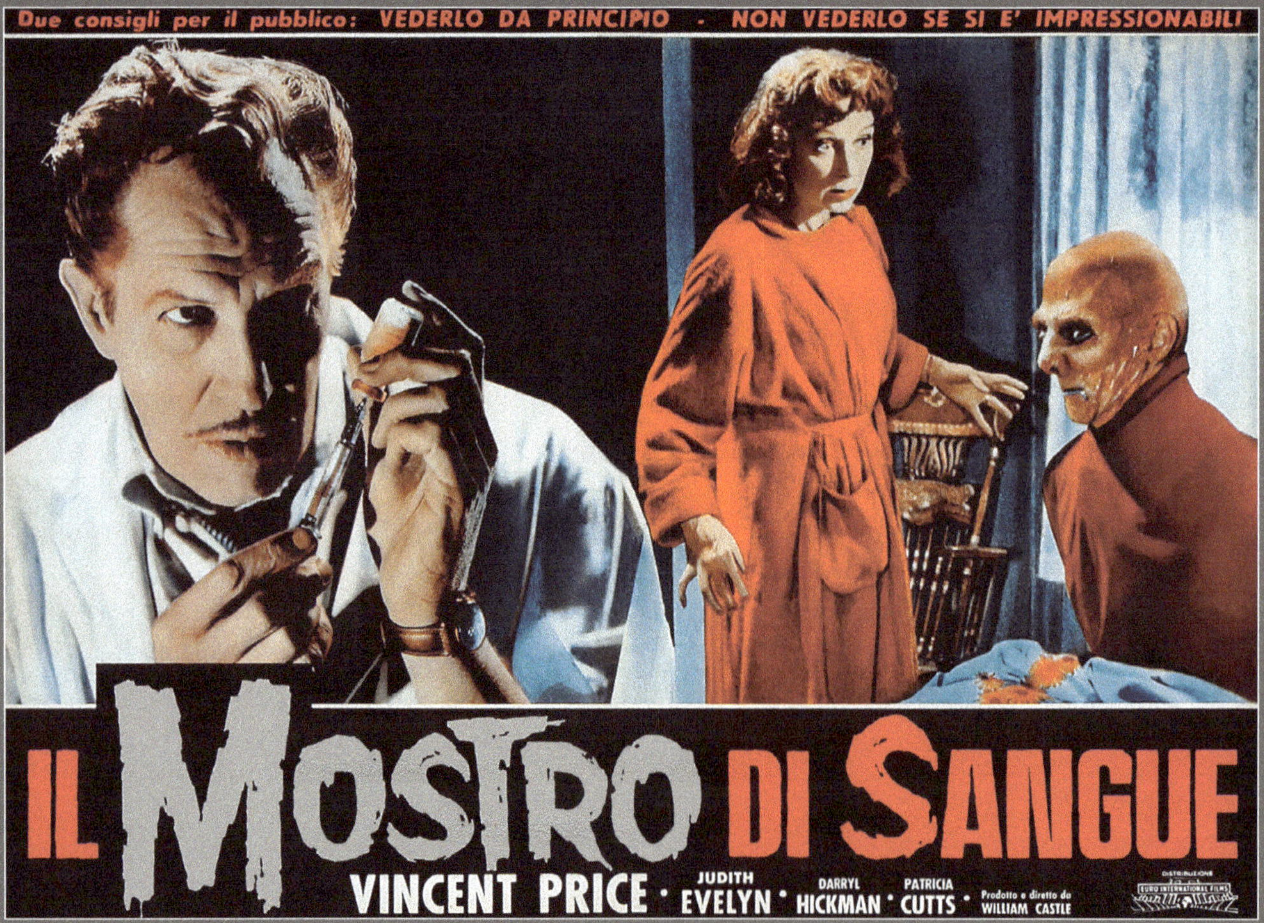

Due consigli per il pubblico: VEDERLO DA PRINCIPIO - NON VEDERLO SE SI E' IMPRESSIONABILI
IL MOSTRO DI SANGUE
VINCENT PRICE
JUDITH EVELYN
DARRYL HICKMAN
PATRICIA CUTTS
Prodotto e diretto da WILLIAM CASTLE
EURO INTERNATIONAL FILMS

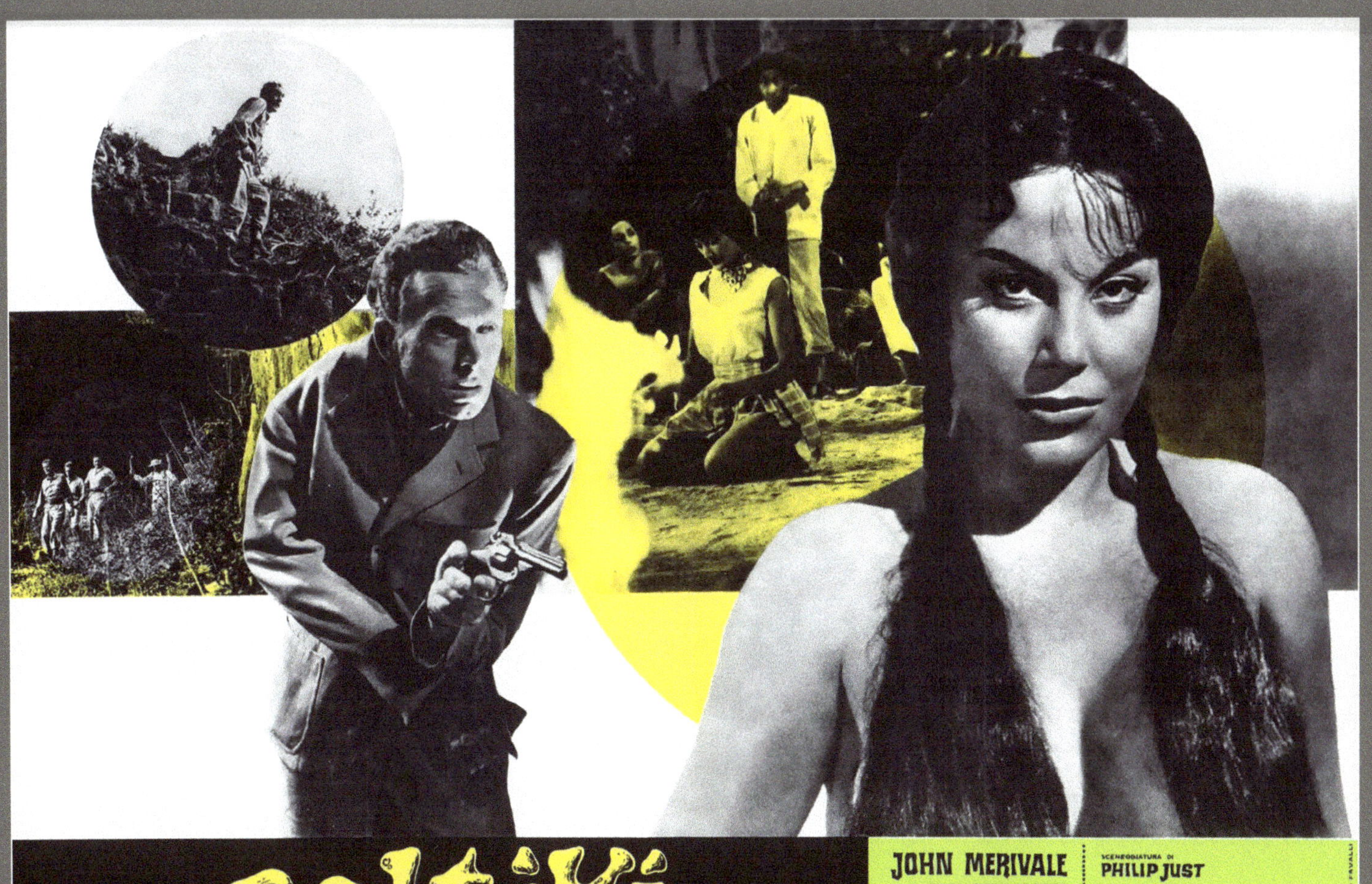

CALTIKI IL MOSTRO IMMORTALE
("Caltiki The Immortal Monster")
Original Title: **Caltiki Il Mostro Immortale** (Italy/USA, 1959)

OPPOSITE PAGE:

IL MOSTRO DI SANGUE
("The Blood Monster")
Original Title: **The Tingler?** (USA, 1959)

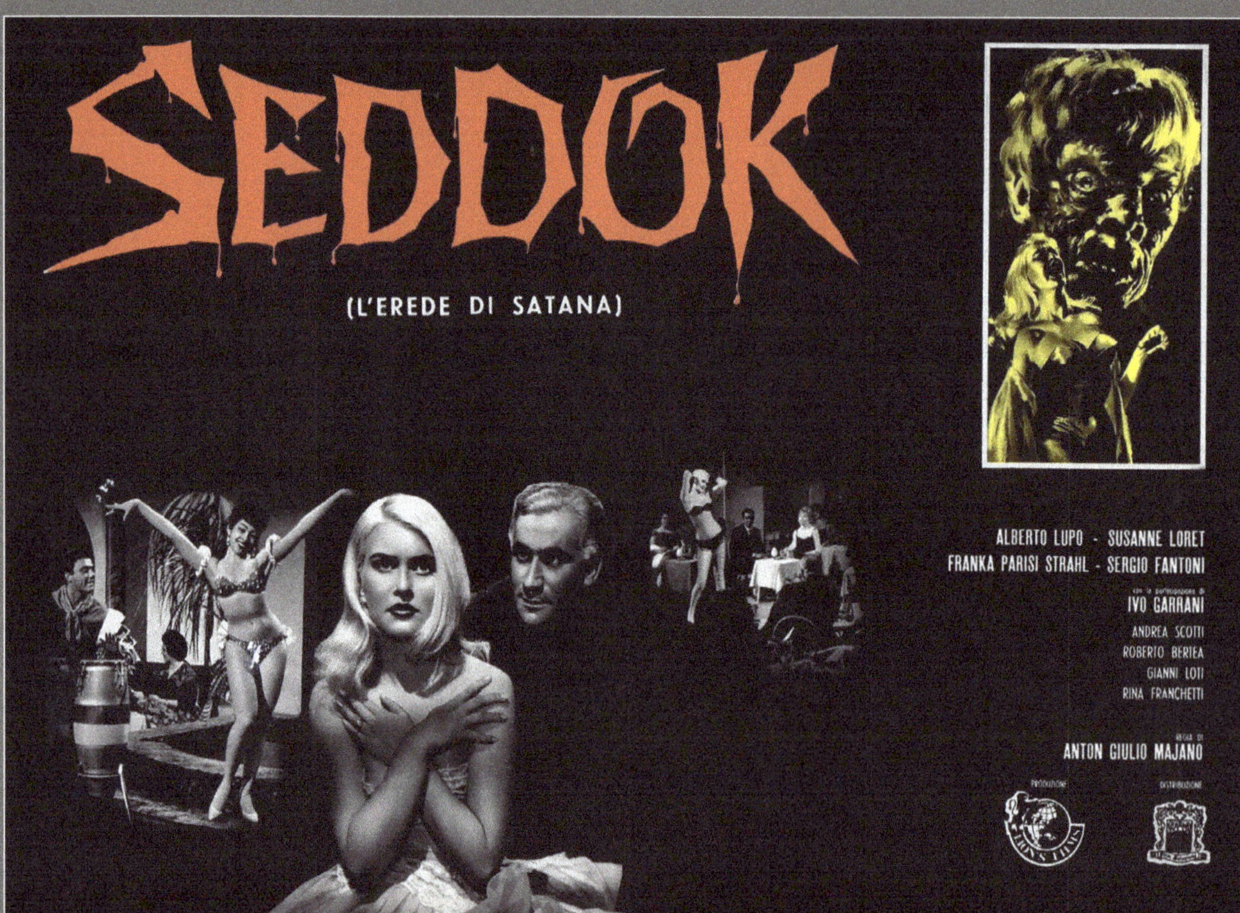

SEDDOK
(L'EREDE DI SATANA)
ALBERTO LUPO - SUSANNE LORET
FRANKA PARISI STRAHL - SERGIO FANTONI
con la partecipazione di
IVO GARRANI
ANDREA SCOTTI
ROBERTO BERTEA
GIANNI LOTI
RINA FRANCHETTI
ANTON GIULIO MAJANO
PRODUZIONE
DISTRIBUZIONE

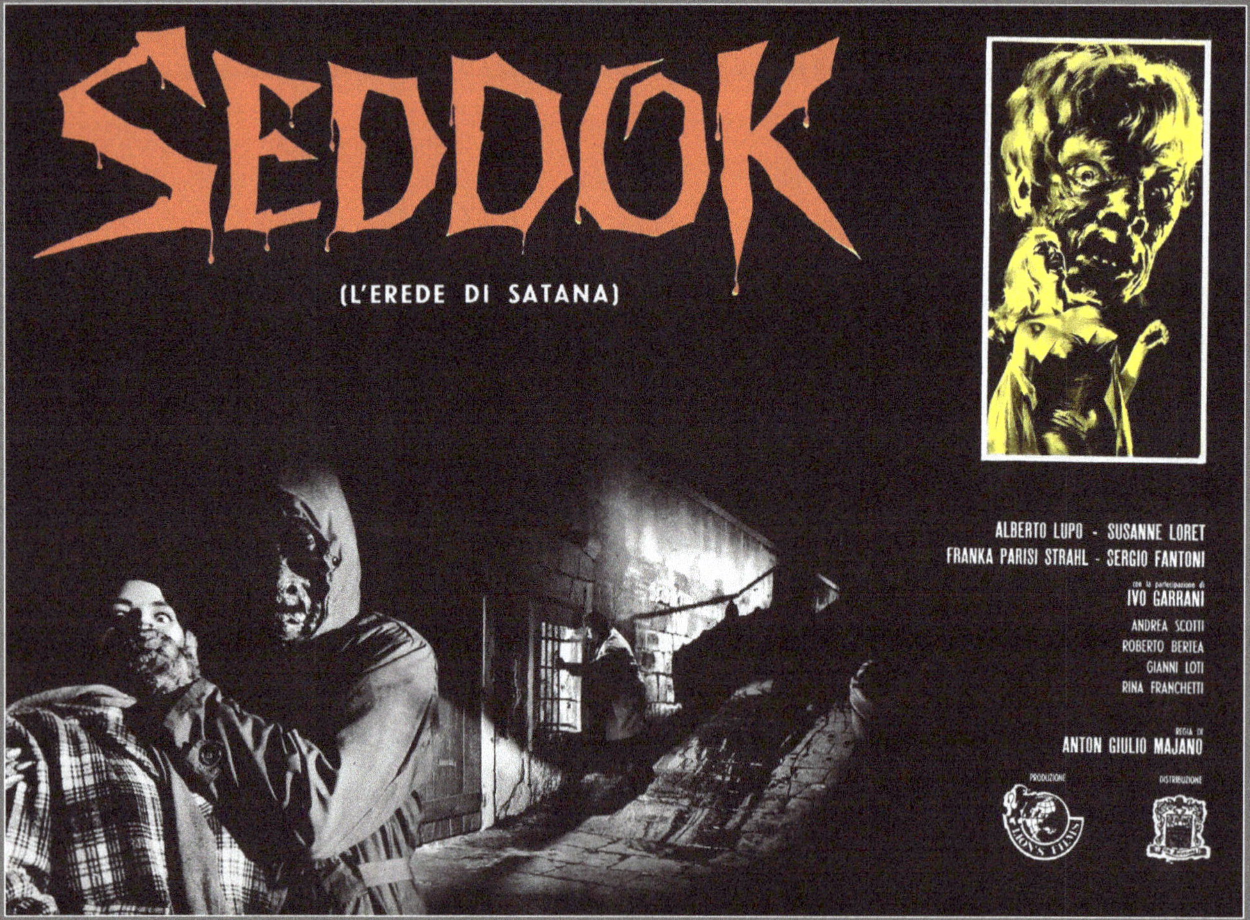

SEDDOK
(L'EREDE DI SATANA)
ALBERTO LUPO - SUSANNE LORET
FRANKA PARISI STRAHL - SERGIO FANTONI
con la partecipazione di
IVO GARRANI
ANDREA SCOTTI
ROBERTO BERTEA
GIANNI LOTI
RINA FRANCHETTI
regia di
ANTON GIULIO MAJANO
PRODUZIONE
DISTRIBUZIONE

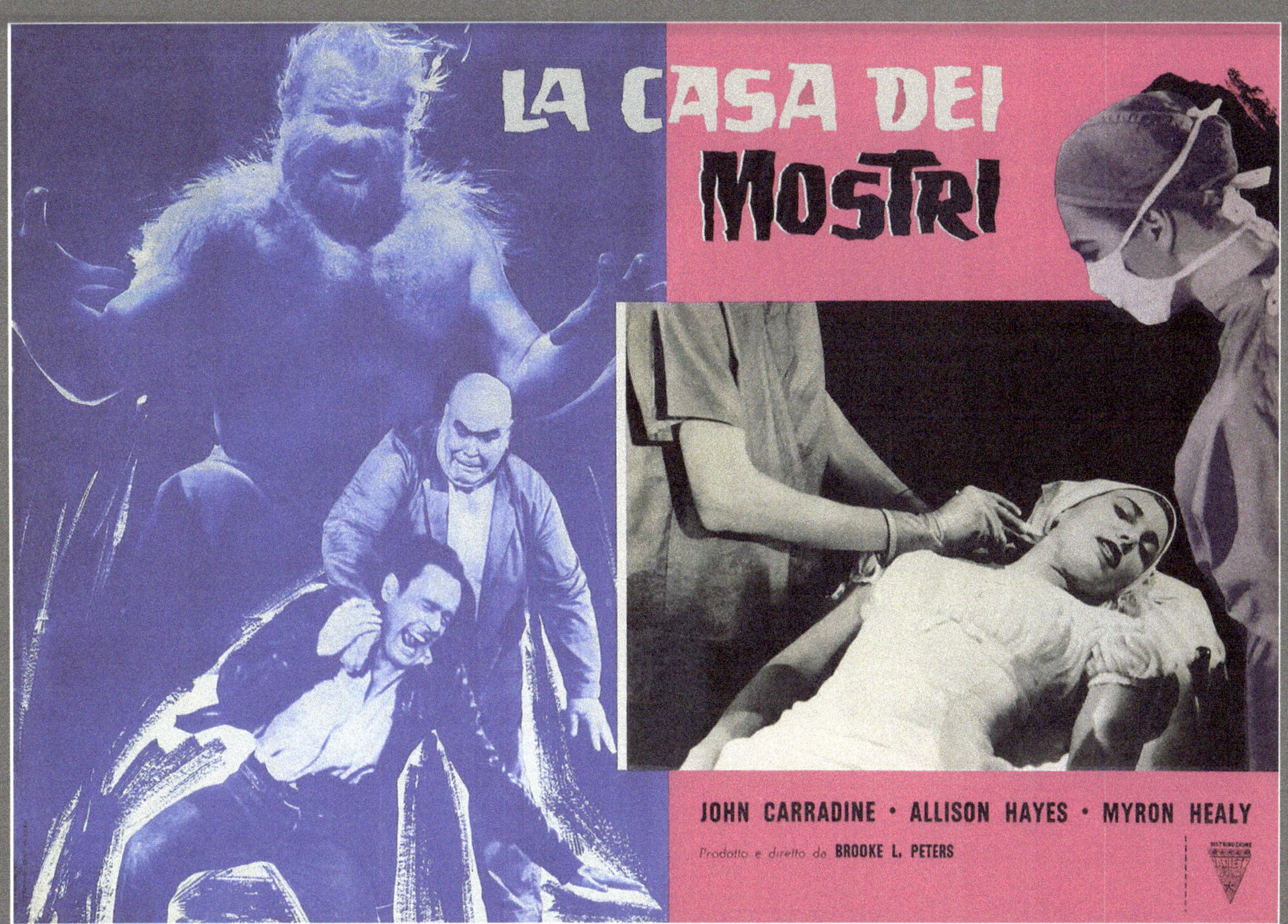

LA CASA DEI MOSTRI
("The House Of Monsters")
Original Title: **The Unearthly** (USA 1957)

OPPOSITE PAGE:

SEDDOK (L'EREDE DI SATANA)
("Seddok, Spawn Of Satan")
Original Title: **Seddok, L'Erede Di Satana** (Italy, 1960)

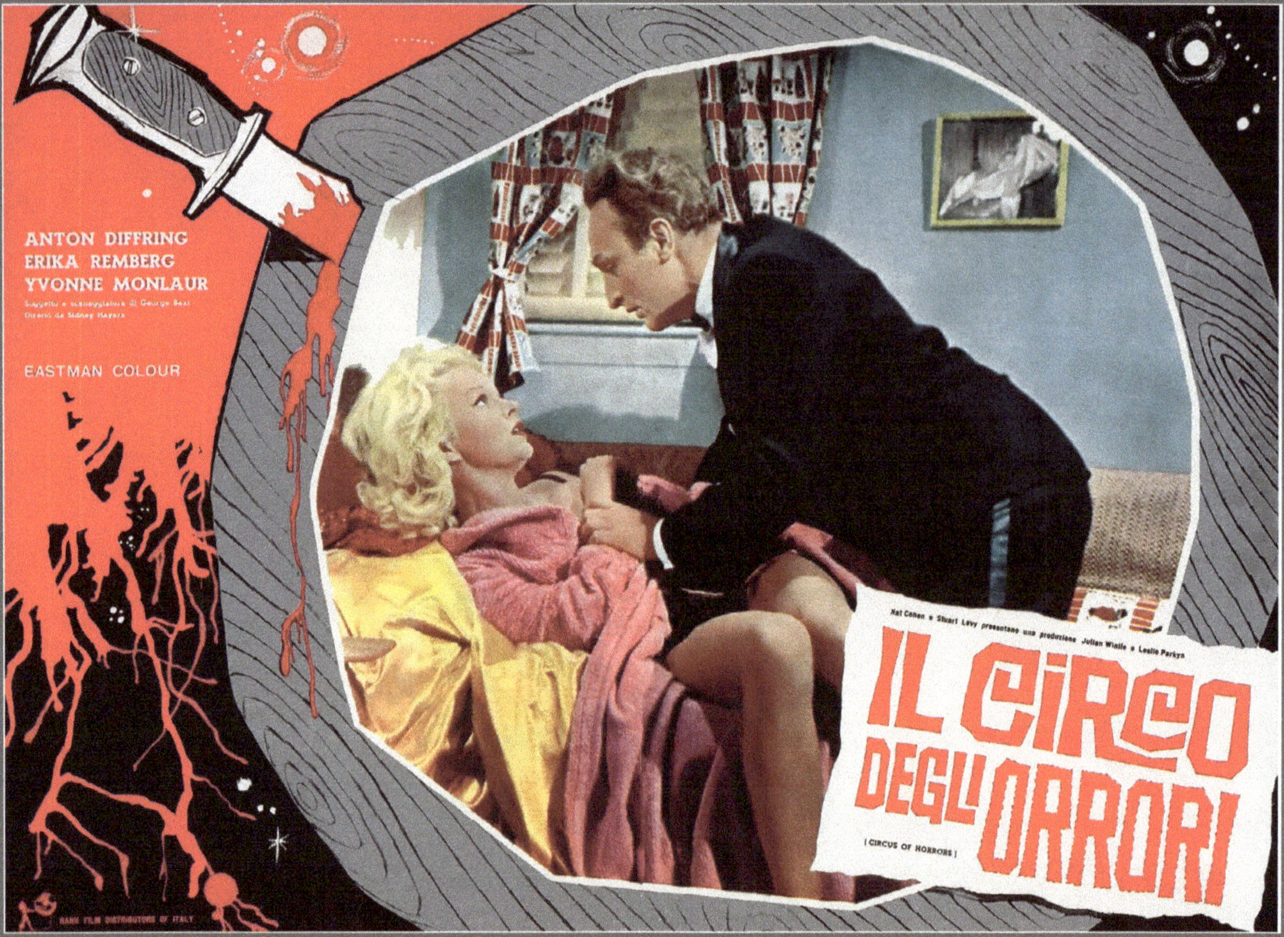

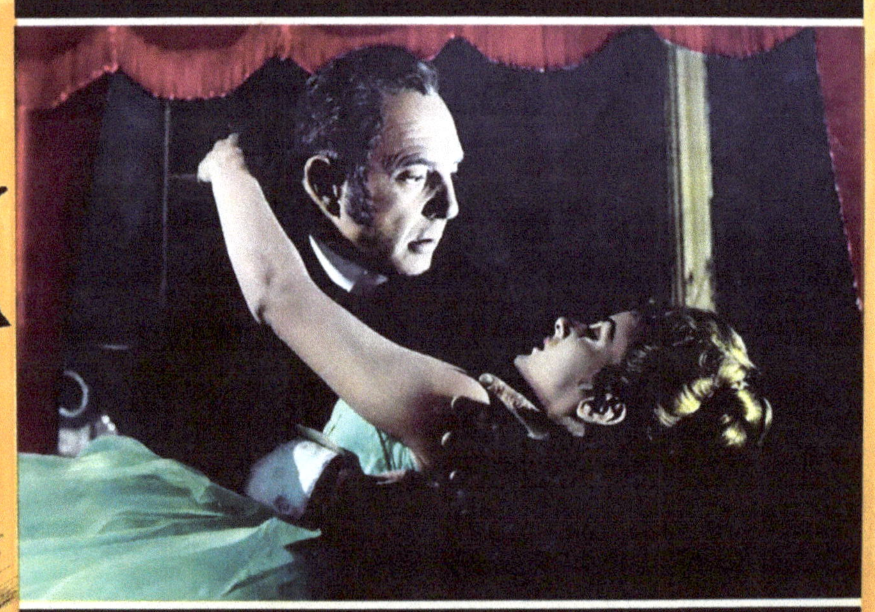

ANTON DIFFRING
ERIKA REMBERG
YVONNE MONLAUR
EASTMAN COLOUR
IL CIRCO DEGLI ORRORI
(CIRCUS OF HORRORS)
RANK FILM DISTRIBUTORS OF ITALY

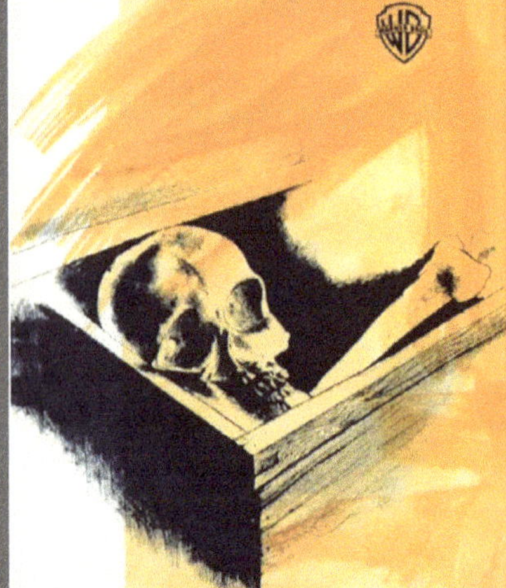

LA WARNER BROS. PRESENTA
BARBARA STEELE E ROBERT FLEMYNG
L'ORRIBILE SEGRETO DEL DR. HICHCOCK
TECHNICOLOR
MONTGOMERY GLENN   TERESA FITZGERALD   HARRIET WHITE   SPENCER WILLIAMS
UN FILM DIRETTO DA ROBERT HAMPTON
PRODOTTO DA LOUIS MANN
PER LA PANDA

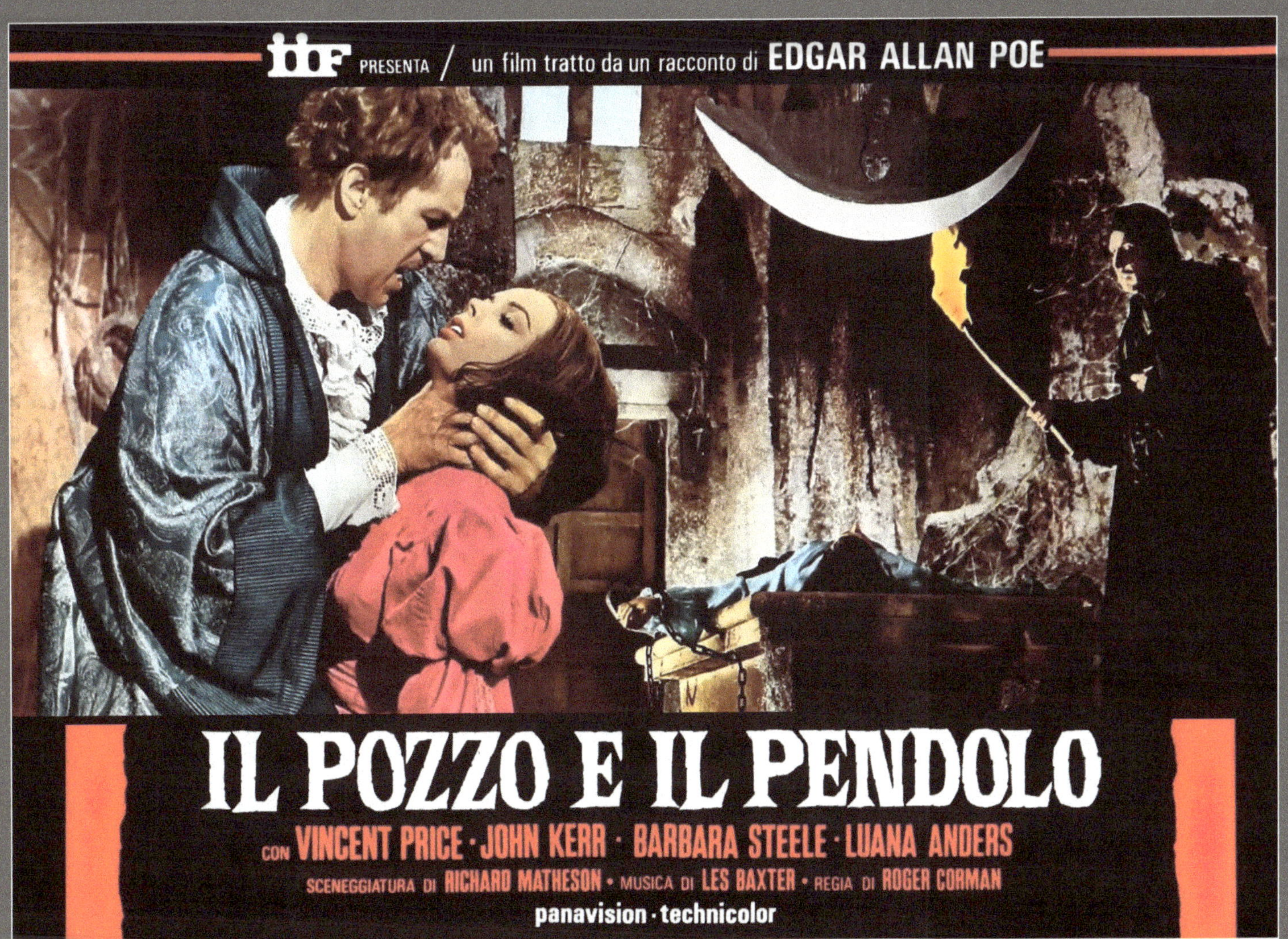

IL POZZO E IL PENDOLO
("The Pit And The Pendulum")
Original Title: **The Pit And The Pendulum** (USA, 1961)

OPPOSITE PAGE (TOP):

IL CIRCO DEGLI ORRORI
("The Circus Of Horrors")
Original Title: **Circus Of Horrors** (UK, 1960)

OPPOSITE PAGE (BOTTOM):

L'ORRIBILE SEGRETO DEL DR. HICKCOCK
("Dr. Hichcock's Horrible Secret")
Original Title: **L'Orribile Segreto Del Dr. Hichcock** (Italy, 1960)

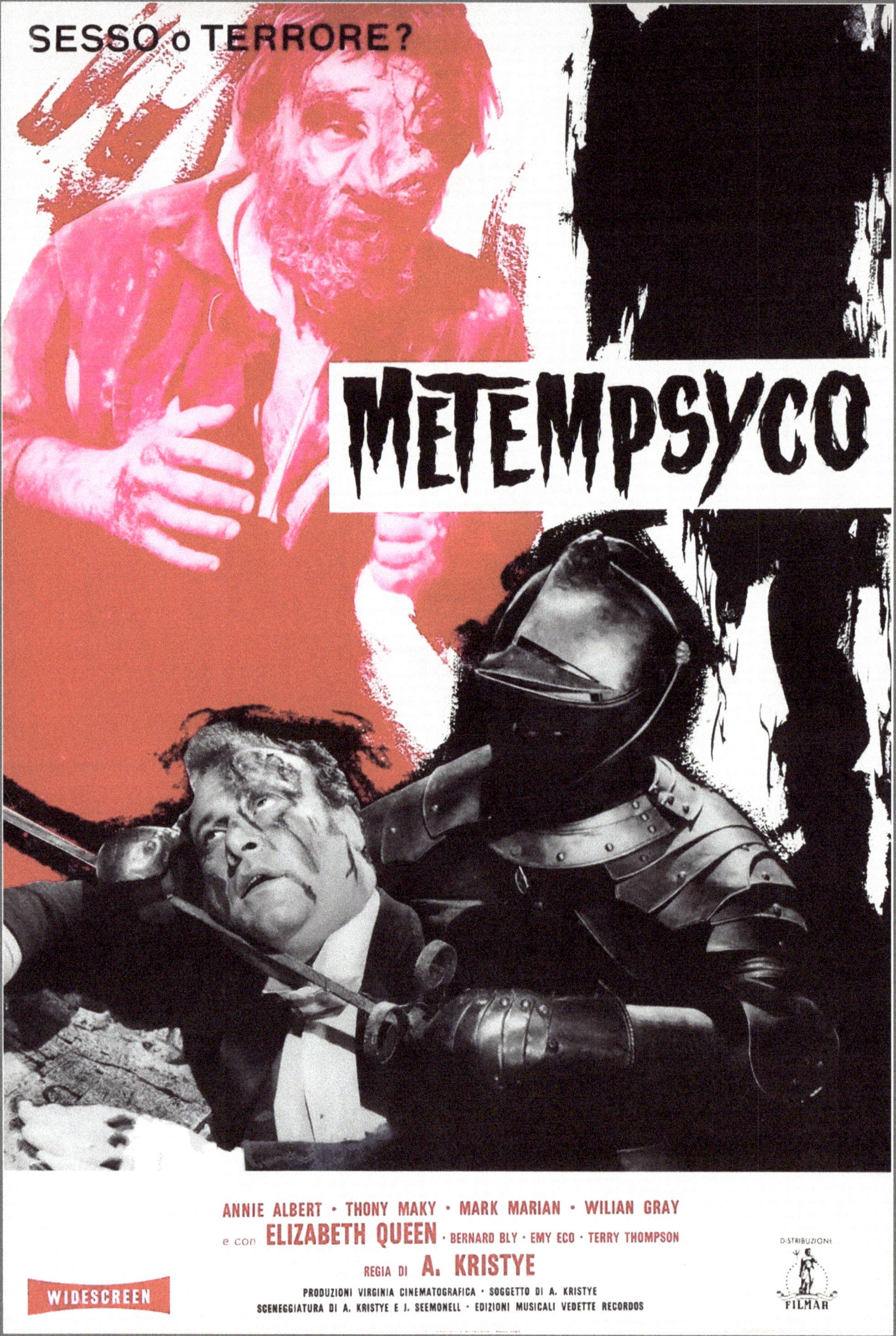

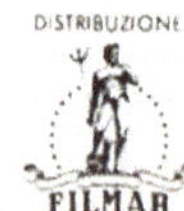

SESSO o TERRORE?
METEMPSYCO
ANNIE ALBERT · THONY MAKY · MARK MARIAN · WILIAN GRAY
e con ELIZABETH QUEEN · BERNARD BLY · EMY ECO · TERRY THOMPSON
REGIA DI A. KRISTYE
PRODUZIONI VIRGINIA CINEMATOGRAFICA · SOGGETTO DI A. KRISTYE
SCENEGGIATURA DI A. KRISTYE E J. SEEMONELL · EDIZIONI MUSICALI VEDETTE RECORDOS
WIDESCREEN
DISTRIBUZIONI
FILMAR

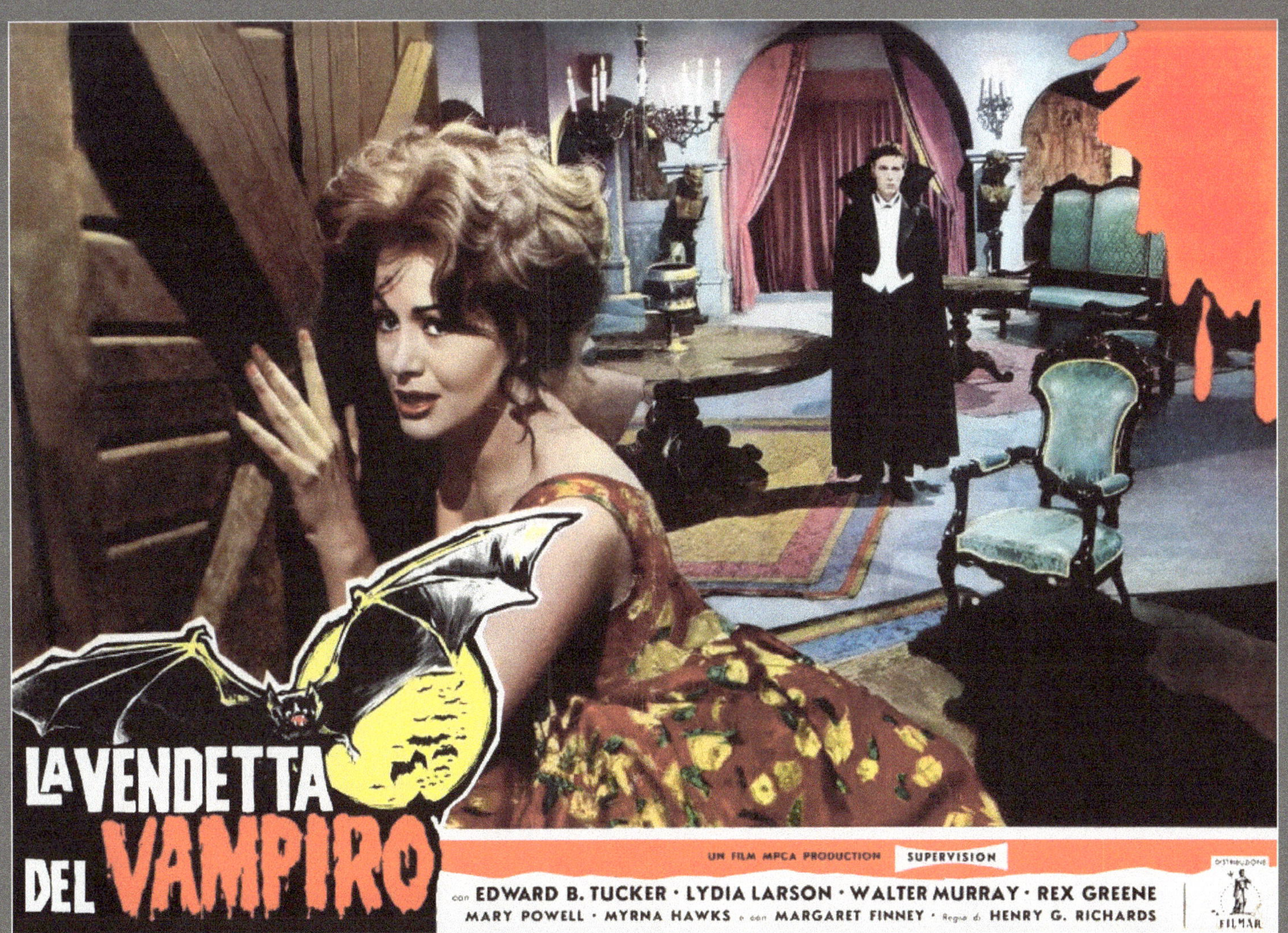

LA VENDETTA DEL VAMPIRO
("The Vampire's Vengeance")
Original Title: **El Mundo De Los Vampiros** (Mexico, 1961)

OPPOSITE PAGE:

METEMPSYCO
("Metempsycho")
Original Title: **Metempsyco** (Italy, 1963)

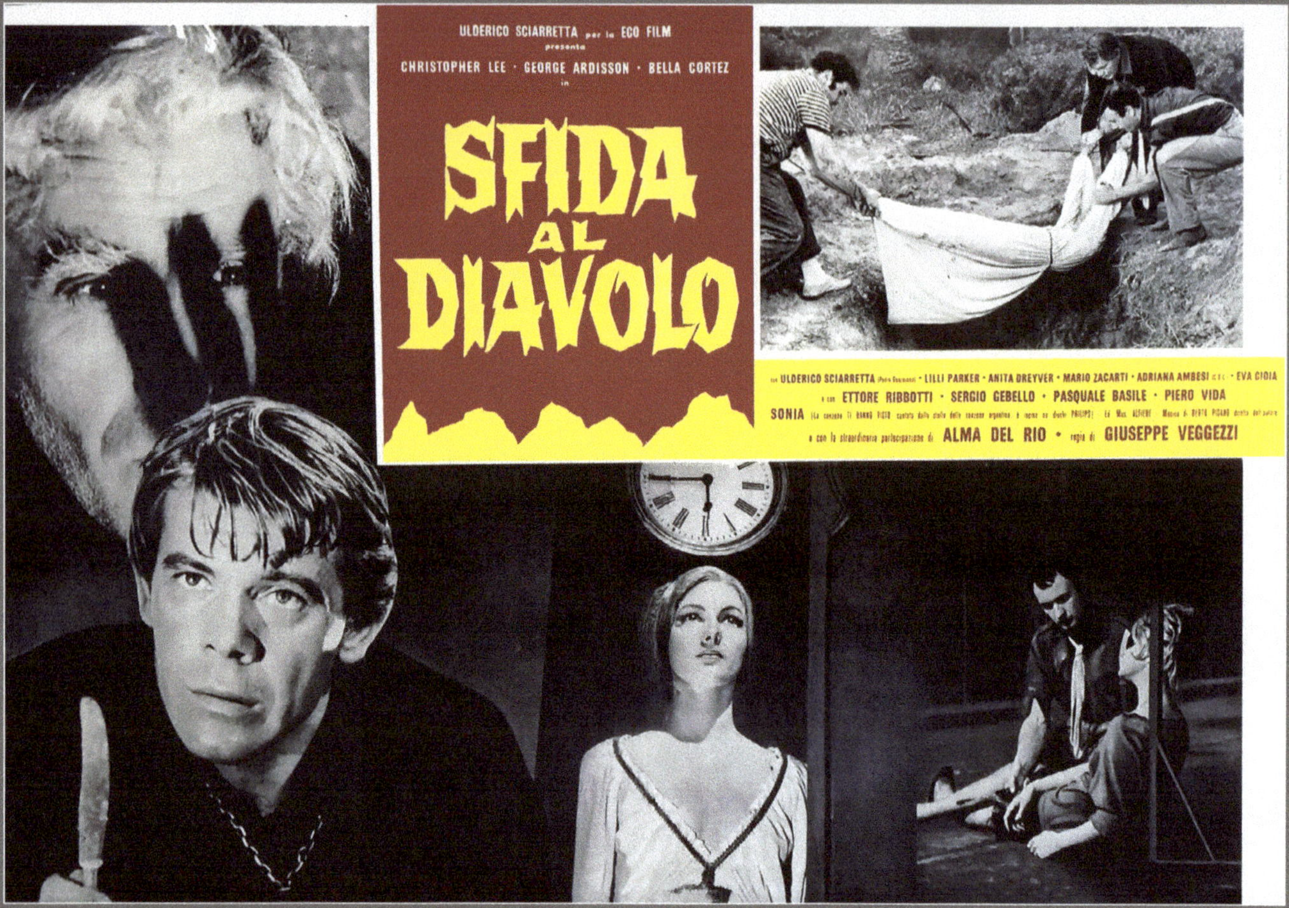

ULDERICO SCIARRETTA per la ECO FILM
presenta
CHRISTOPHER LEE · GEORGE ARDISSON · BELLA CORTEZ
in
SFIDA
AL
DIAVOLO
con ULDERICO SCIARRETTA · LILLI PARKER · ANITA DREYVER · MARIO ZACARTI · ADRIANA AMBESI c.s.c. · EVA GIOIA
e con ETTORE RIBBOTTI · SERGIO GEBELLO · PASQUALE BASILE · PIERO VIDA
SONIA
e con la straordinaria partecipazione di ALMA DEL RIO · regia di GIUSEPPE VEGGEZZI

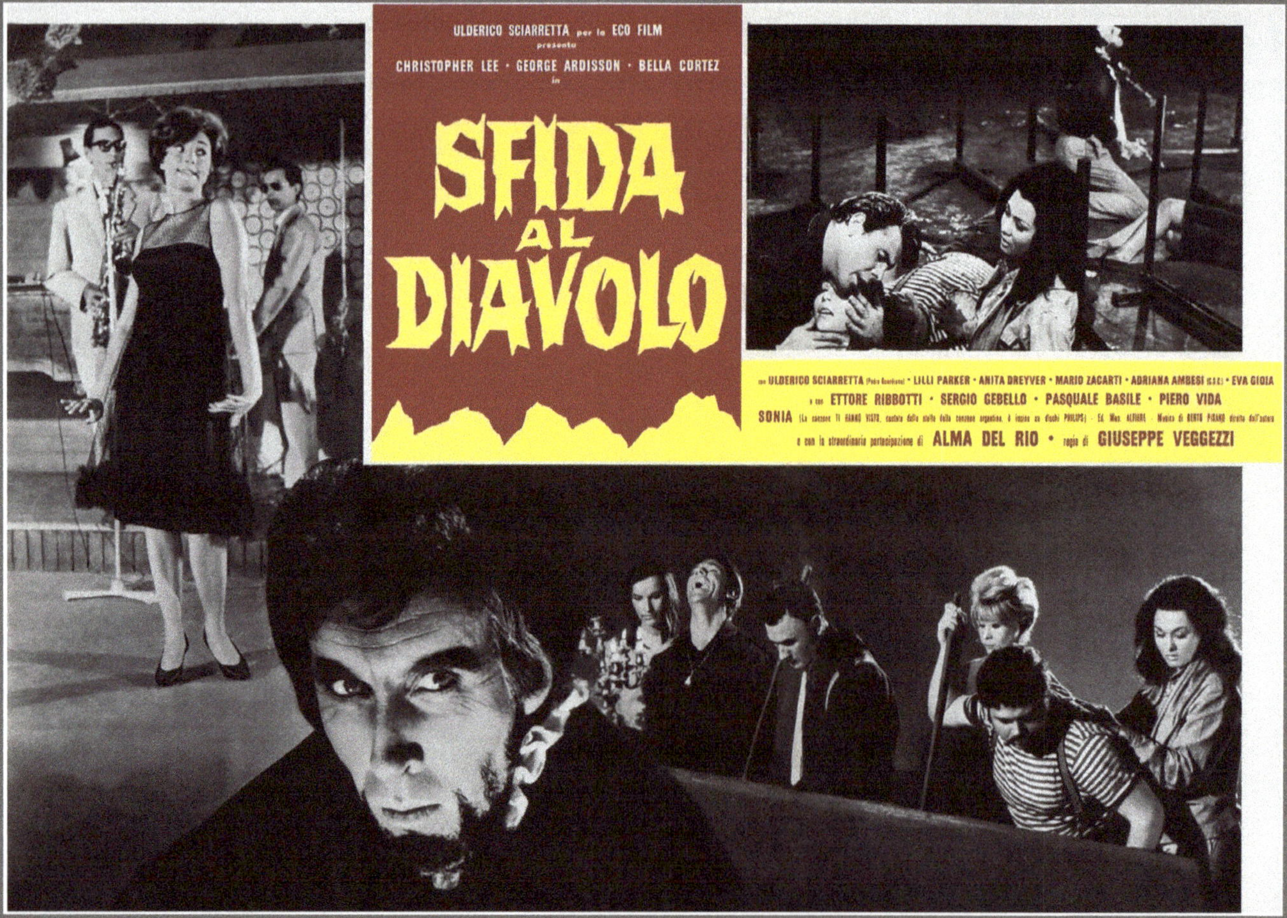

ULDERICO SCIARRETTA per la ECO FILM
presenta
CHRISTOPHER LEE · GEORGE ARDISSON · BELLA CORTEZ
in
SFIDA
AL
DIAVOLO
con ULDERICO SCIARRETTA · LILLI PARKER · ANITA DREYVER · MARIO ZACARTI · ADRIANA AMBESI c.s.c. · EVA GIOIA
e con ETTORE RIBBOTTI · SERGIO GEBELLO · PASQUALE BASILE · PIERO VIDA
SONIA
e con la straordinaria partecipazione di ALMA DEL RIO · regia di GIUSEPPE VEGGEZZI

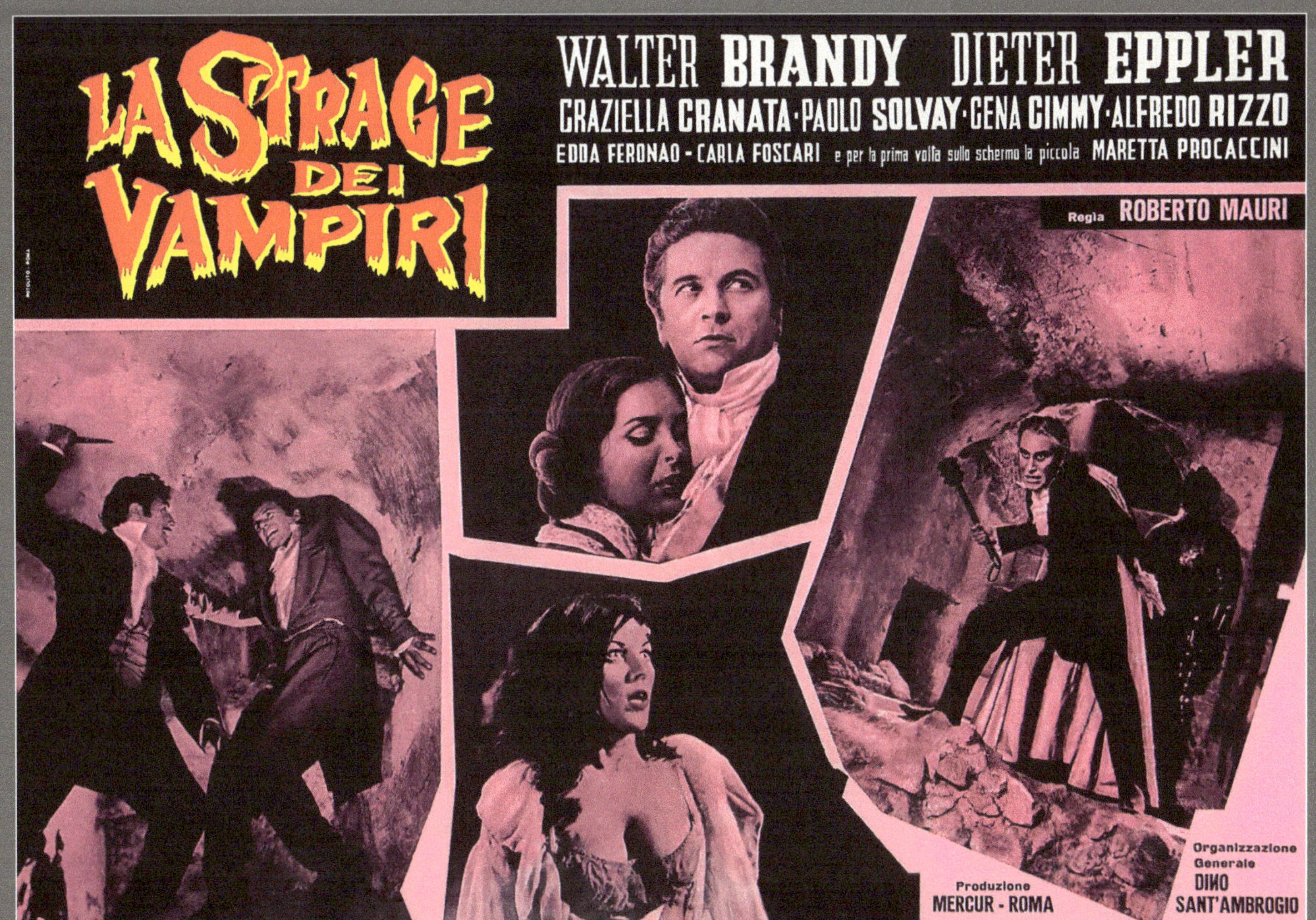

LA STRAGE DEI VAMPIRI
("The Vampire Massacre")
Original Title: **La Strage Dei Vampiri** (Italy, 1962)

OPPOSITE PAGE:

SFIDA AL DIAVOLO
("Defy The Devil")
Original Title: **Sfida Al Diavolo** (Italy, 1963)

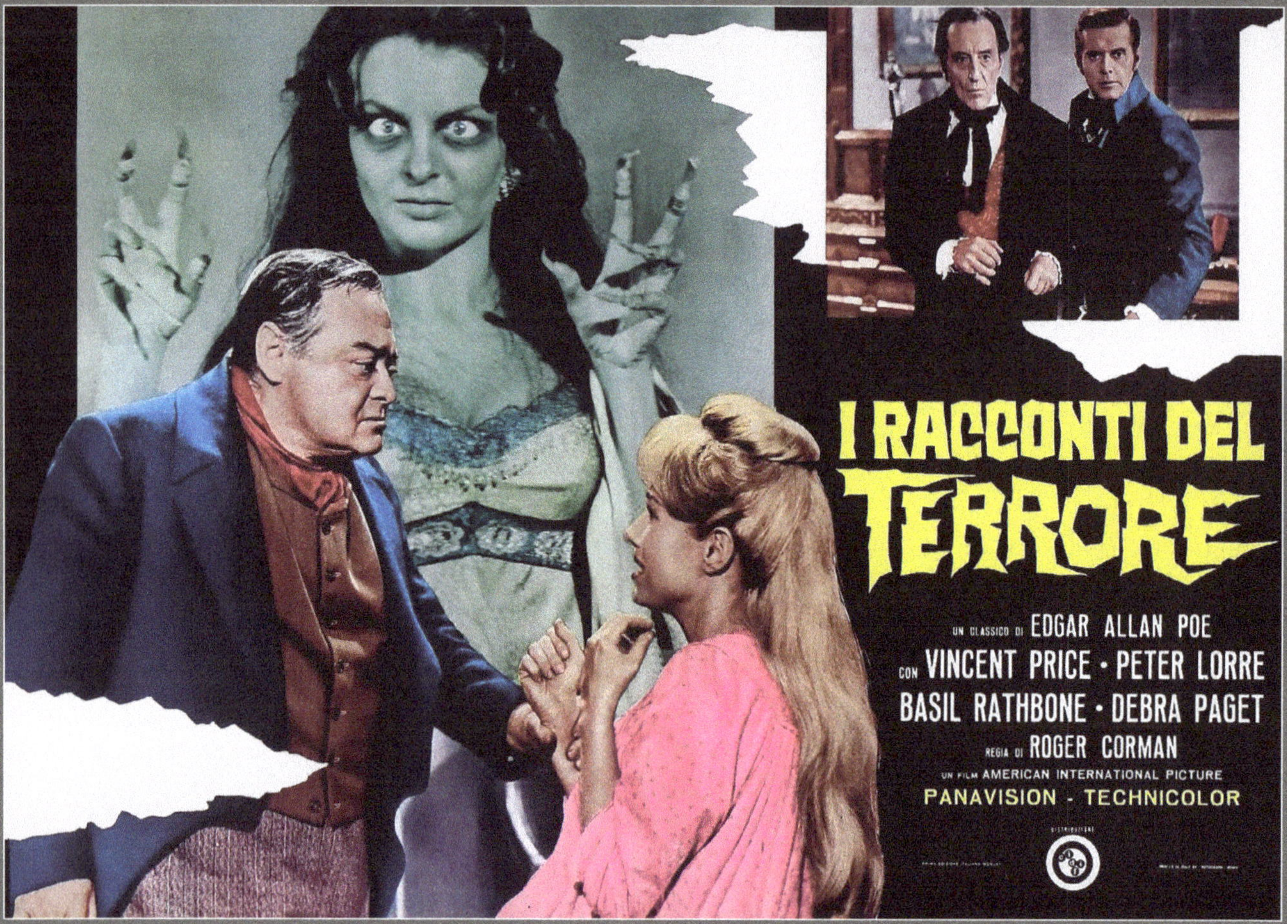

I RACCONTI DEL
TERRORE
UN CLASSICO DI EDGAR ALLAN POE
CON VINCENT PRICE · PETER LORRE
BASIL RATHBONE · DEBRA PAGET
REGIA DI ROGER CORMAN
UN FILM AMERICAN INTERNATIONAL PICTURE
PANAVISION - TECHNICOLOR

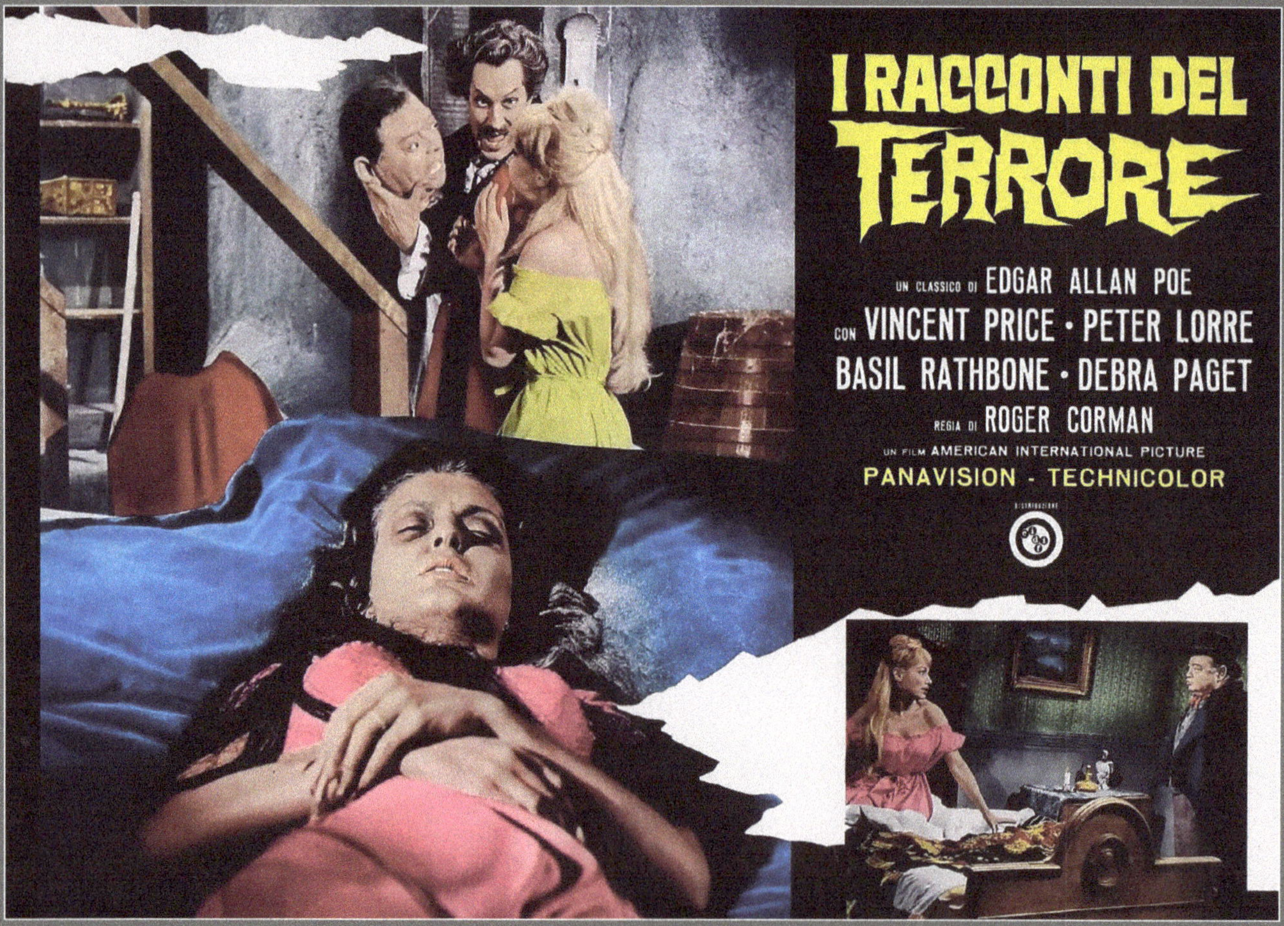

I RACCONTI DEL
TERRORE
UN CLASSICO DI EDGAR ALLAN POE
CON VINCENT PRICE · PETER LORRE
BASIL RATHBONE · DEBRA PAGET
REGIA DI ROGER CORMAN
UN FILM AMERICAN INTERNATIONAL PICTURE
PANAVISION - TECHNICOLOR

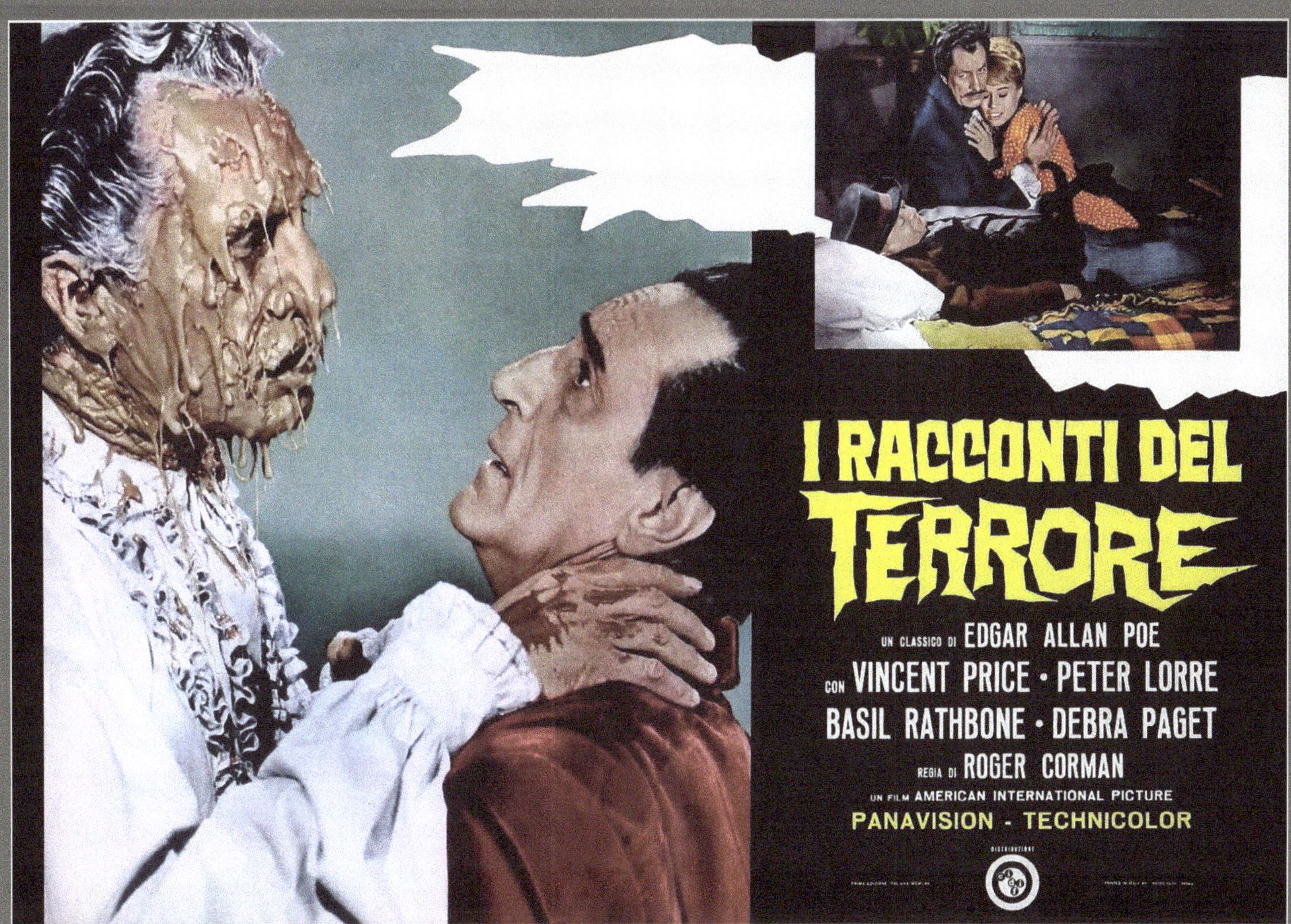

I RACCONTI DEL TERRORE
("Tales Of Terror")
Original Title: **Tales Of Terror** (USA, 1962)

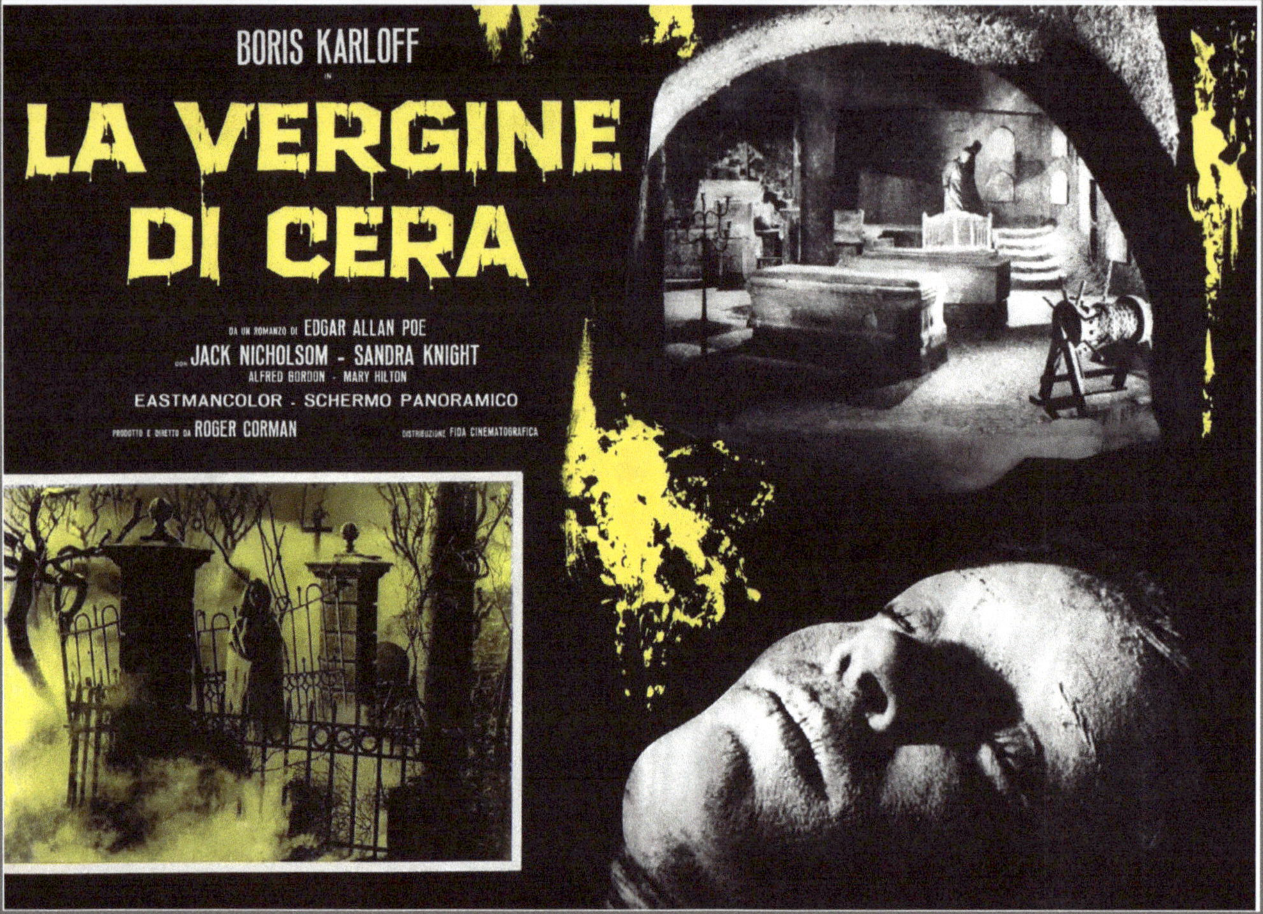

BORIS KARLOFF
in
LA VERGINE
DI CERA
DA UN ROMANZO DI EDGAR ALLAN POE
CON JACK NICHOLSOM - SANDRA KNIGHT
ALFRED GORDON - MARY HILTON
EASTMANCOLOR - SCHERMO PANORAMICO
PRODOTTO E DIRETTO DA ROGER CORMAN
DISTRIBUZIONE FIDA CINEMATOGRAFICA

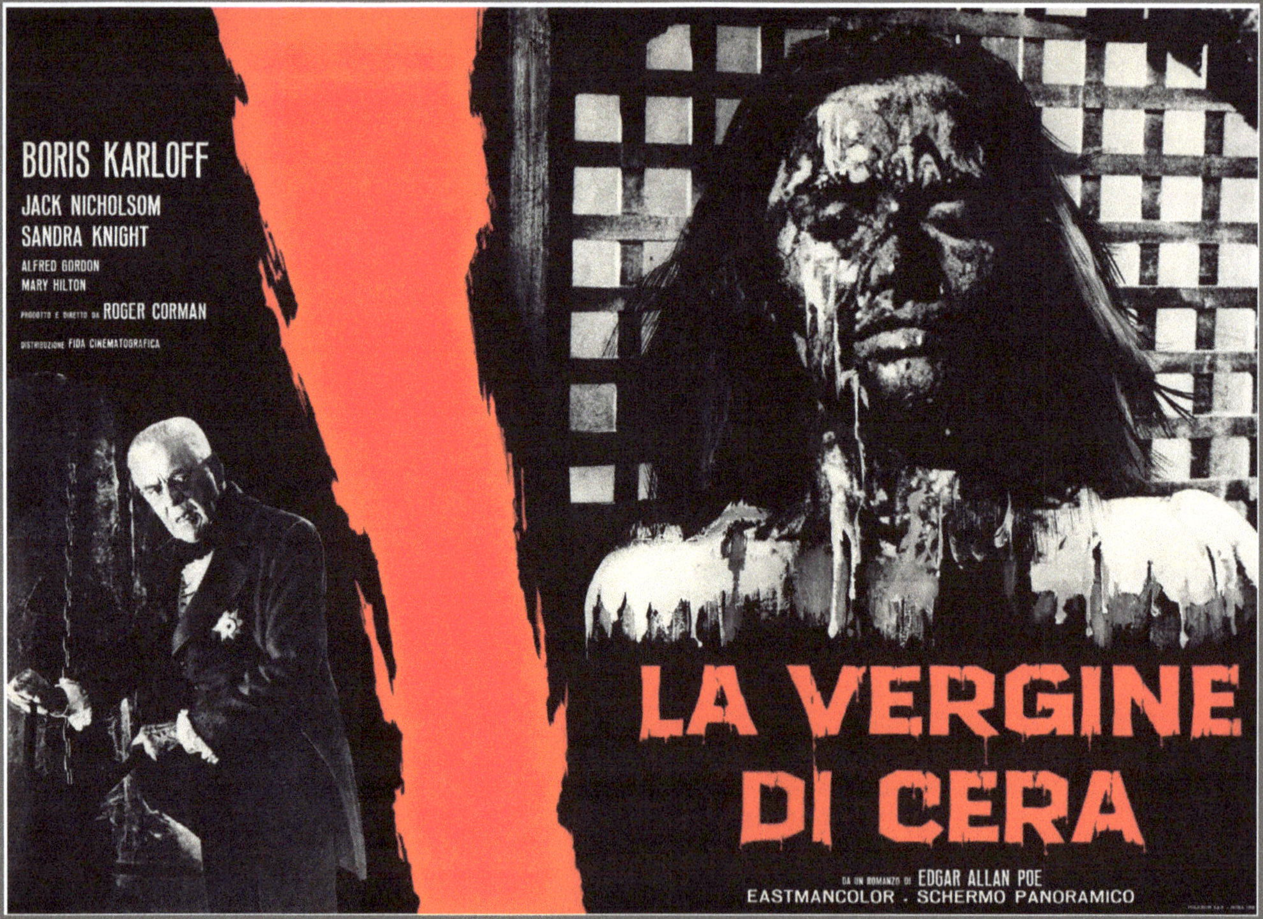

BORIS KARLOFF
JACK NICHOLSOM
SANDRA KNIGHT
ALFRED GORDON
MARY HILTON
PRODOTTO E DIRETTO DA ROGER CORMAN
DISTRIBUZIONE FIDA CINEMATOGRAFICA
LA VERGINE
DI CERA
DA UN ROMANZO DI EDGAR ALLAN POE
EASTMANCOLOR - SCHERMO PANORAMICO

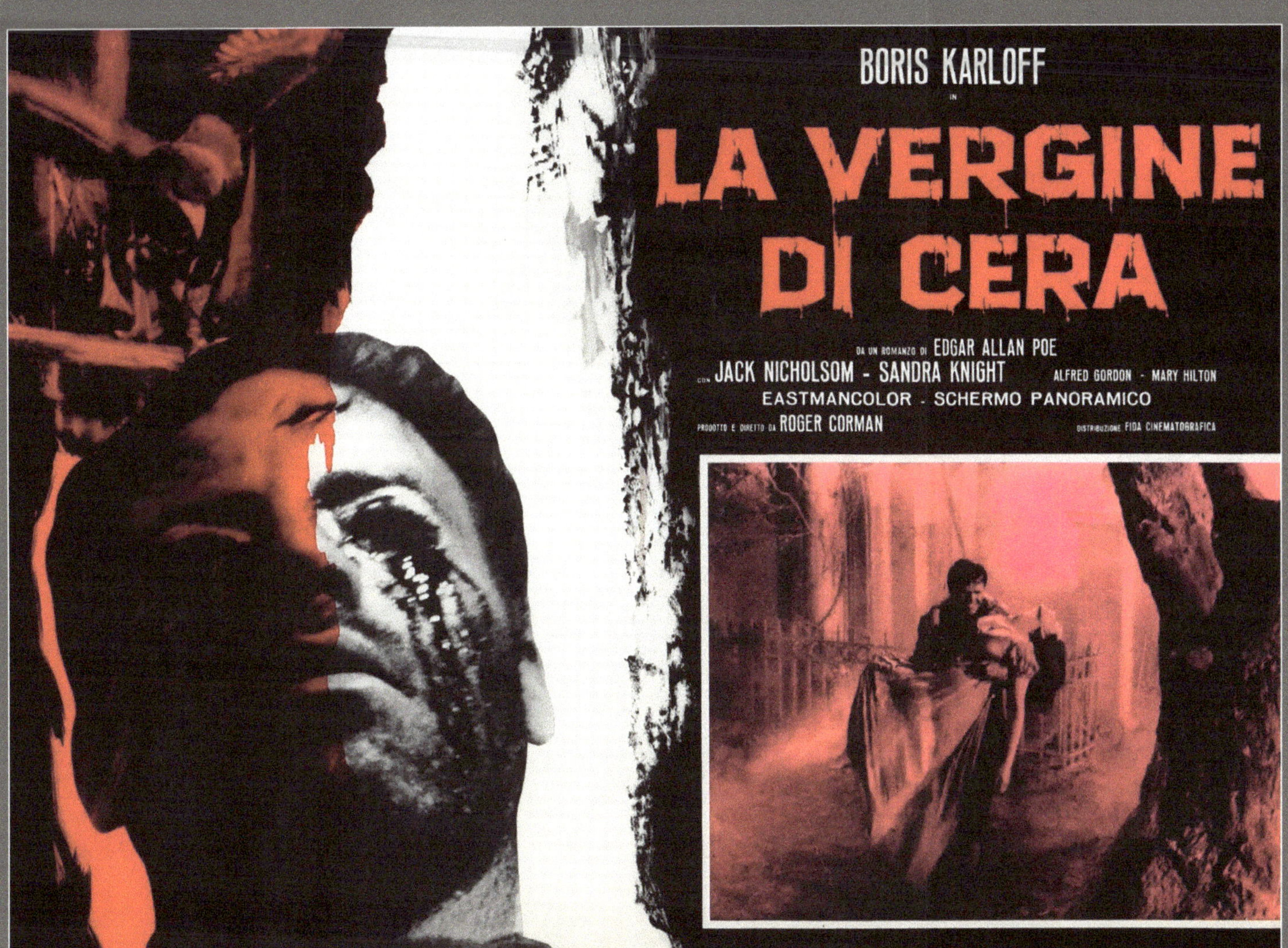

LA VERGINE DI CERA
("The Wax Virgin")
Original Title: **The Terror** (USA, 1963)

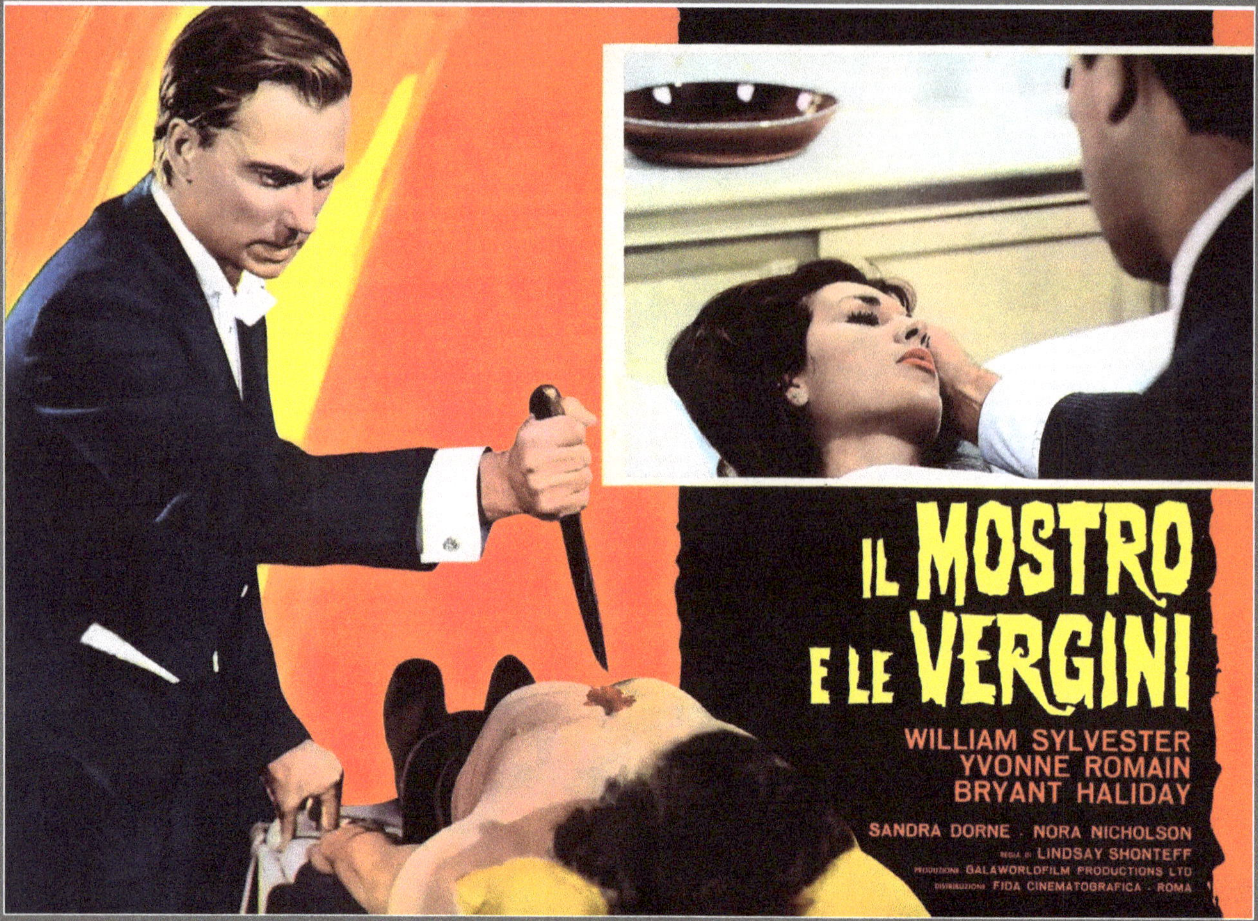

IL MOSTRO
E LE VERGINI
WILLIAM SYLVESTER
YVONNE ROMAIN
BRYANT HALIDAY
SANDRA DORNE · NORA NICHOLSON
REGIA DI LINDSAY SHONTEFF
PRODUZIONE GALAWORLDFILM PRODUCTIONS LTD
DISTRIBUZIONE FIDA CINEMATOGRAFICA - ROMA

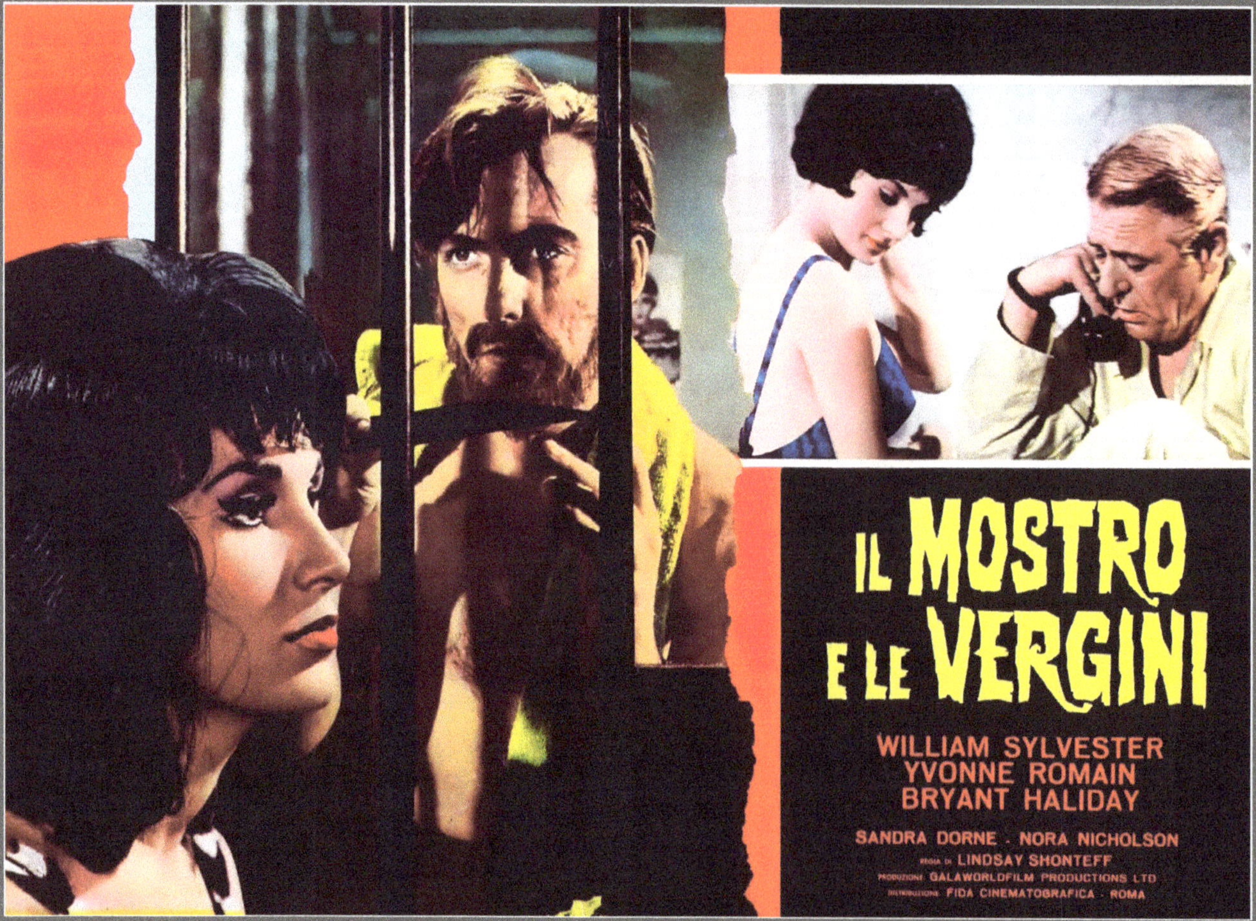

IL MOSTRO
E LE VERGINI
WILLIAM SYLVESTER
YVONNE ROMAIN
BRYANT HALIDAY
SANDRA DORNE · NORA NICHOLSON
REGIA DI LINDSAY SHONTEFF
PRODUZIONE GALAWORLDFILM PRODUCTIONS LTD
DISTRIBUZIONE FIDA CINEMATOGRAFICA - ROMA

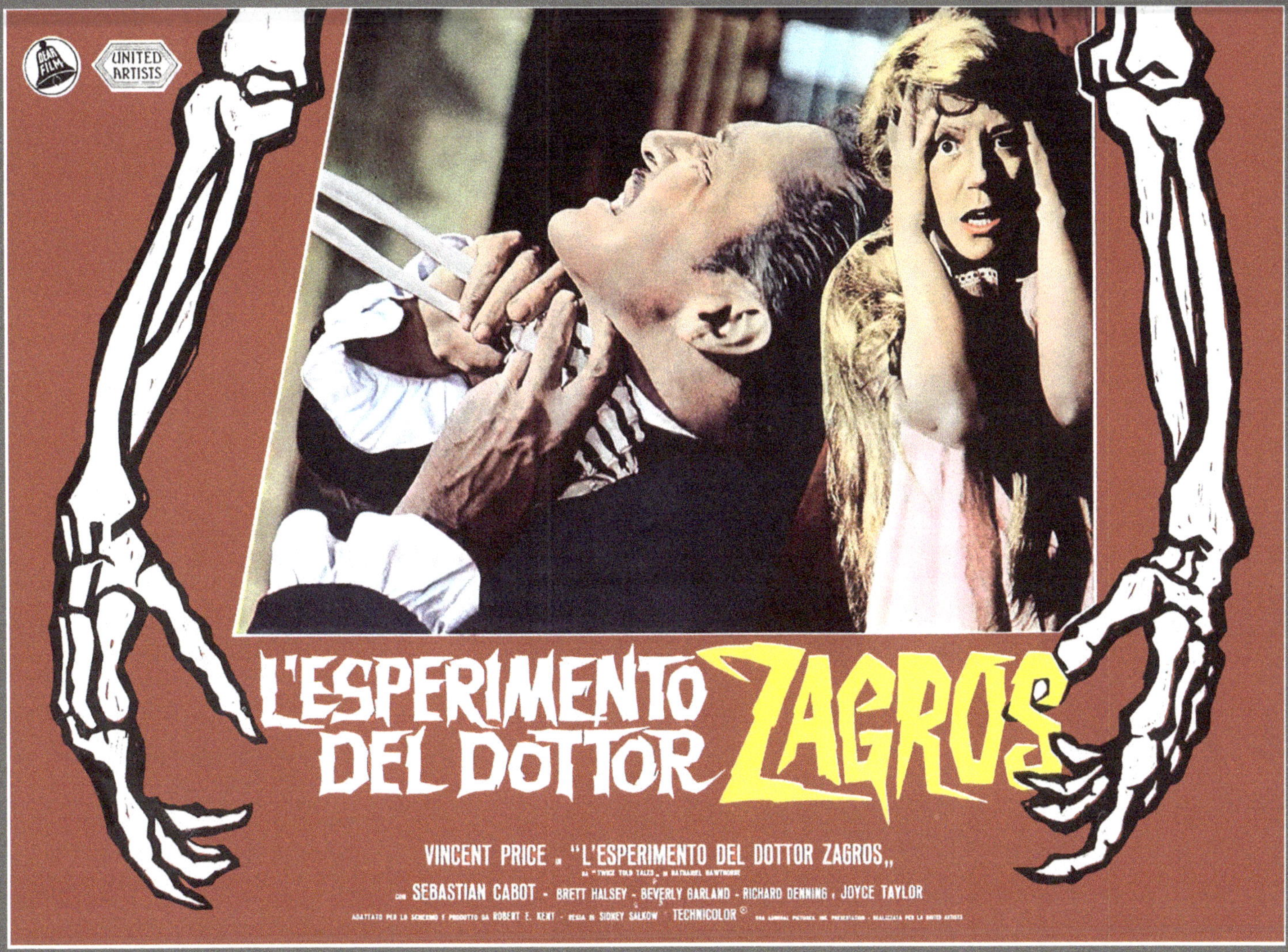

L'ESPERIMENTO DEL DOTTOR ZAGROS
(''Doctor Zagros' Experiment'')
Original Title: **Twice Told Tales** (USA, 1963)

OPPOSITE PAGE:

IL MOSTRO E LE VERGINI
(''The Monster And The Virgins'')
Original Title: **The Devil Doll** (UK, 1964)

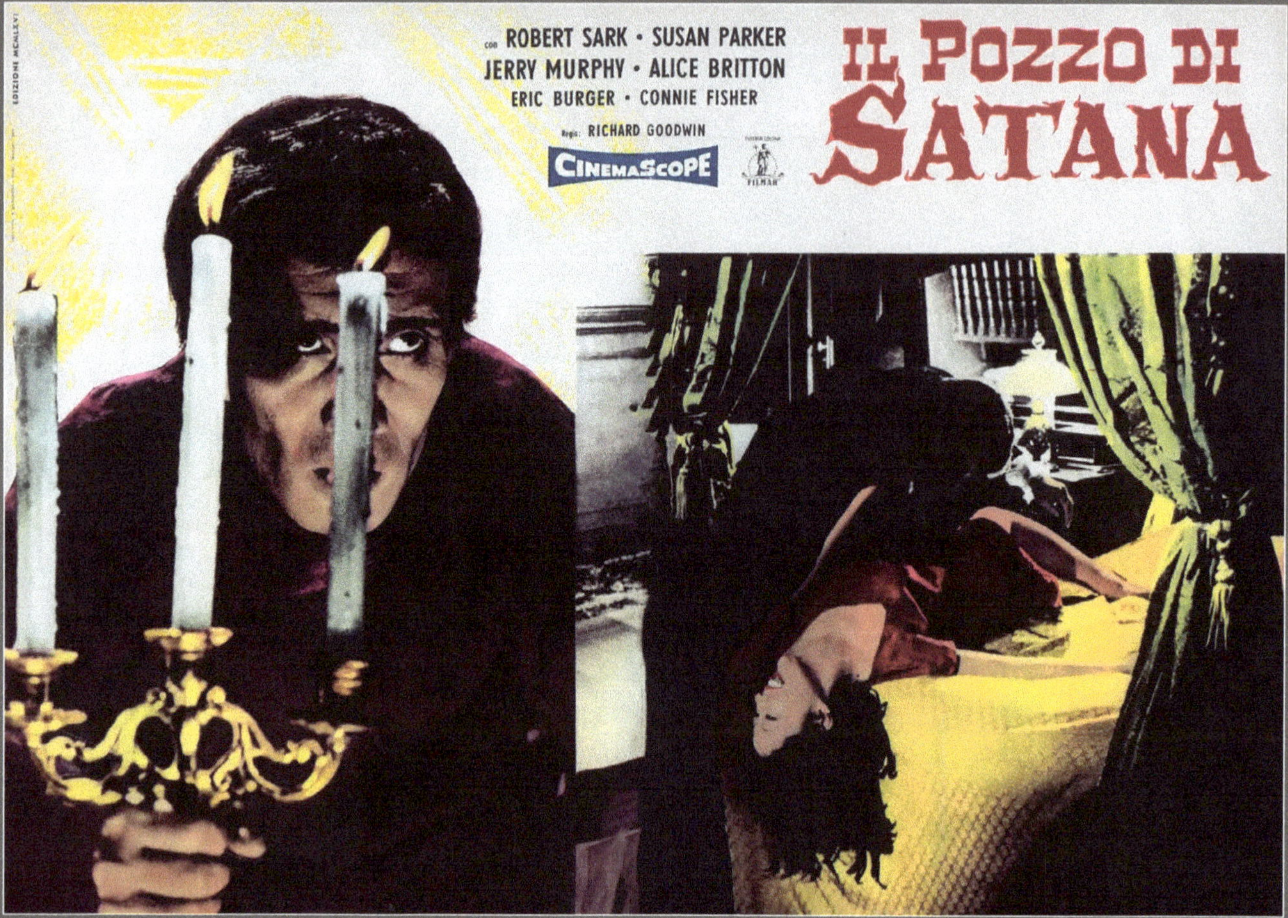

EDIZIONE MCMLXV
con
ROBERT SARK • SUSAN PARKER
JERRY MURPHY • ALICE BRITTON
ERIC BURGER • CONNIE FISHER
Regia: RICHARD GOODWIN
CINEMASCOPE
FILMAR
IL POZZO DI SATANA

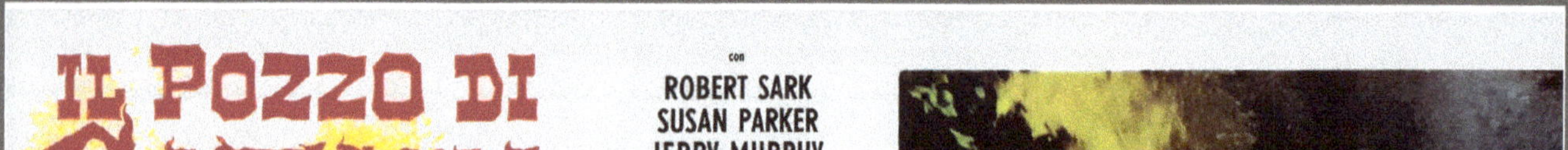

IL POZZO DI SATANA
con
ROBERT SARK
SUSAN PARKER
JERRY MURPHY
ALICE BRITTON
ERIC BURGER
CONNIE FISHER
Regia:
RICHARD GOODWIN
DISTRIBUZIONE
FILMAR
CINEMASCOPE

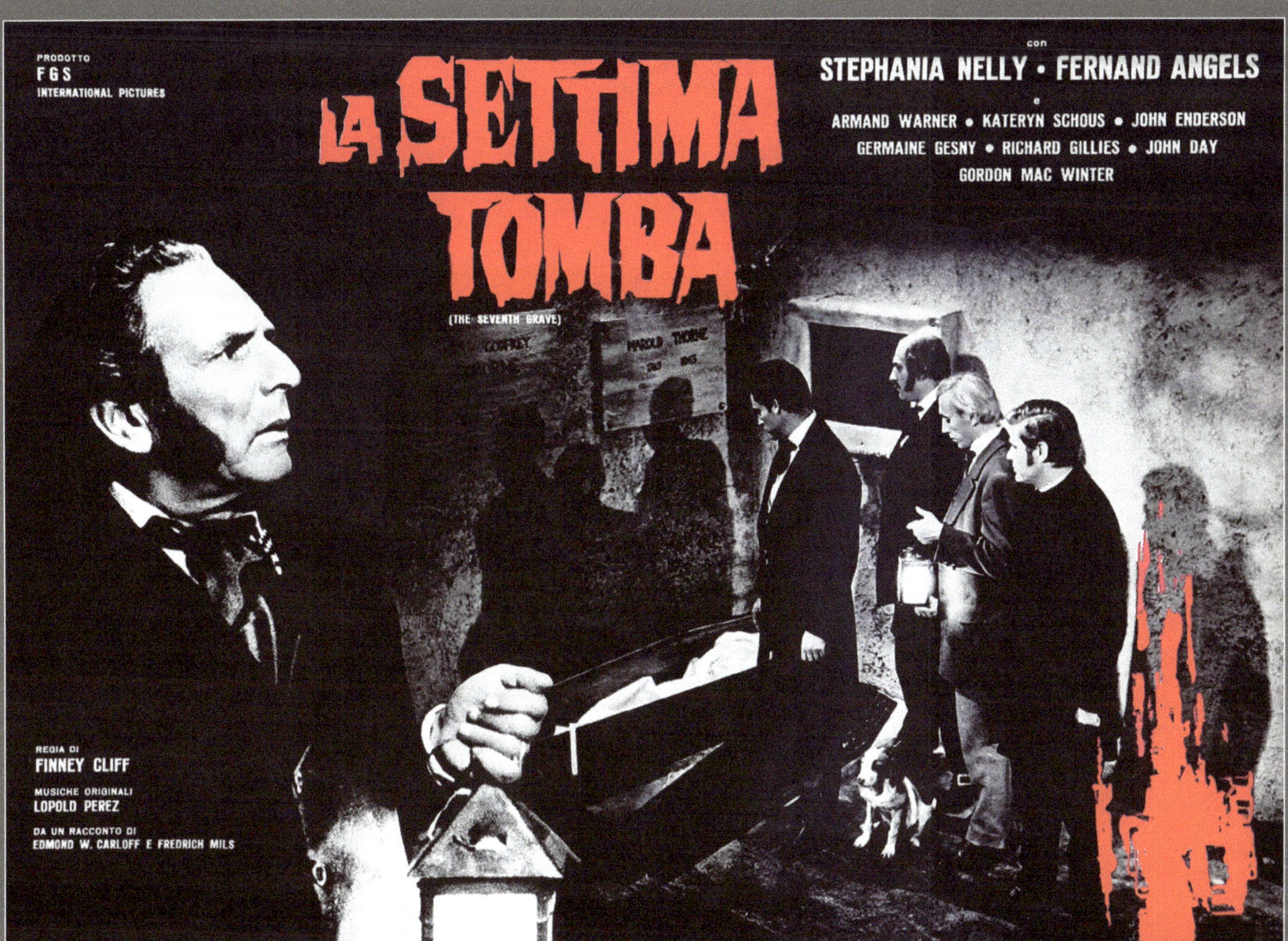

LA SETTIMA TOMBA
("The Seventh Tomb")
Original Title: **La Settima Tomba** (Italy, 1965)

OPPOSITE PAGE:

IL POZZO DI SATANA
("The Pit Of Satan")
Original Title: **Kaidan Semushi Otoko** (Japan, 1965)

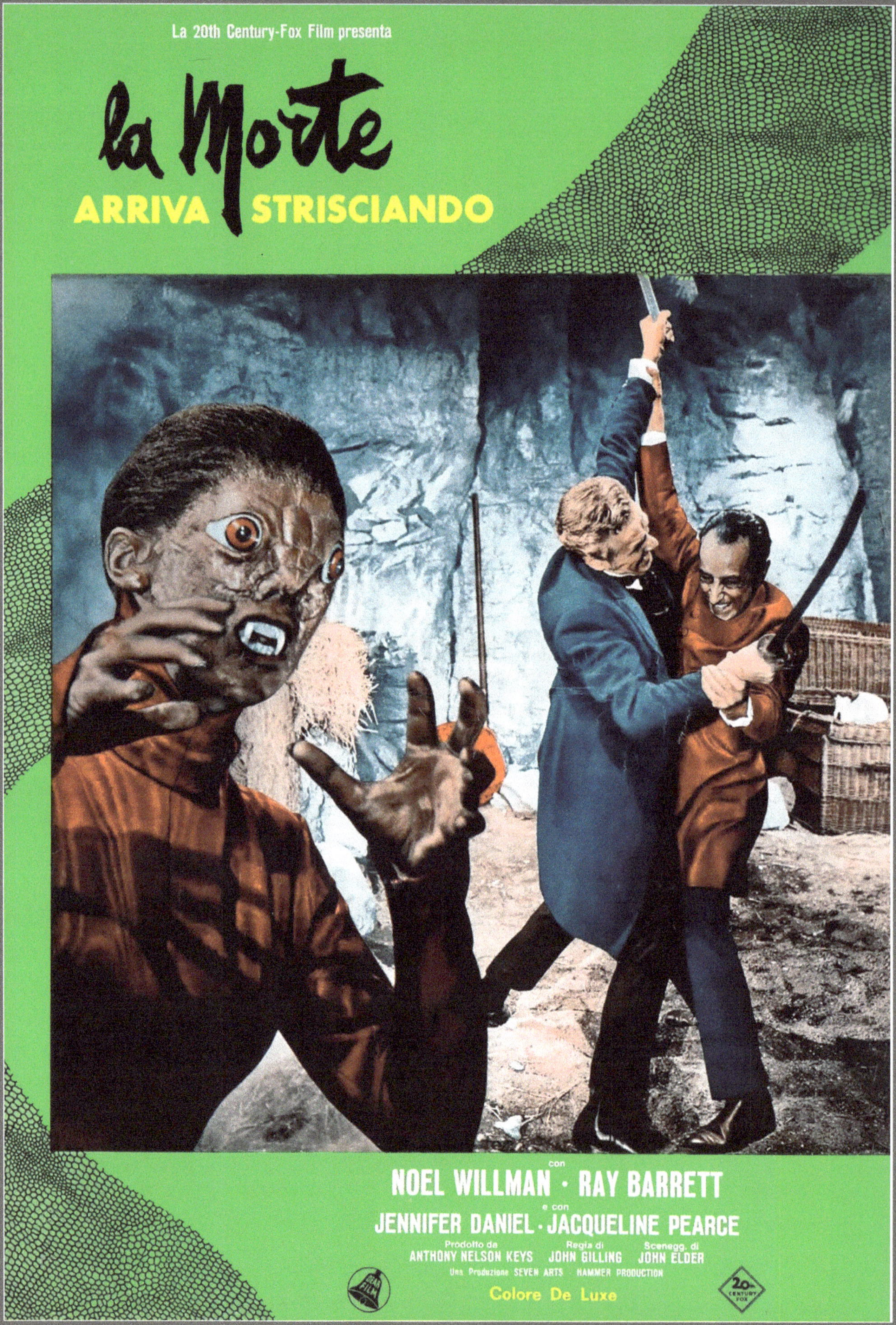

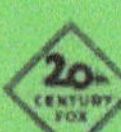

La 20th Century-Fox Film presenta
la Morte
ARRIVA STRISCIANDO
con
NOEL WILLMAN · RAY BARRETT
e con
JENNIFER DANIEL · JACQUELINE PEARCE
Prodotto da
ANTHONY NELSON KEYS
Regia di
JOHN GILLING
Scenegg. di
JOHN ELDER
Una Produzione SEVEN ARTS HAMMER PRODUCTION
Colore De Luxe

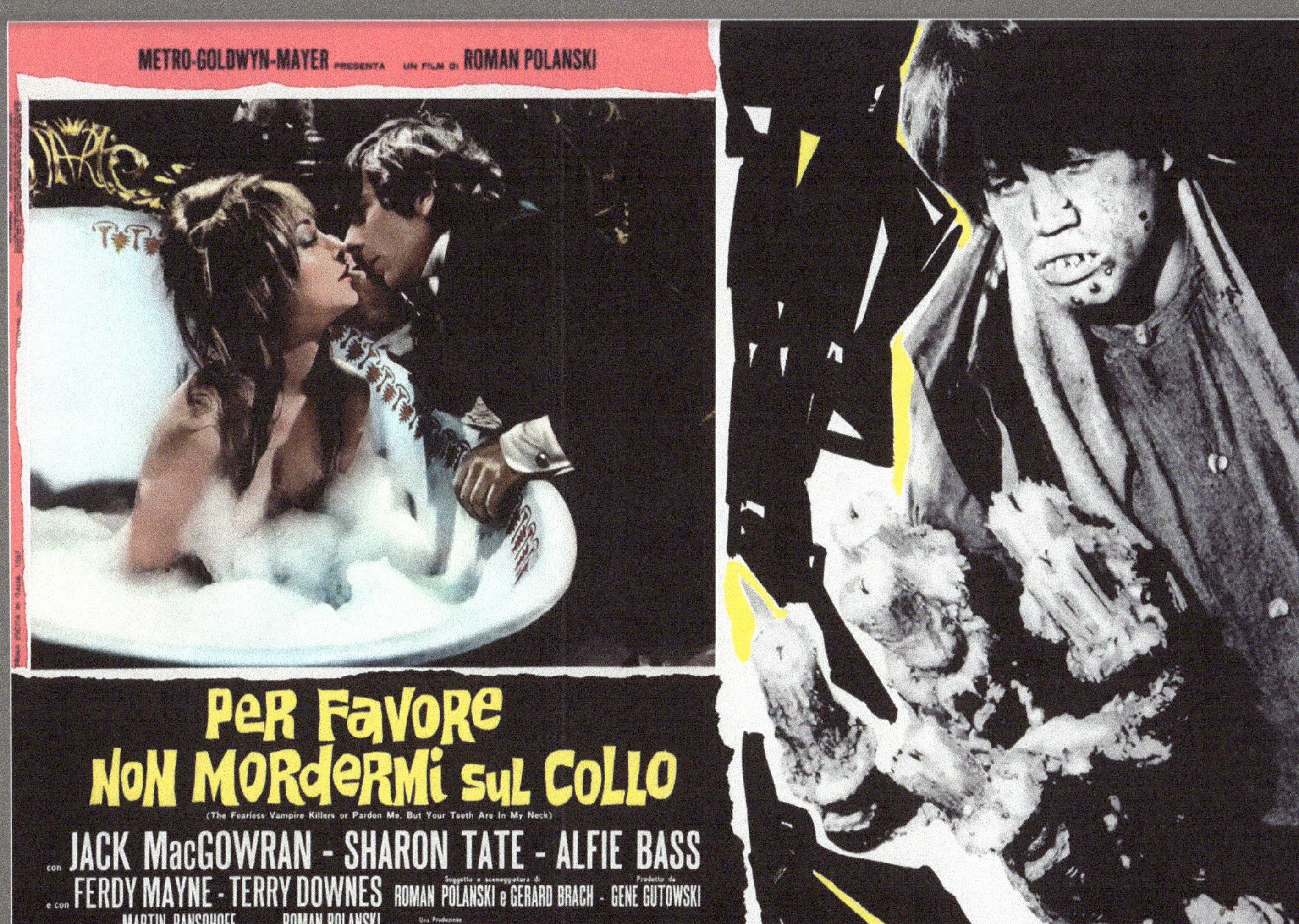

PER FAVORE NON MORDERMI SUL COLLO
("Please Don't Bite My Neck")
Original Title: **The Fearless Vampire Killers** (UK/USA, 1967)

OPPOSITE PAGE:

LA MORTE ARRIVA STRISCIANDO
("The Slithering Death Is Here")
Original Title: **The Reptile** (UK, 1966)

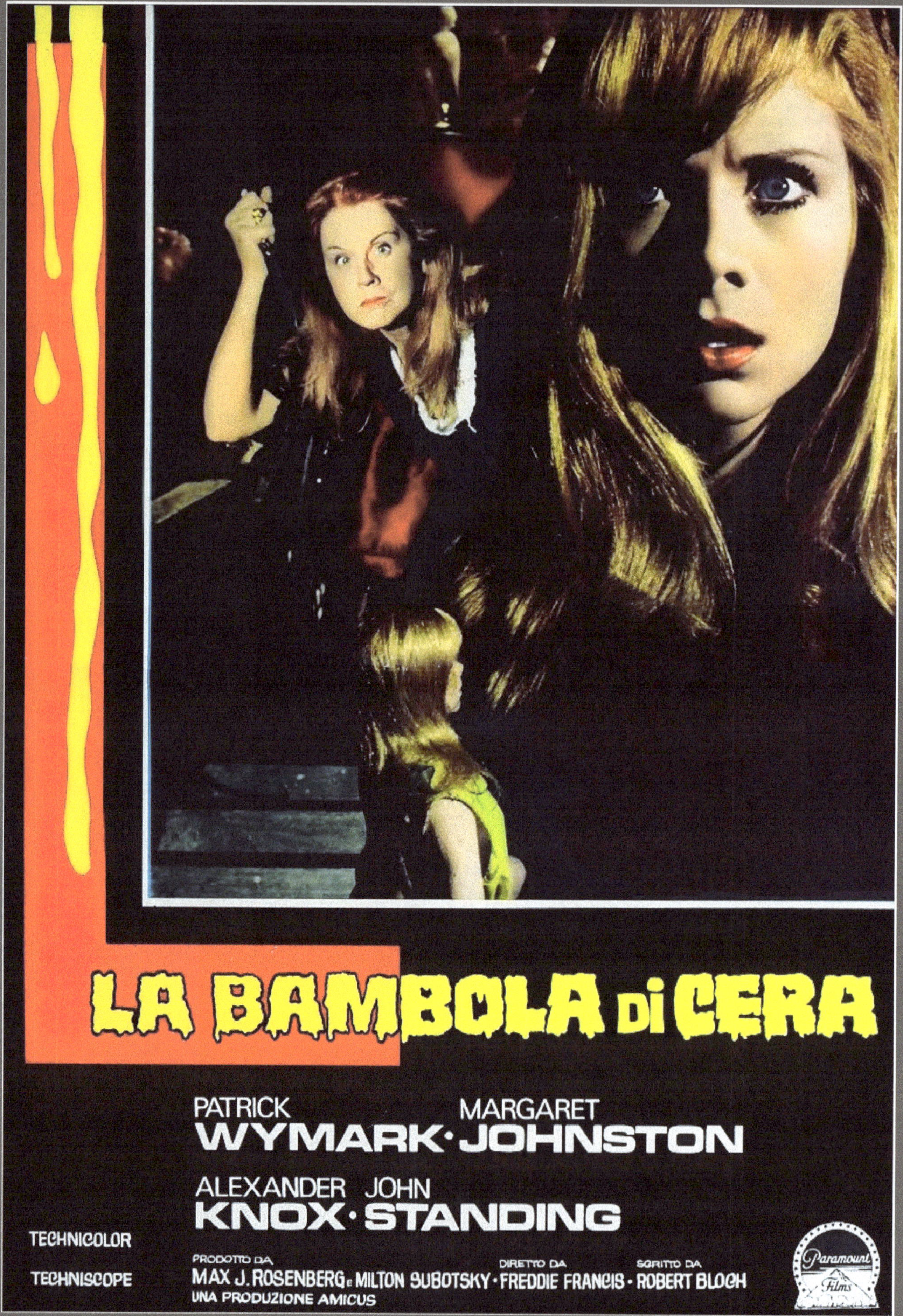

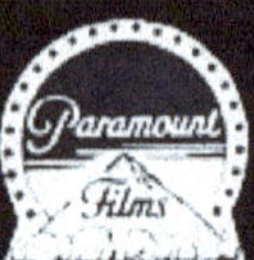

LA BAMBOLA DI CERA

PATRICK **WYMARK** · MARGARET **JOHNSTON**

ALEXANDER **KNOX** · JOHN **STANDING**

TECHNICOLOR

TECHNISCOPE

PRODOTTO DA **MAX J. ROSENBERG** E **MILTON SUBOTSKY** · DIRETTO DA **FREDDIE FRANCIS** · SCRITTO DA **ROBERT BLOCH**
UNA PRODUZIONE AMICUS

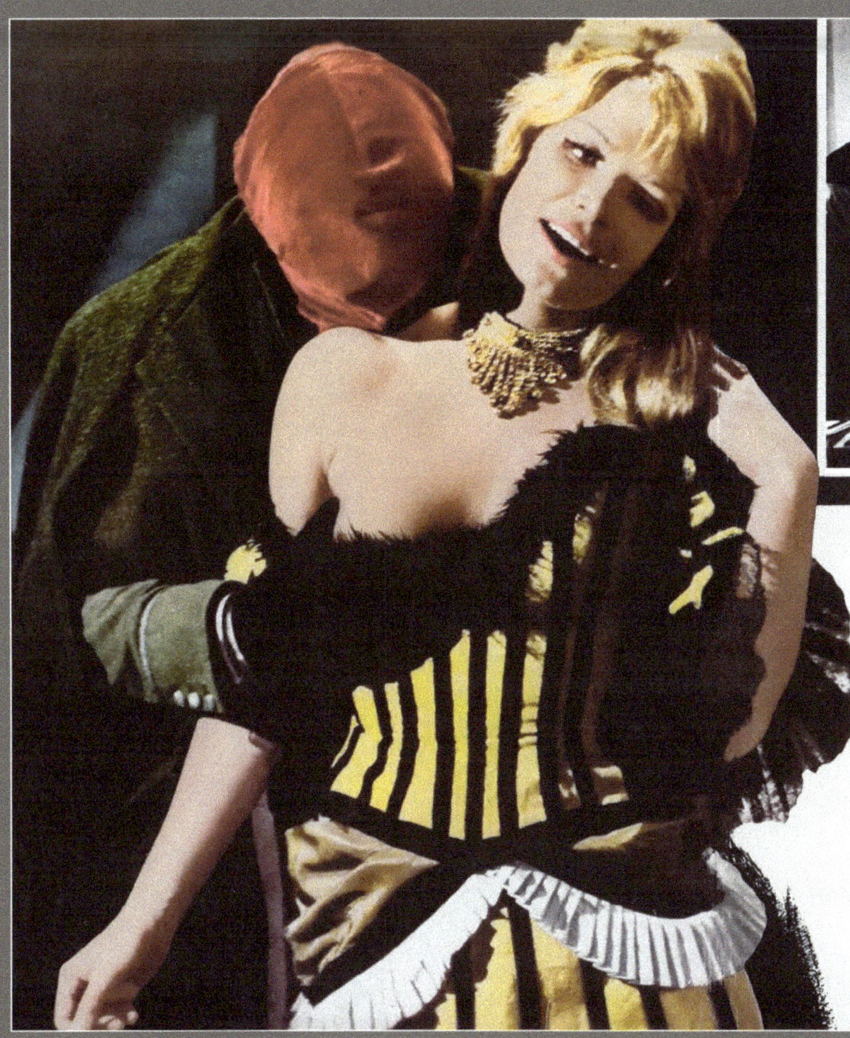
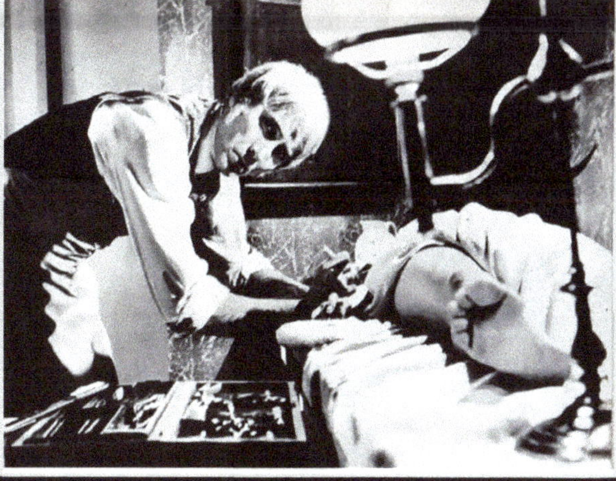

LA ROSSA MASCHERA DEL TERRORE
(''The Red Mask Of Terror'')
Original Title: **The Oblong Box** (UK, 1969)

OPPOSITE PAGE:

LA BAMBOLA DI CERA
(''The Wax Doll'')
Original Title: **The Psychopath** (UK, 1966)

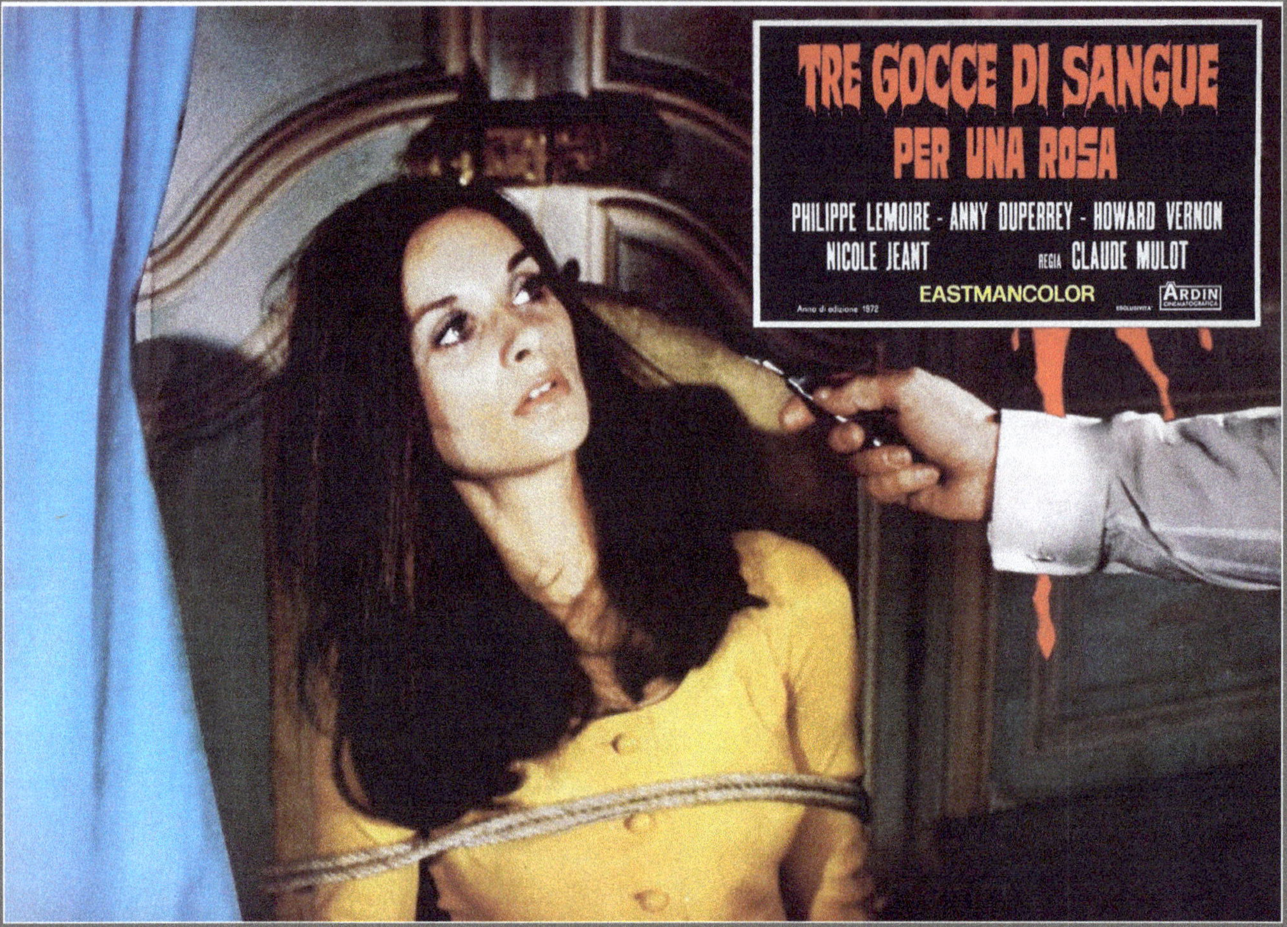

TRE GOCCE DI SANGUE
PER UNA ROSA
PHILIPPE LEMOIRE - ANNY DUPERREY - HOWARD VERNON
NICOLE JEANT   REGIA CLAUDE MULOT
EASTMANCOLOR
ARDIN CINEMATOGRAFICA

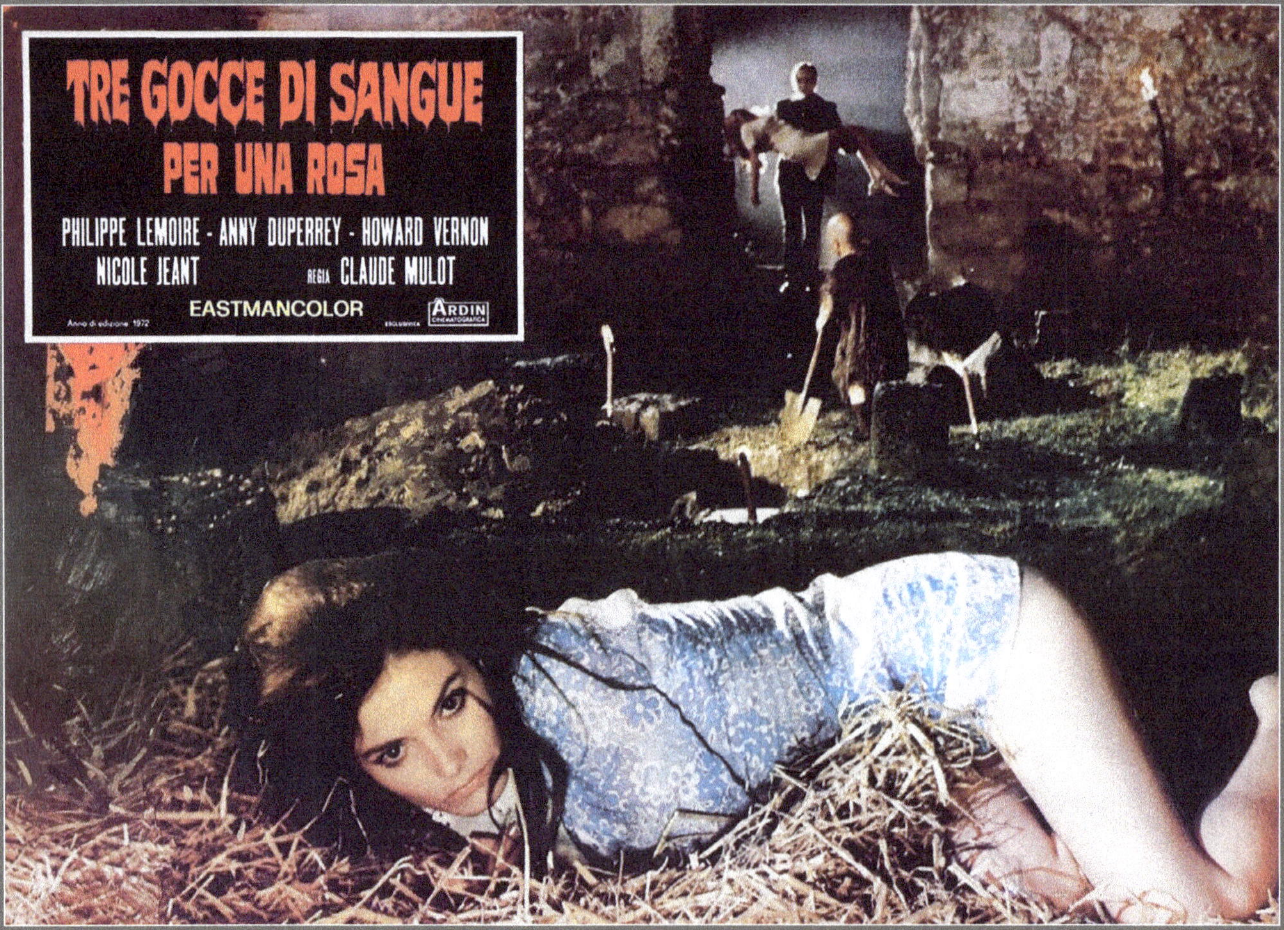

TRE GOCCE DI SANGUE
PER UNA ROSA
PHILIPPE LEMOIRE - ANNY DUPERREY - HOWARD VERNON
NICOLE JEANT   REGIA CLAUDE MULOT
EASTMANCOLOR
ARDIN CINEMATOGRAFICA

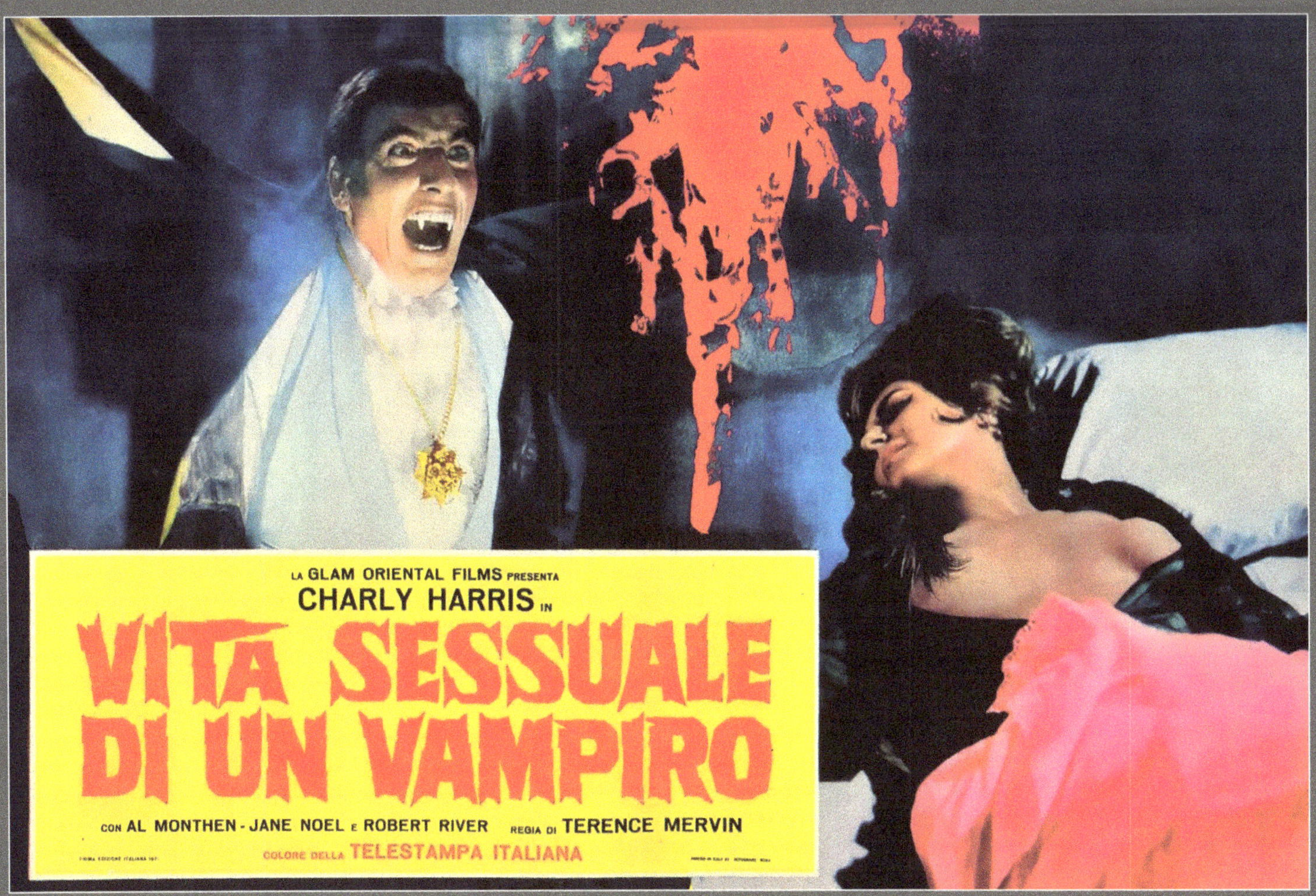

VITA SESSUALE DI UN VAMPIRO
("Sex Life Of A Vampire")
Original Title: **Santo En El Tesoro De Drácula** (Mexico, 1969)

OPPOSITE PAGE:

TRE GOCCE DI SANGUE PER UNA ROSA
("Three Blood-Drops For A Rose")
Original Title: **La Rose Écorchée** (France, 1969)

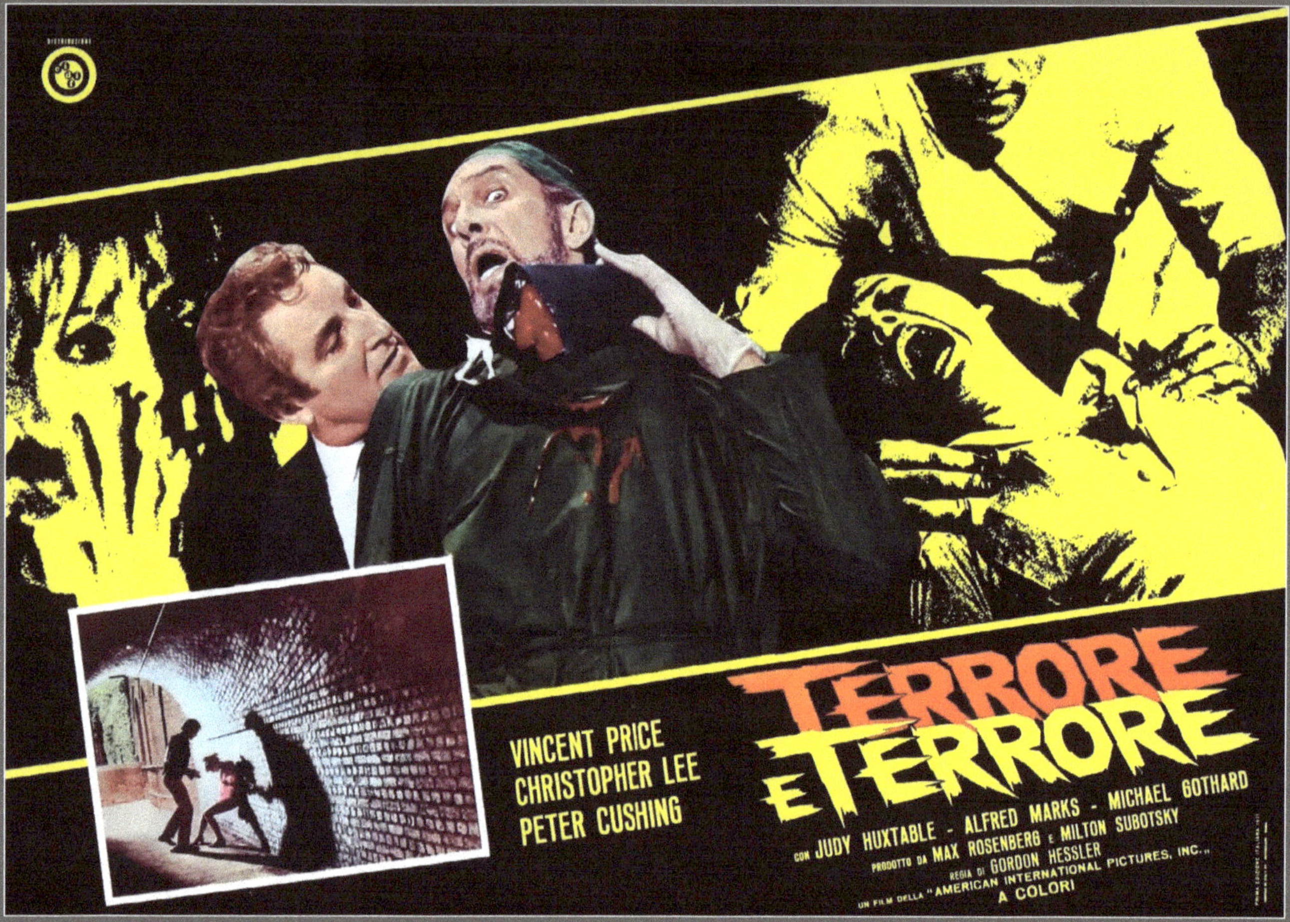

VINCENT PRICE
CHRISTOPHER LEE
PETER CUSHING
TERRORE E TERRORE
CON JUDY HUXTABLE - ALFRED MARKS - MICHAEL GOTHARD
PRODOTTO DA MAX ROSENBERG E MILTON SUBOTSKY
REGIA DI GORDON HESSLER
UN FILM DELLA "AMERICAN INTERNATIONAL PICTURES, INC."
A COLORI

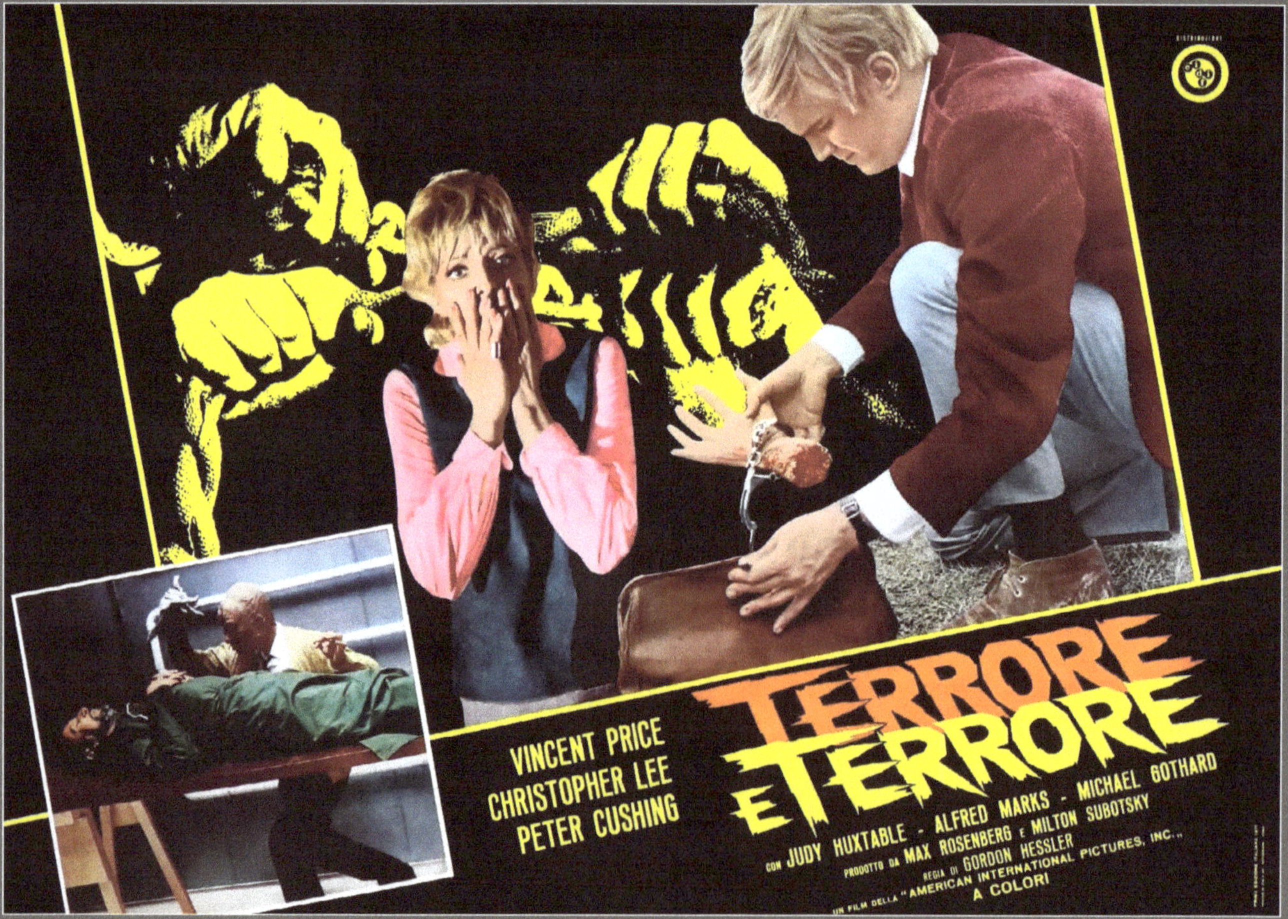

VINCENT PRICE
CHRISTOPHER LEE
PETER CUSHING
TERRORE E TERRORE
CON JUDY HUXTABLE - ALFRED MARKS - MICHAEL GOTHARD
PRODOTTO DA MAX ROSENBERG E MILTON SUBOTSKY
REGIA DI GORDON HESSLER
UN FILM DELLA "AMERICAN INTERNATIONAL PICTURES, INC."
A COLORI

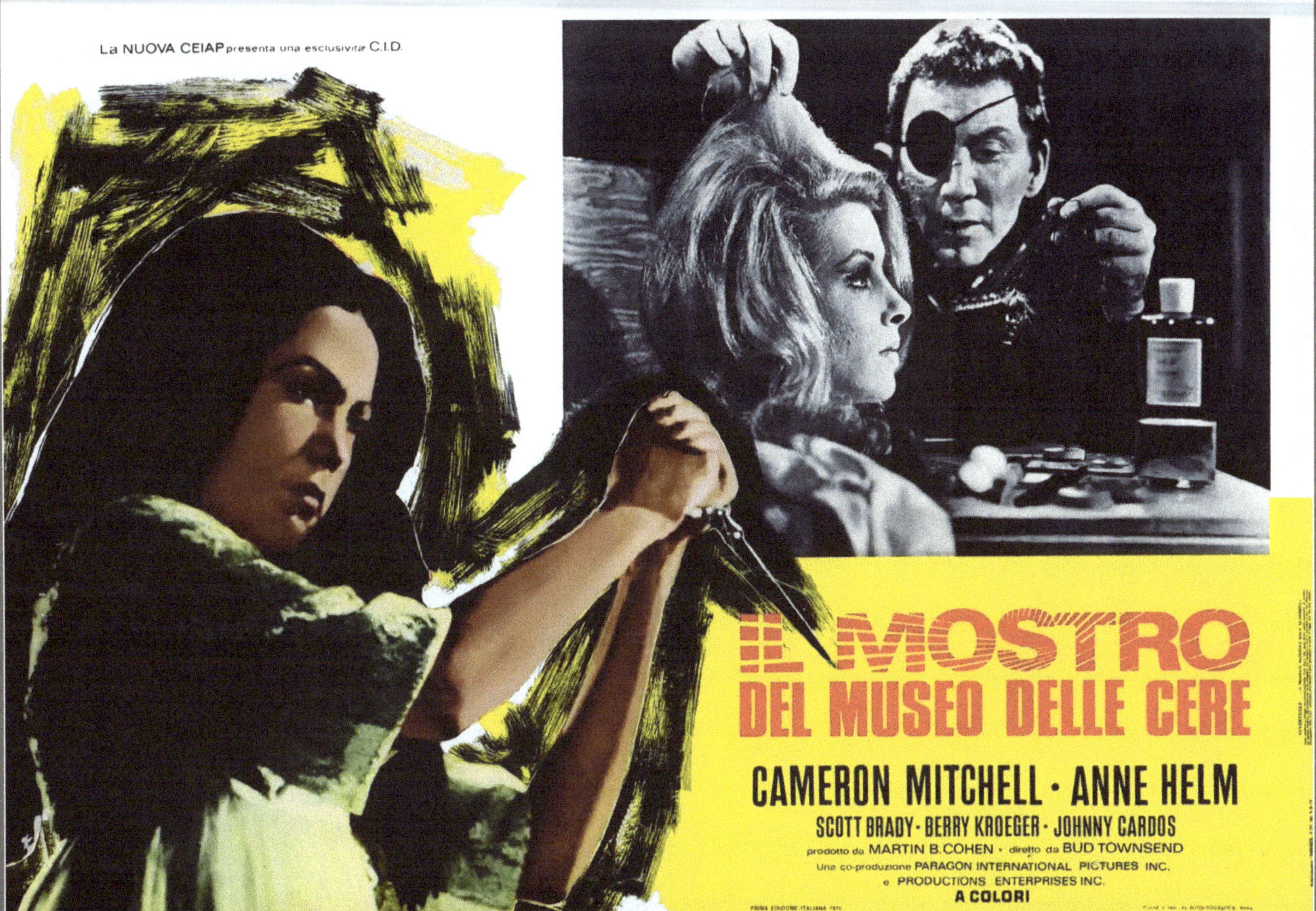

IL MOSTRO DEL MUSEO DELLE CERE
("The Monster Of The Wax Museum")
Original Title: **Nightmare In Wax** (USA, 1969)

OPPOSITE PAGE:

TERRORE E TERRORE
("Terror Upon Terror")
Original Title: **Scream And Scream Again** (UK, 1969)

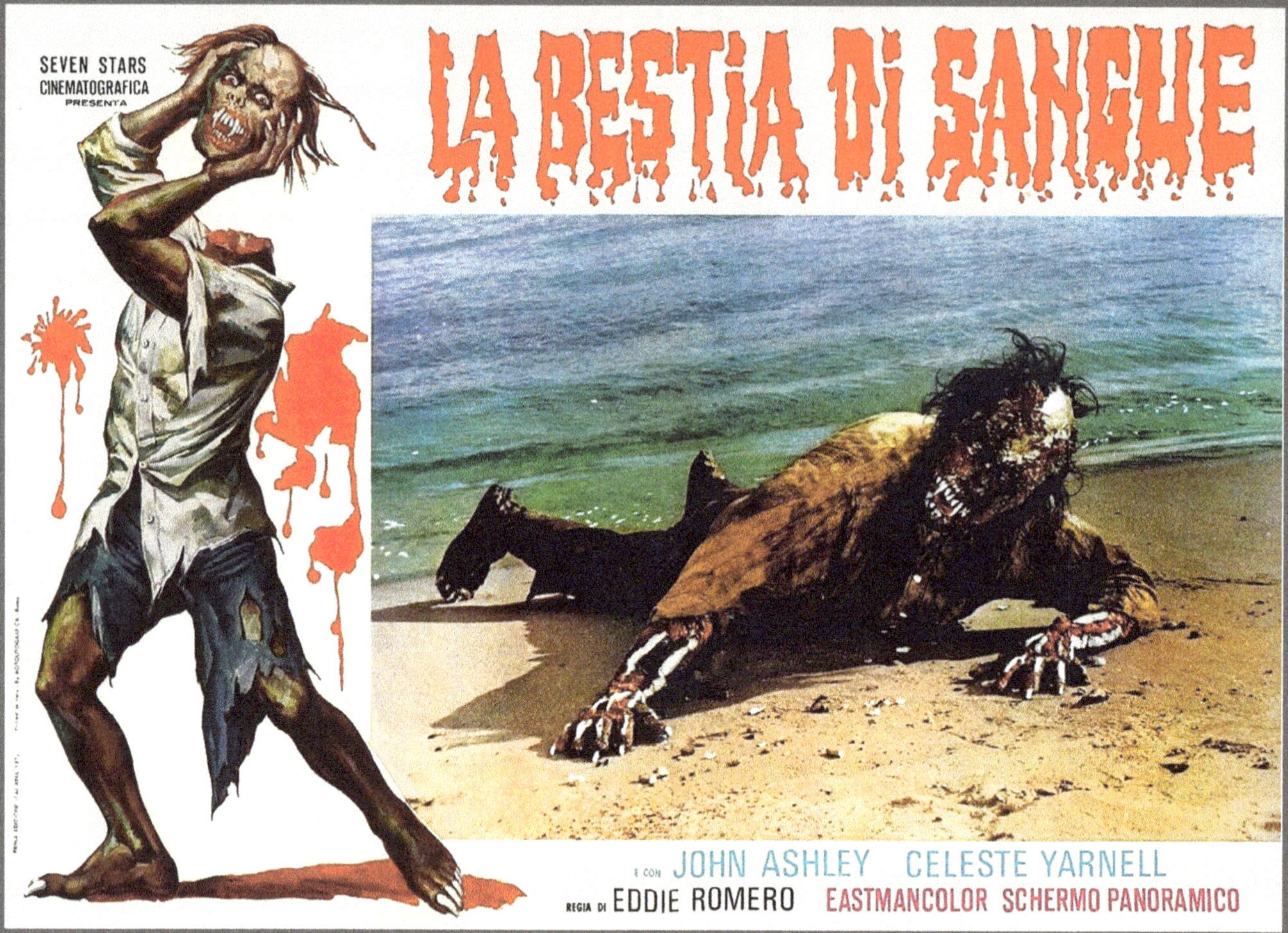

SEVEN STARS
CINEMATOGRAFICA
PRESENTA
LA BESTIA DI SANGUE
E CON JOHN ASHLEY CELESTE YARNELL
REGIA DI EDDIE ROMERO EASTMANCOLOR SCHERMO PANORAMICO

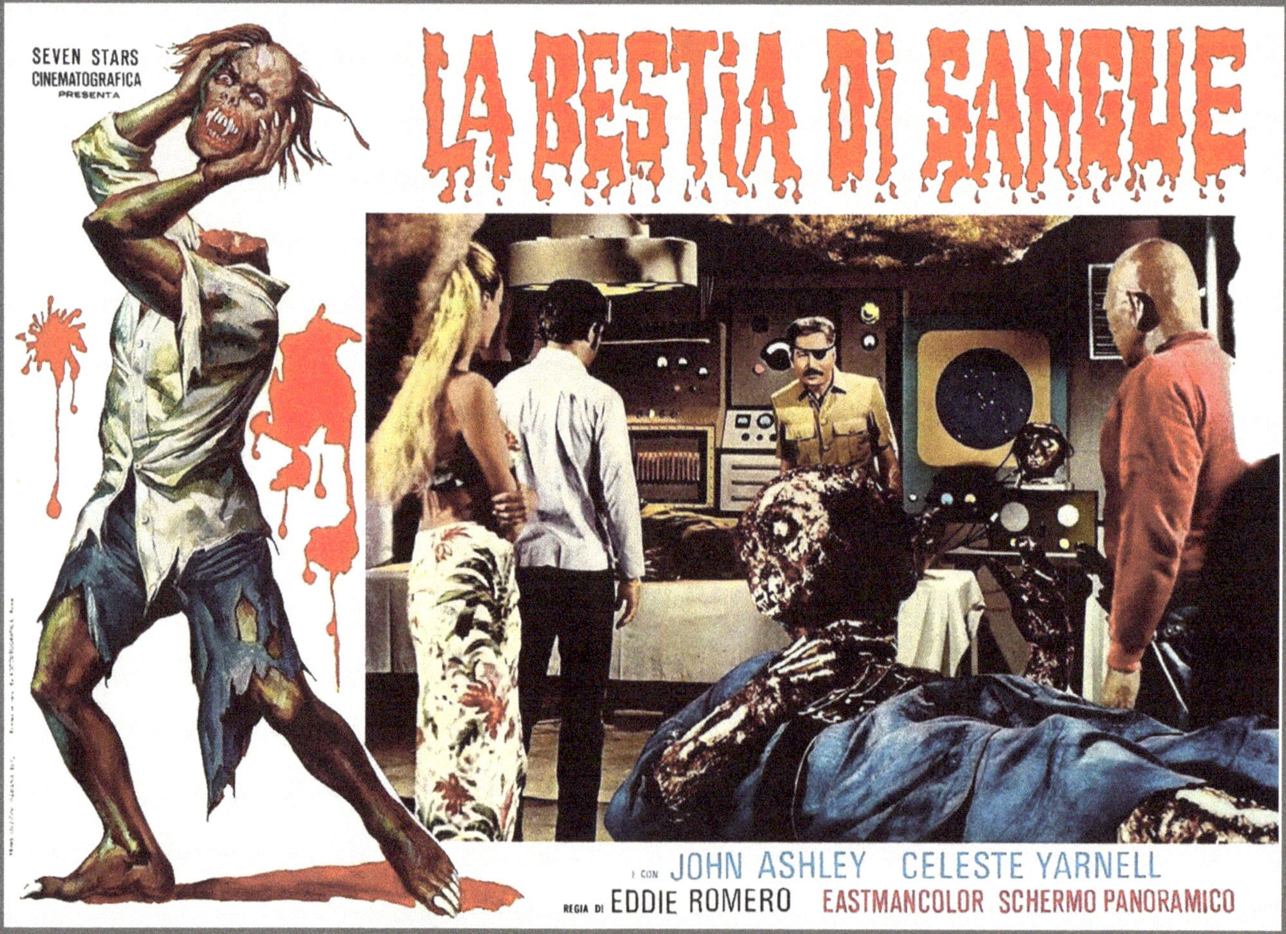

SEVEN STARS
CINEMATOGRAFICA
PRESENTA
LA BESTIA DI SANGUE
E CON JOHN ASHLEY CELESTE YARNELL
REGIA DI EDDIE ROMERO EASTMANCOLOR SCHERMO PANORAMICO

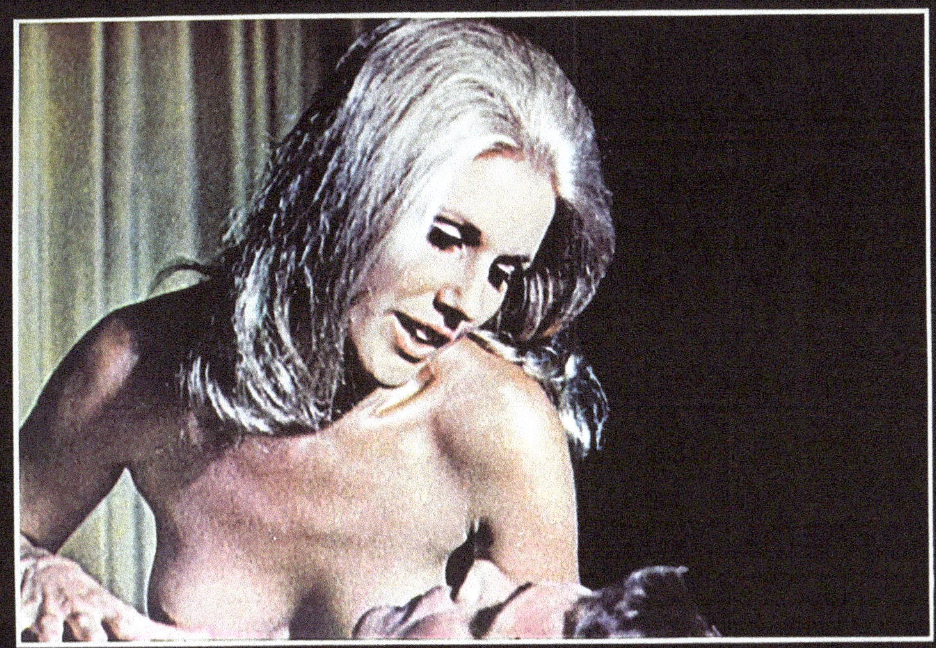
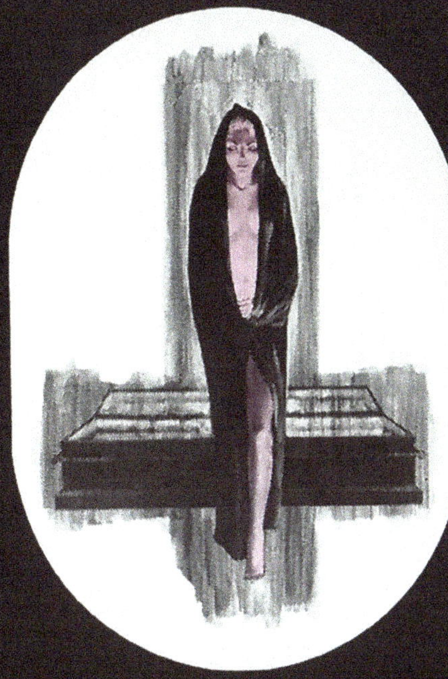
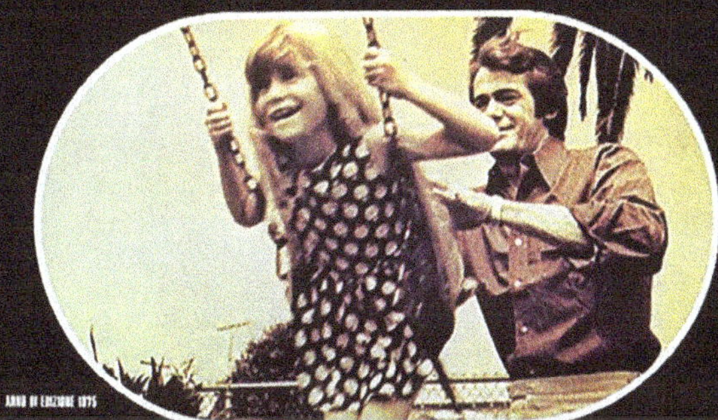

LA NECROFILA
("The Necrophile")
Original Title: **Love Me Deadly** (USA, 1973)

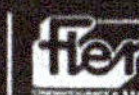

OPPOSITE PAGE:

LA BESTIA DI SANGUE
("The Beast Of Blood")
Original Title: **Beast Of Blood** (Philippines/USA, 1971)

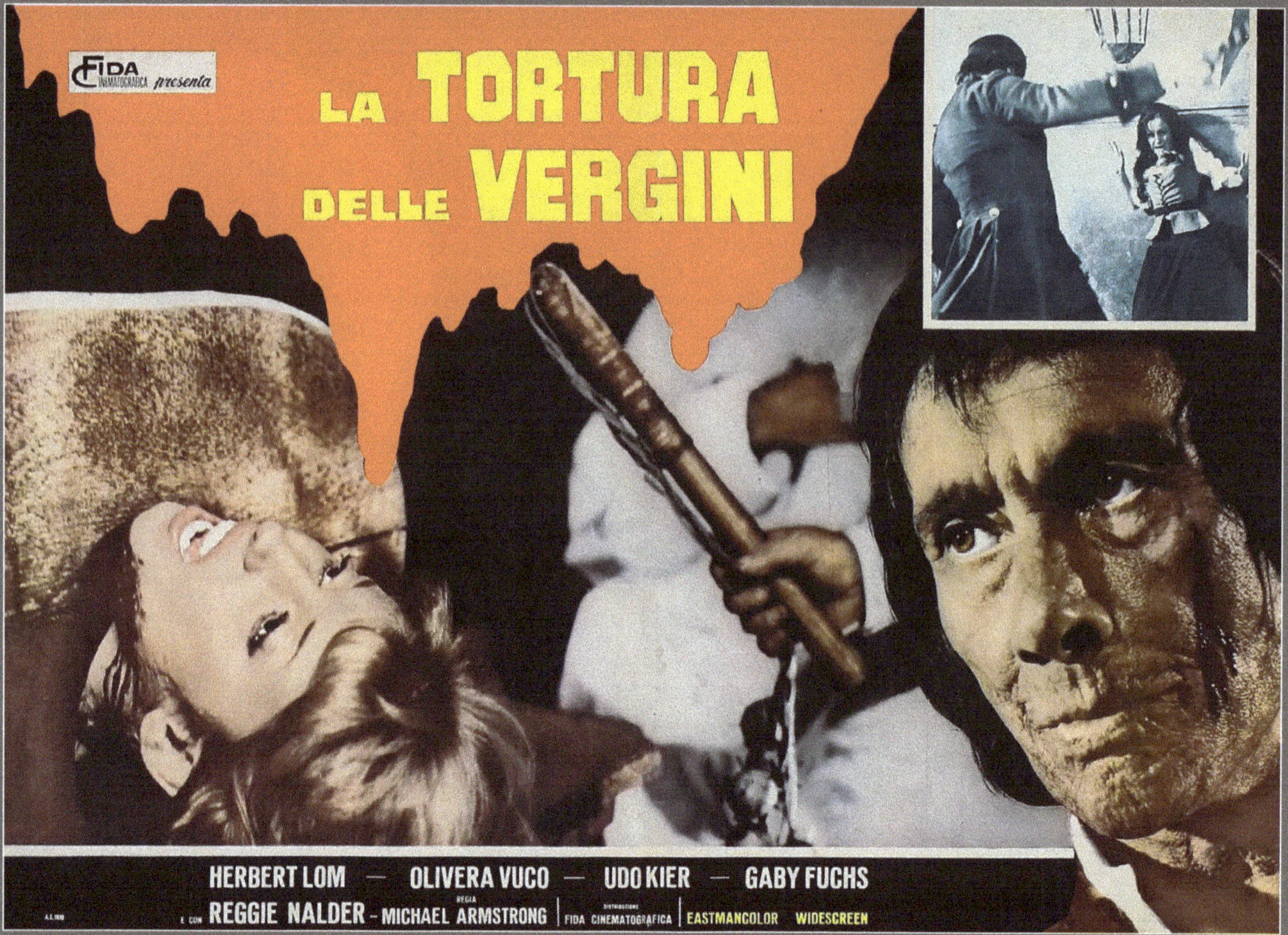

FIDA
CINEMATOGRAFICA presenta
LA TORTURA
DELLE VERGINI
HERBERT LOM — OLIVERA VUCO — UDO KIER — GABY FUCHS
E CON REGGIE NALDER — REGIA Michael Armstrong DISTRIBUZIONE FIDA CINEMATOGRAFICA EASTMANCOLOR WIDESCREEN

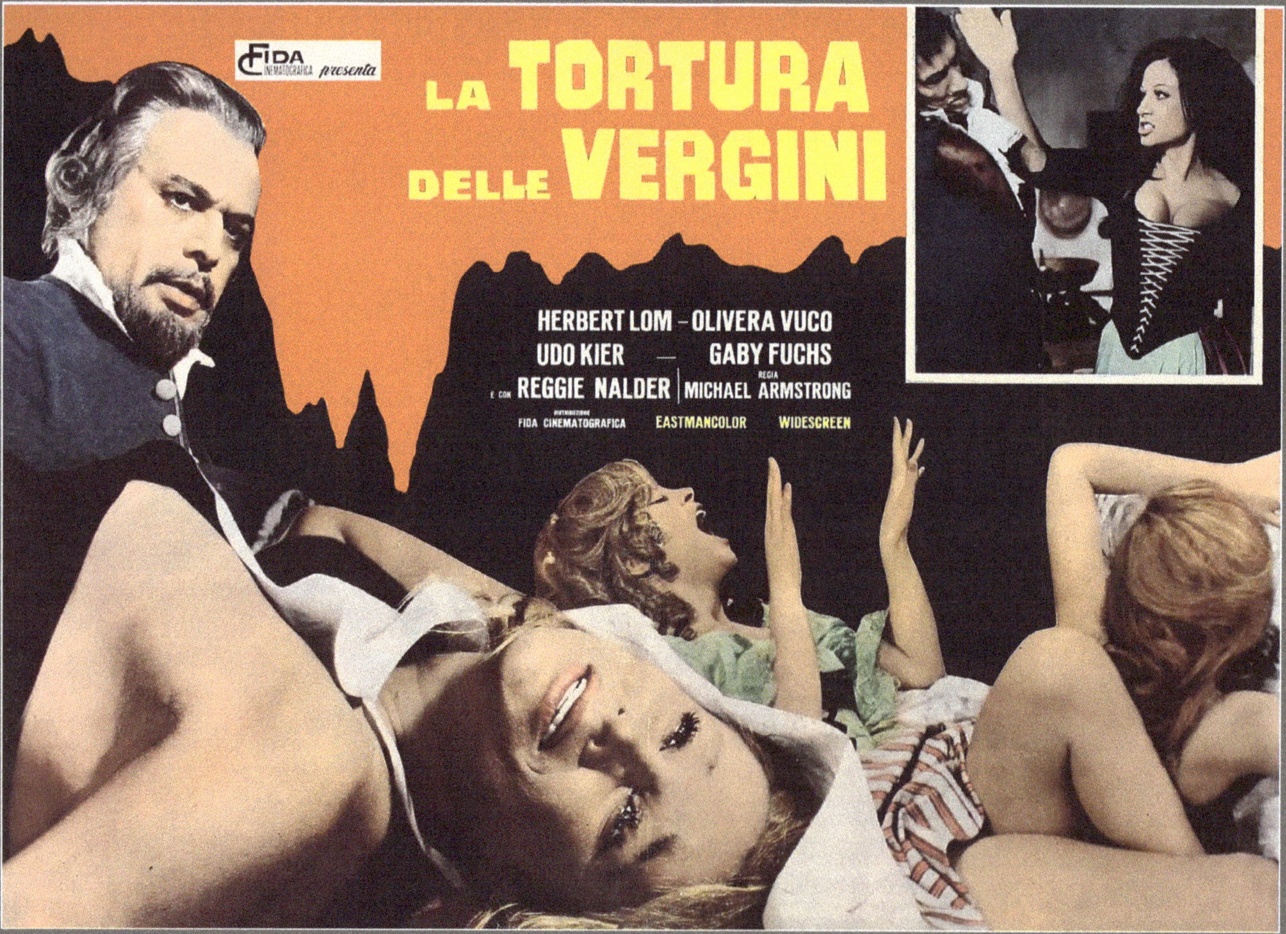

FIDA
CINEMATOGRAFICA presenta
LA TORTURA
DELLE VERGINI
HERBERT LOM — OLIVERA VUCO
UDO KIER — GABY FUCHS
E CON REGGIE NALDER REGIA Michael Armstrong
DISTRIBUZIONE FIDA CINEMATOGRAFICA EASTMANCOLOR WIDESCREEN

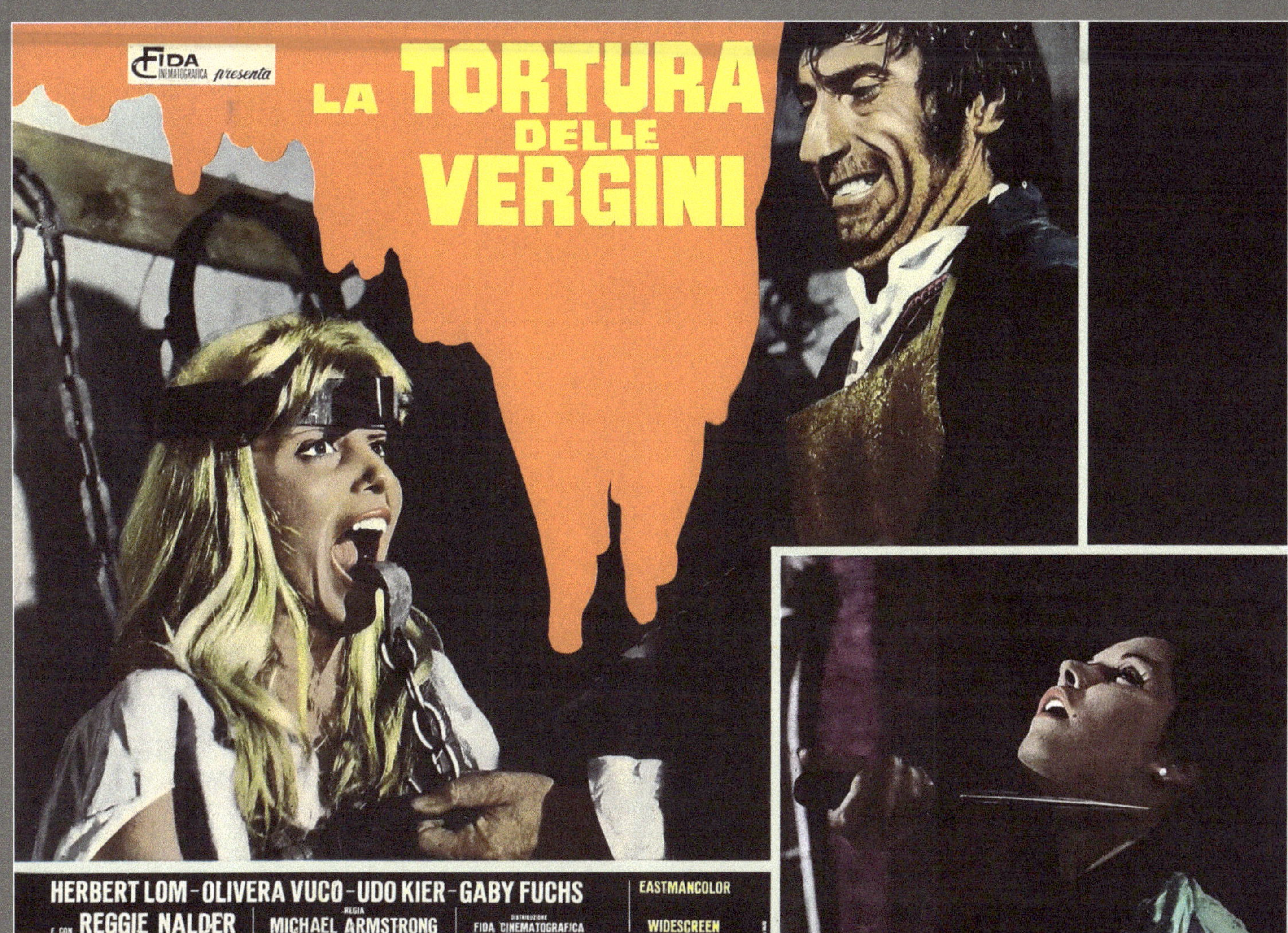

LA TORTURA DELLE VERGINI
("The Torture Of The Virgins")
Original Title: **Hexen Bis Aufs Blut Gequält** (Germany, 1970)

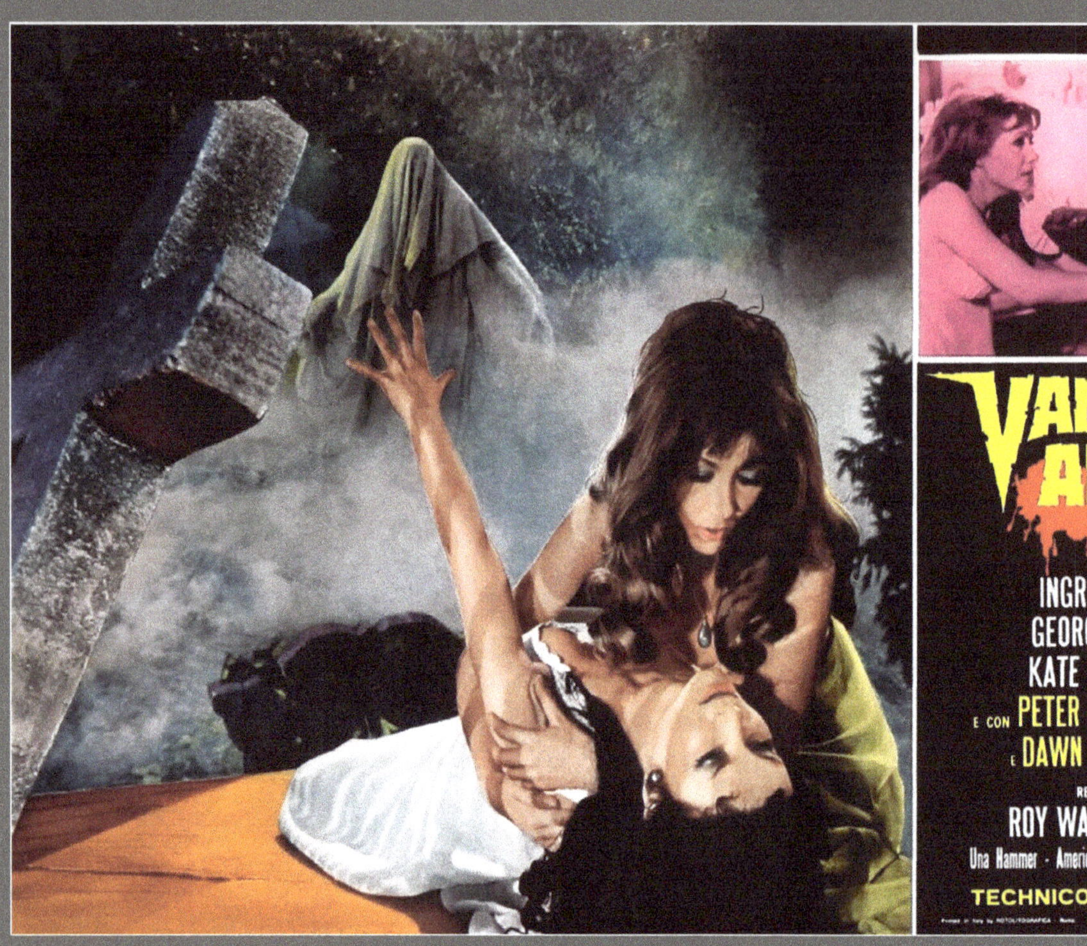
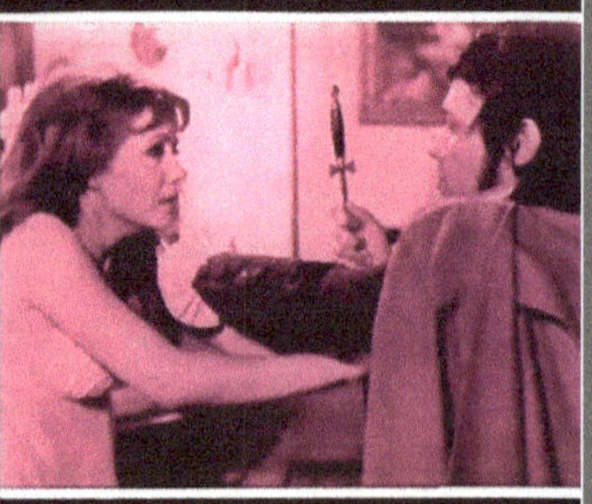

VAMPIRI
AMANTI
INGRID PITT
GEORGE COLE
KATE O'MARA
E CON PETER CUSHING
E DAWN ADDAMS
REGIA DI
ROY WARD BAKER
Una Hammer · American International production
TECHNICOLOR

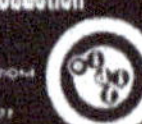

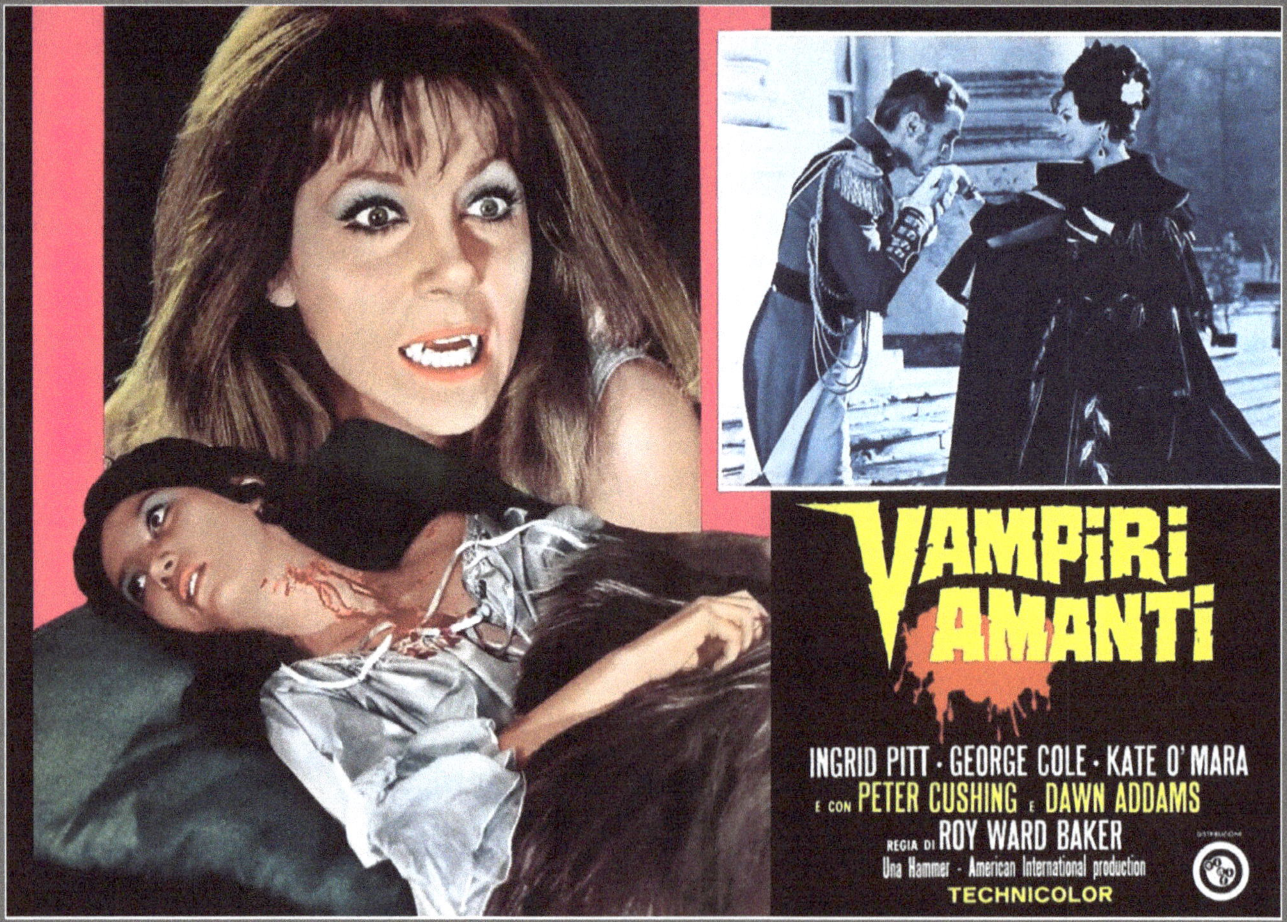

VAMPIRI
AMANTI
INGRID PITT · GEORGE COLE · KATE O'MARA
E CON PETER CUSHING E DAWN ADDAMS
REGIA DI ROY WARD BAKER
Una Hammer · American International production
TECHNICOLOR

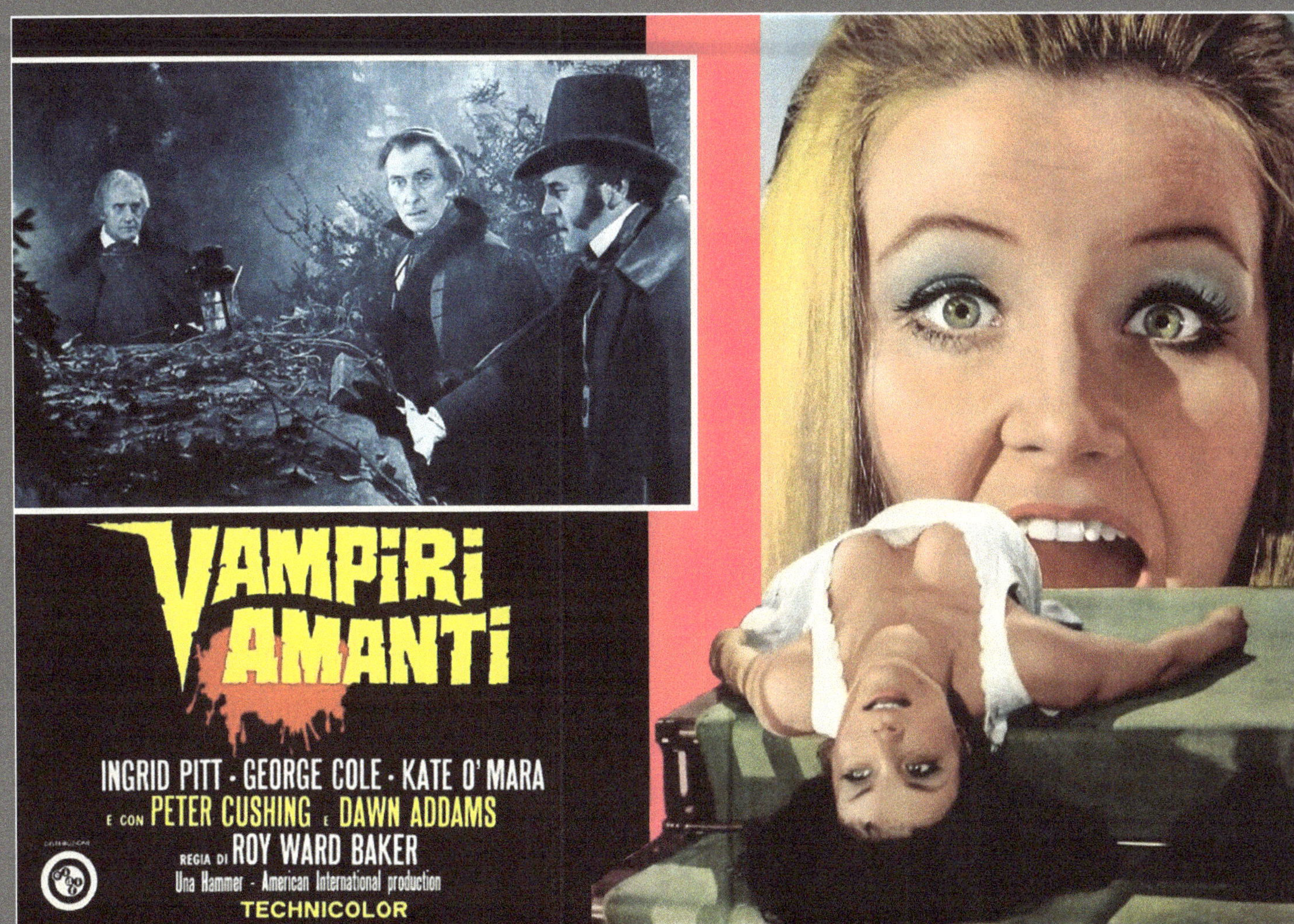

VAMPIRI AMANTI
(''Vampire Lovers'')
Original Title: **The Vampire Lovers** (UK, 1970)

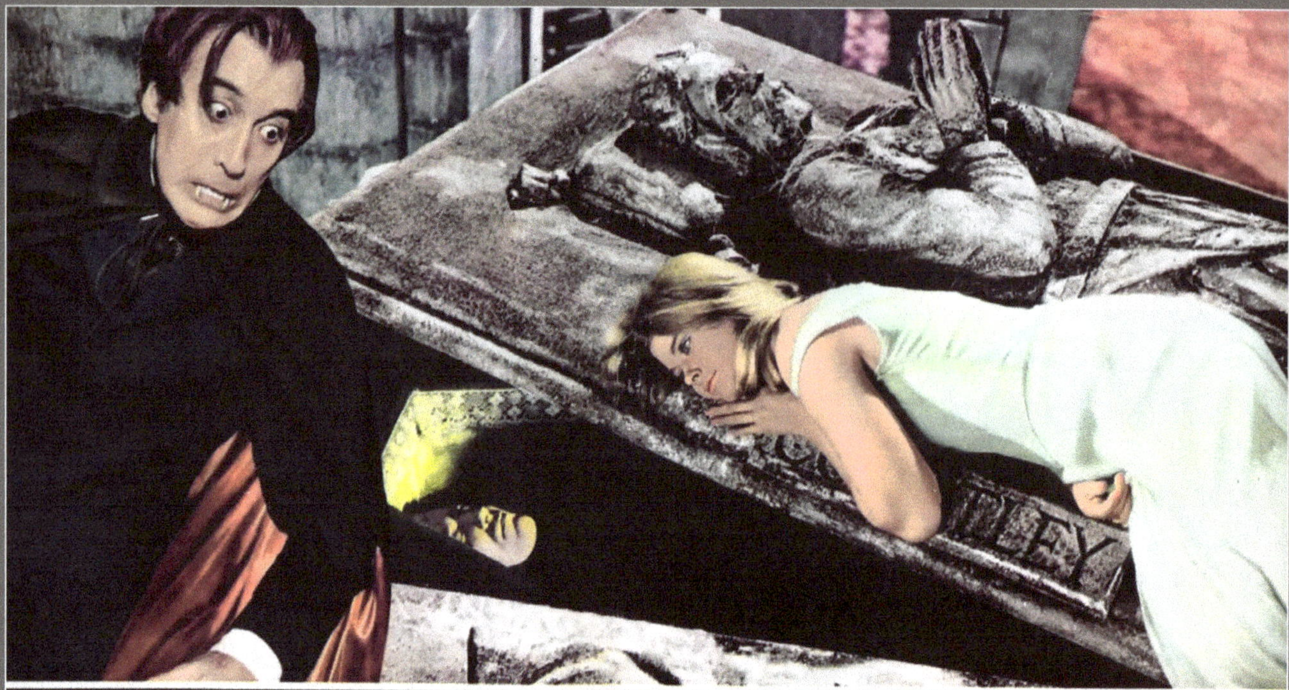
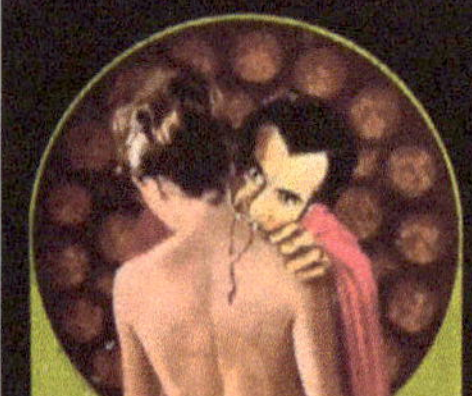

UNA PRODUZIONE HAMMER FILM
UNA MESSA
PER DRACULA
CON
CHRISTOPHER LEE
LINDA HAYDEN · ANTHONY CORLAN
GEOFFREY KEEN · JOHN CARSON · PETER SALLIS
JOHN ELDER   AIDA YOUNG   PETER SASDY
TECHNICOLOR

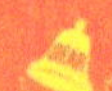
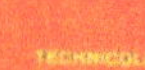

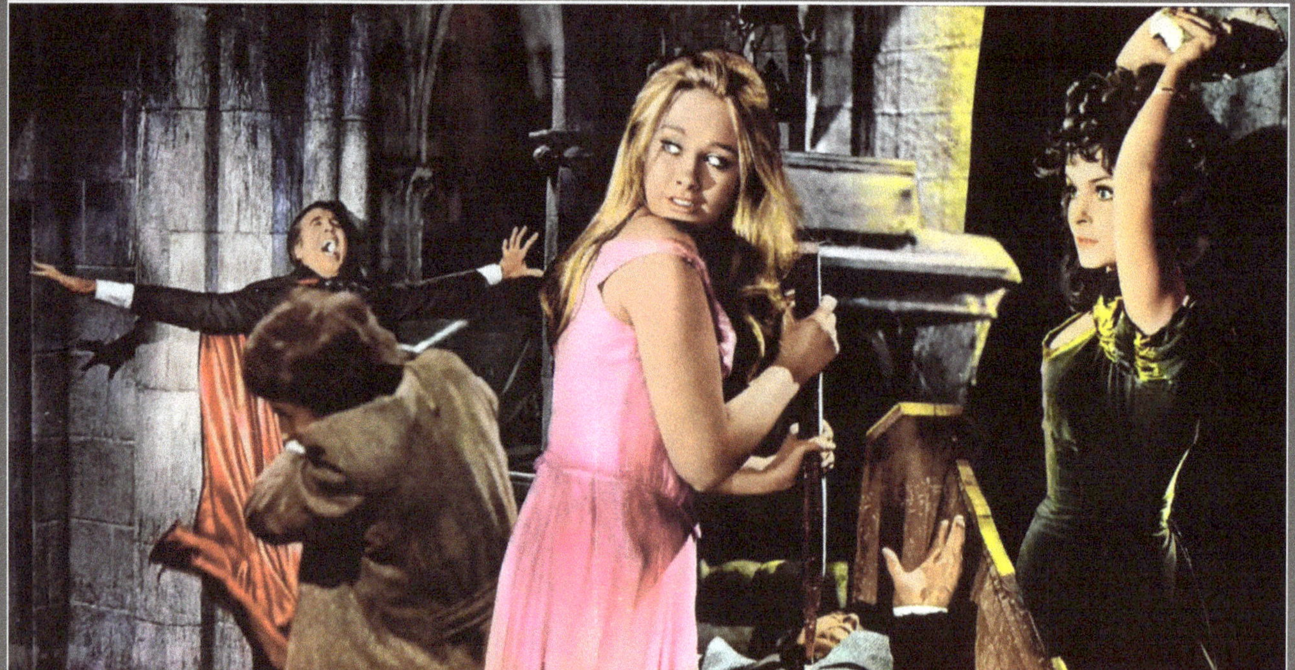
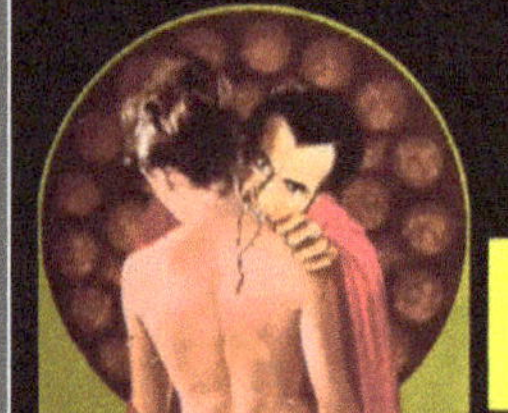

UNA PRODUZIONE HAMMER FILM
UNA MESSA
PER DRACULA
CON
CHRISTOPHER LEE
LINDA HAYDEN · ANTHONY CORLAN
GEOFFREY KEEN · JOHN CARSON · PETER SALLIS
JOHN ELDER   AIDA YOUNG   PETER SASDY
TECHNICOLOR

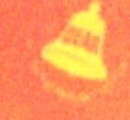
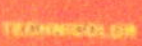

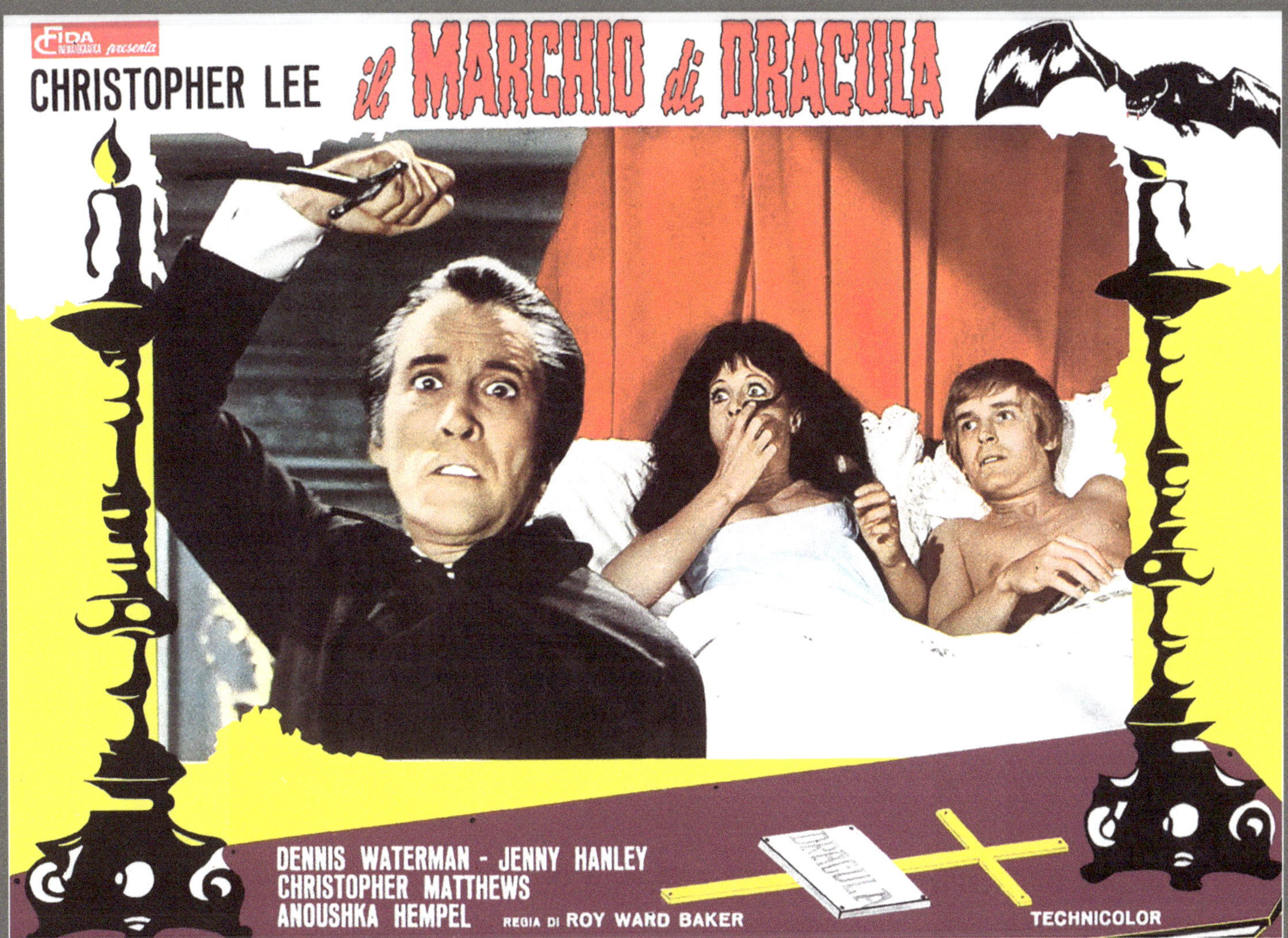

IL MARCHIO DI DRACULA
(''The Mark Of Dracula'')
Original Title: **The Scars Of Dracula** (UK, 1970)

OPPOSITE PAGE:

UNA MESSA PER DRACULA
(''A Mass For Dracula'')
Original Title: **Taste The Blood Of Dracula** (UK, 1970)

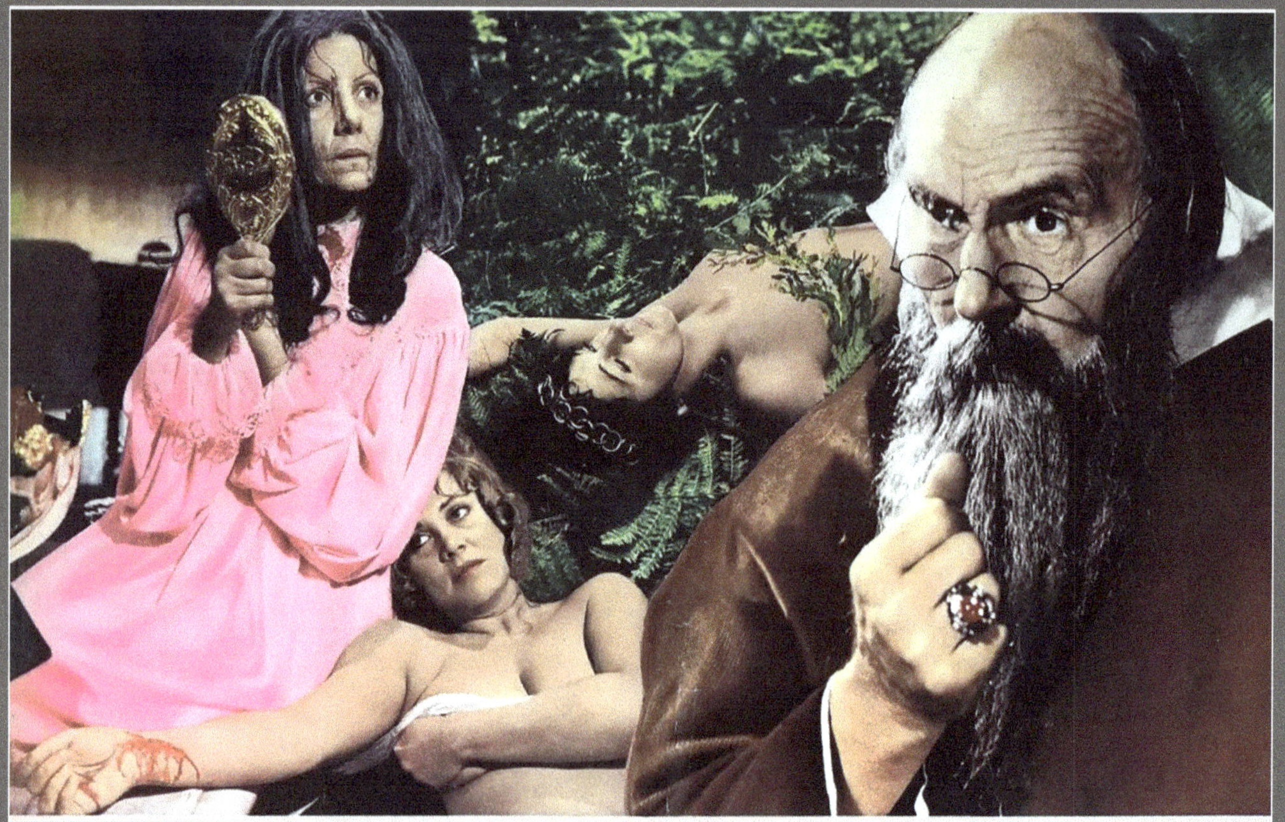

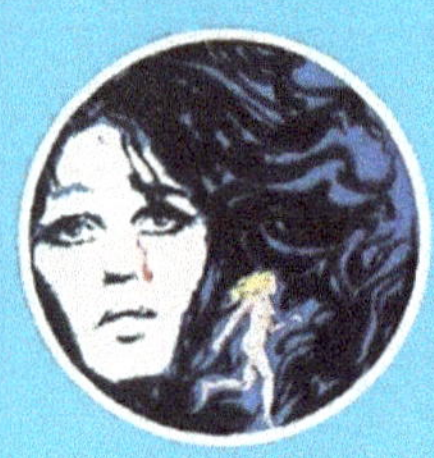

LA MORTE VA A BRACCETTO CON LE VERGINI

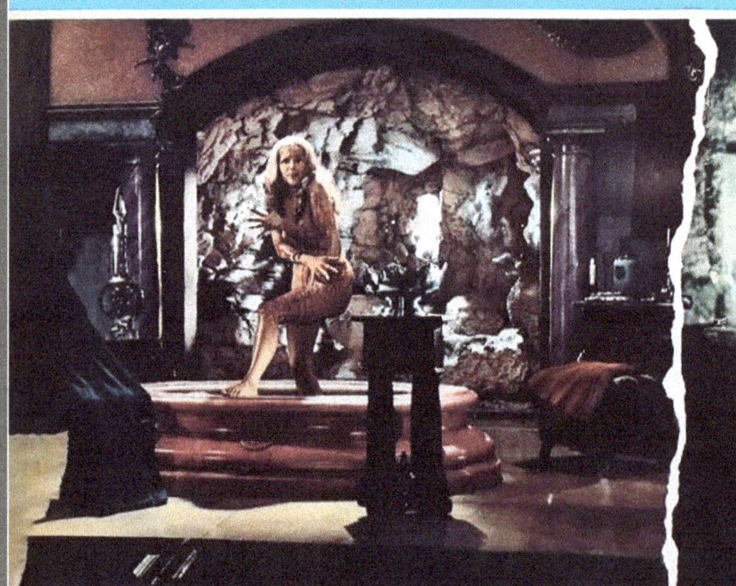

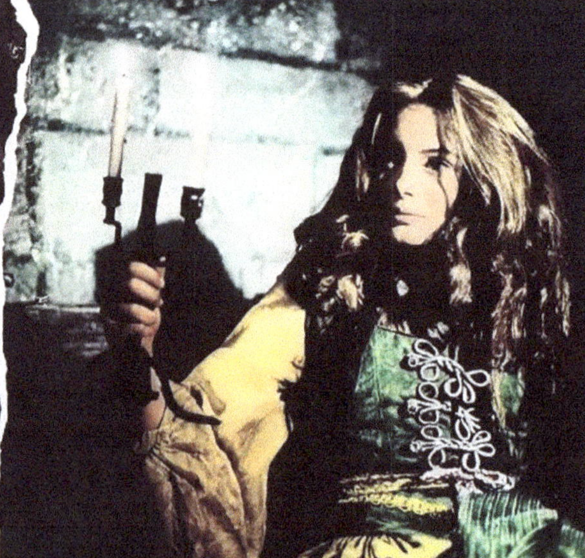

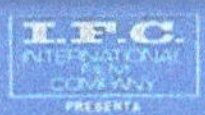
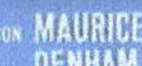
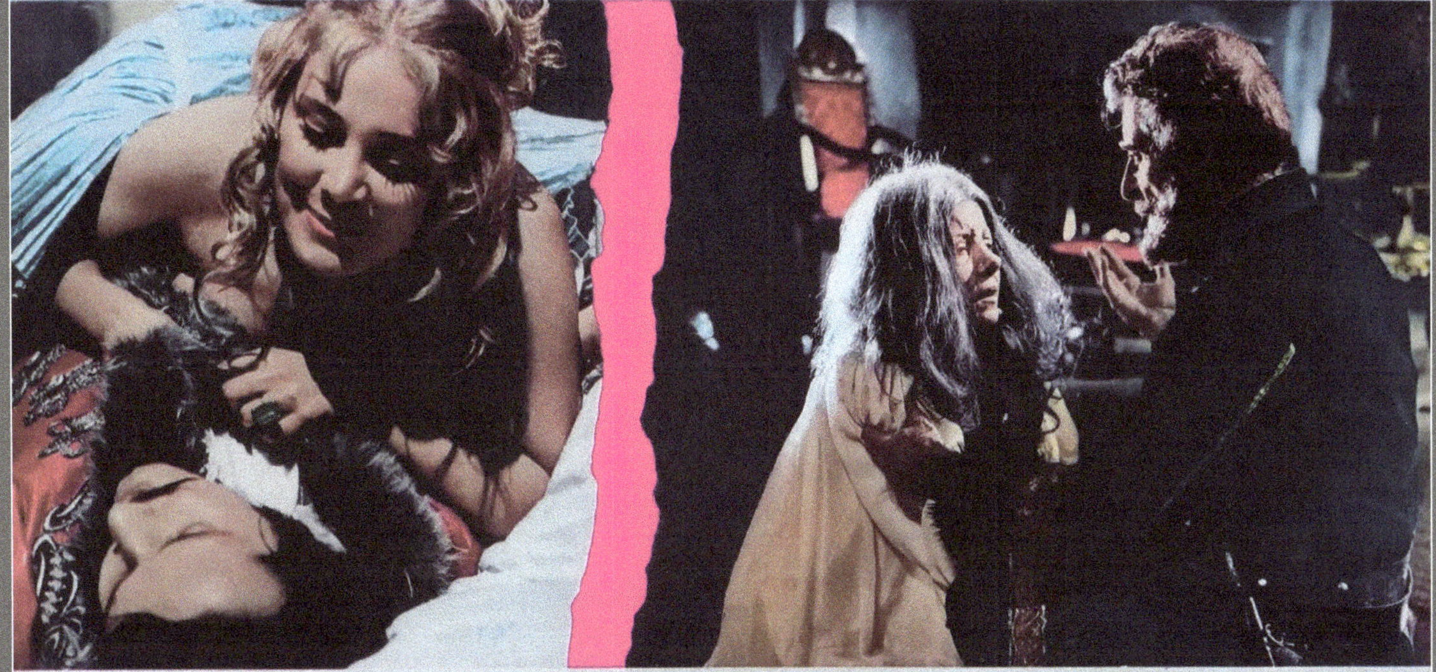

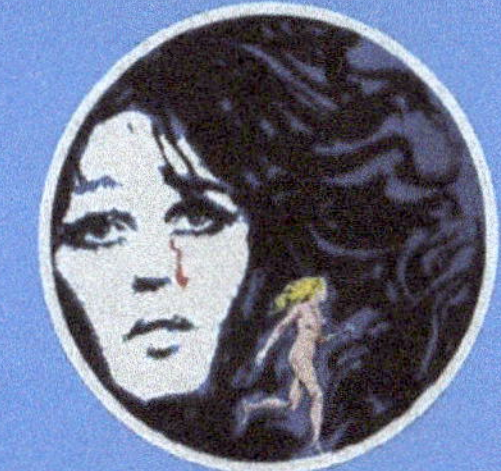
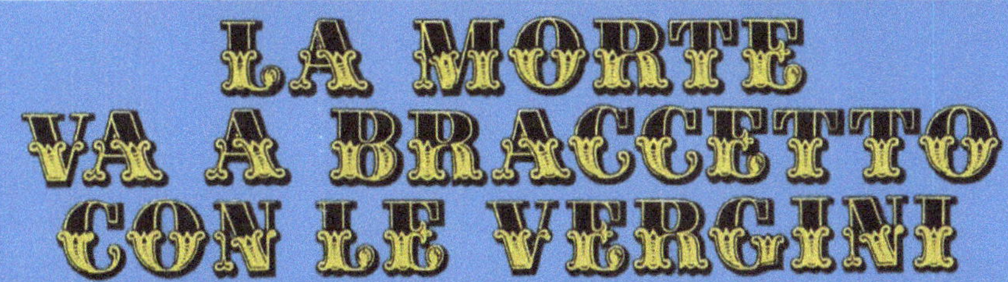

LA MORTE VA A BRACCETTO CON LE VERGINI
("Death And Virgins Go Hand In Hand")
Original Title: **Countess Dracula** (UK, 1971)

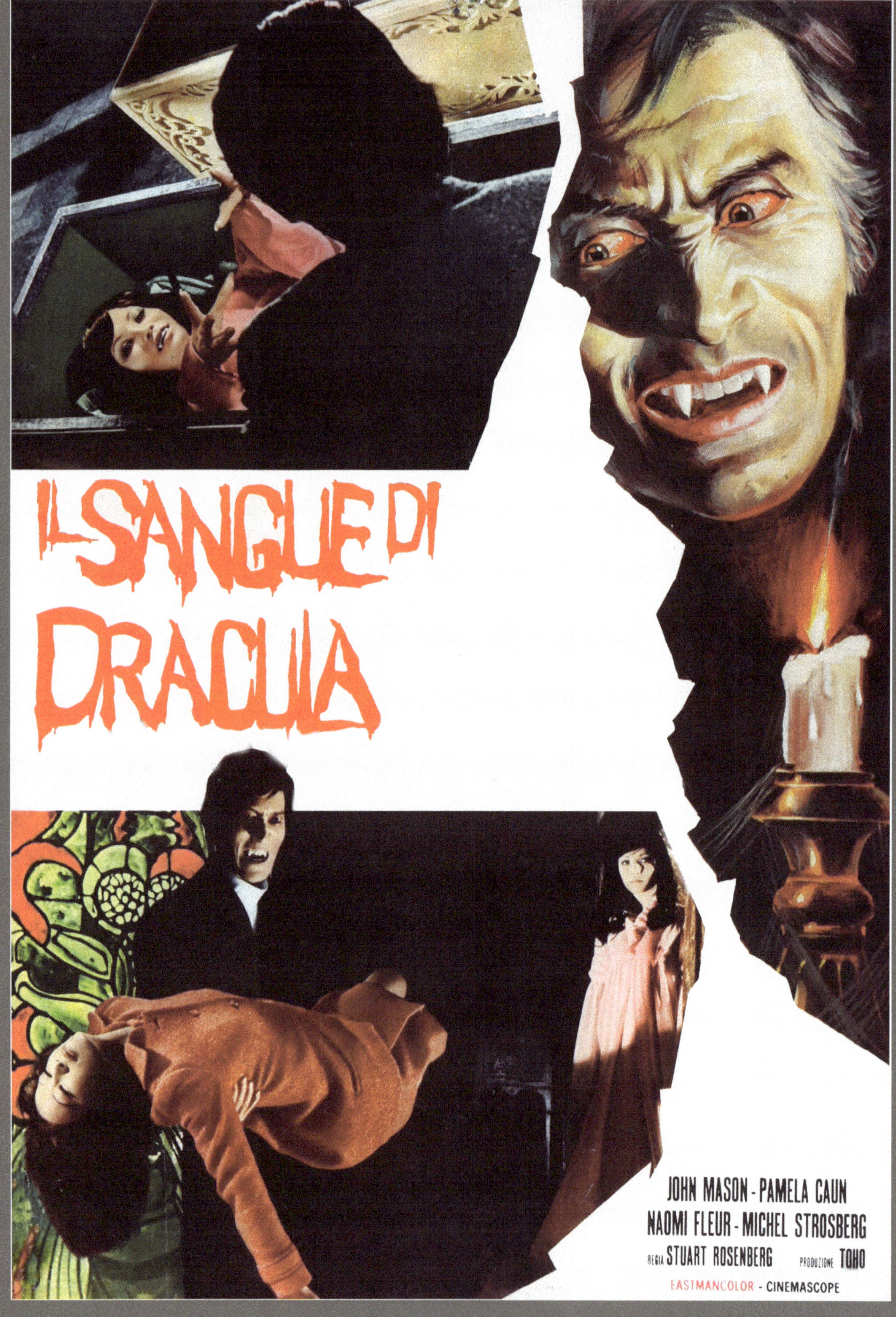
IL SANGUE DI
DRACULA
JOHN MASON · PAMELA CAUN
NAOMI FLEUR · MICHEL STROSBERG
REGIA STUART ROSENBERG   PRODUZIONE TOHO
EASTMANCOLOR · CINEMASCOPE

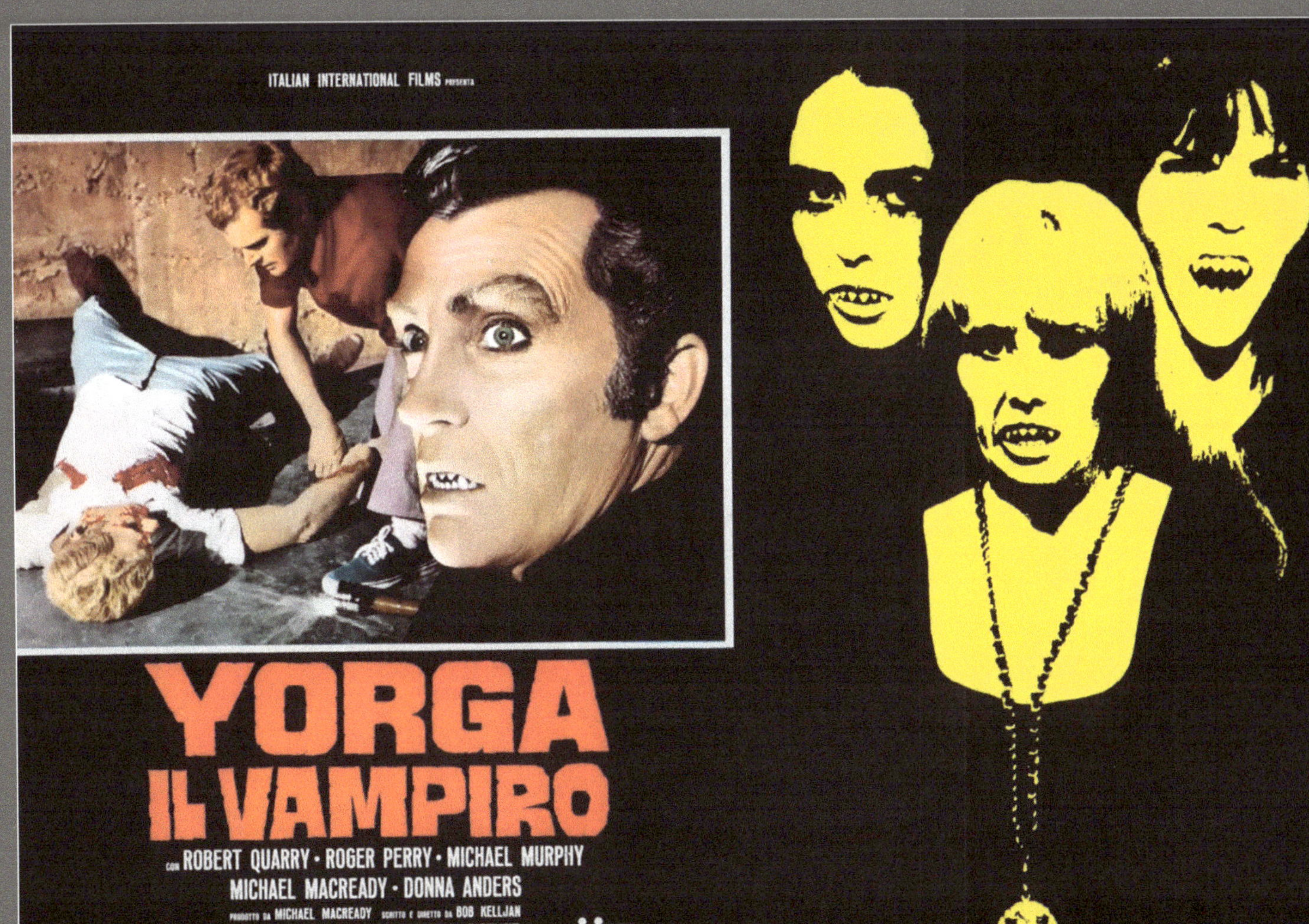

YORGA IL VAMPIRO
(''Yorga The Vampire'')
Original Title: **Count Yorga, Vampire** (USA 1970)

OPPOSITE PAGE:

IL SANGUE DI DRACULA
(''The Blood Of Dracula'')
Original Title: **Chiosume** (Japan, 1971)

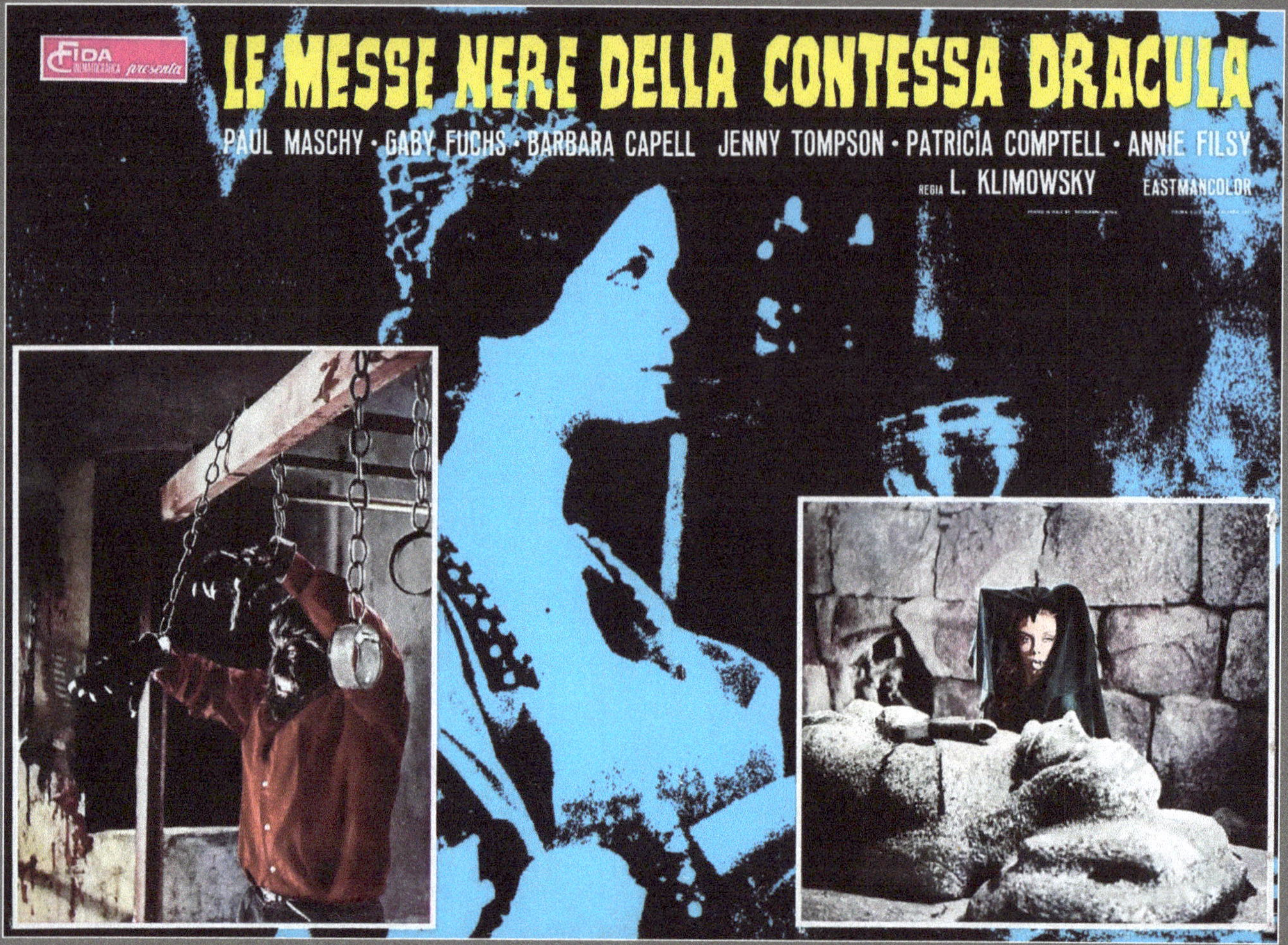

FIDA CINEMATOGRAFICA presenta
LE MESSE NERE DELLA CONTESSA DRACULA
PAUL MASCHY · GABY FUCHS · BARBARA CAPELL · JENNY TOMPSON · PATRICIA COMPTELL · ANNIE FILSY
REGIA L. KLIMOWSKY
EASTMANCOLOR

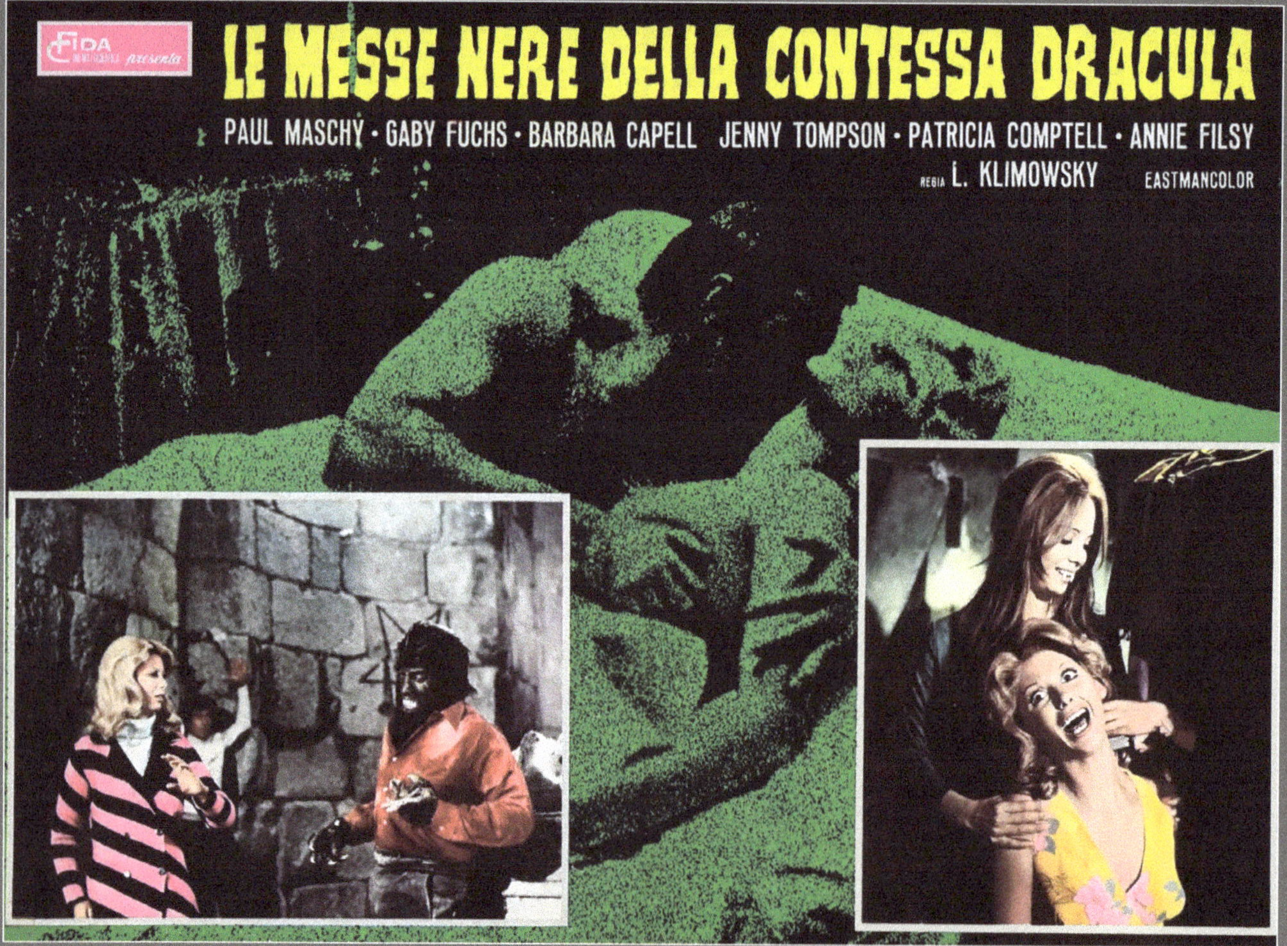

FIDA CINEMATOGRAFICA presenta
LE MESSE NERE DELLA CONTESSA DRACULA
PAUL MASCHY · GABY FUCHS · BARBARA CAPELL · JENNY TOMPSON · PATRICIA COMPTELL · ANNIE FILSY
REGIA L. KLIMOWSKY
EASTMANCOLOR

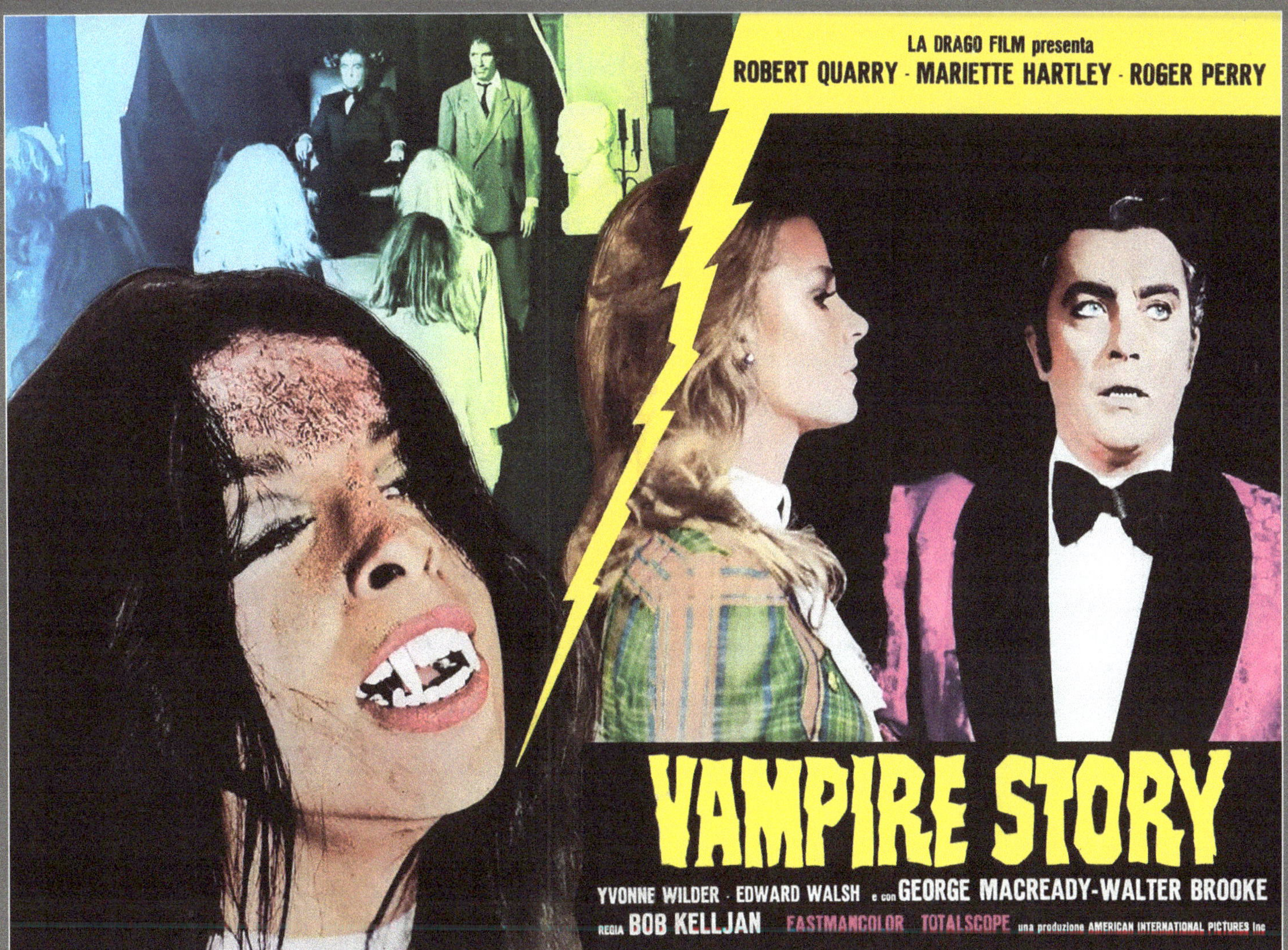

VAMPIRE STORY
("Vampire Story")
Original Title: **The Return Of Count Yorga** (USA, 1971)

OPPOSITE PAGE:

LE MESSE NERE DELLA CONTESSA DRACULA
("The Black Masses Of Countess Dracula")
Original Title: **La Noche De Walpurgis** (Spain, 1972)

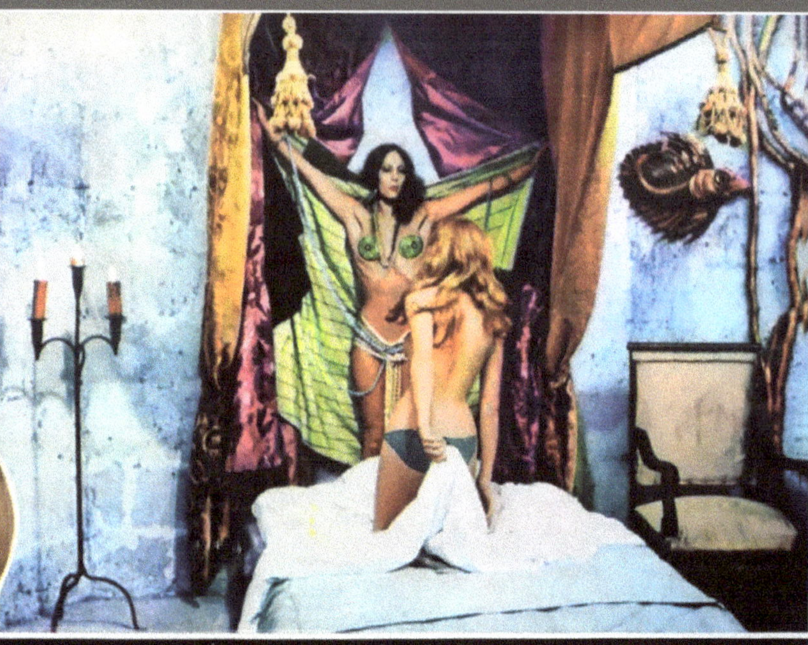
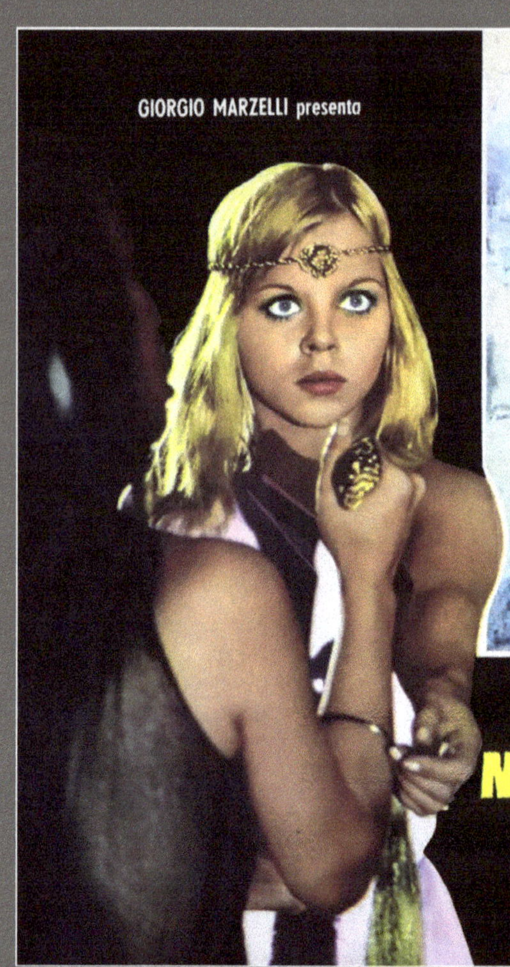
GIORGIO MARZELLI presenta
VIOLENZA AD UNA VERGINE
NELLA TERRA DEI MORTI VIVENTI
SANDRA JULIEN · DOMINIQUE · NICOLE NANCEL · MICHEL DELAHAYE
JACQUES ROBIOLLES · MARIE · PIER TRICOT · KUELAN · JEAN-MARIE DURAND
Regia di: JEAN ROLLIN
EASTMANCOLOR — SCHERMO PANORAMICO

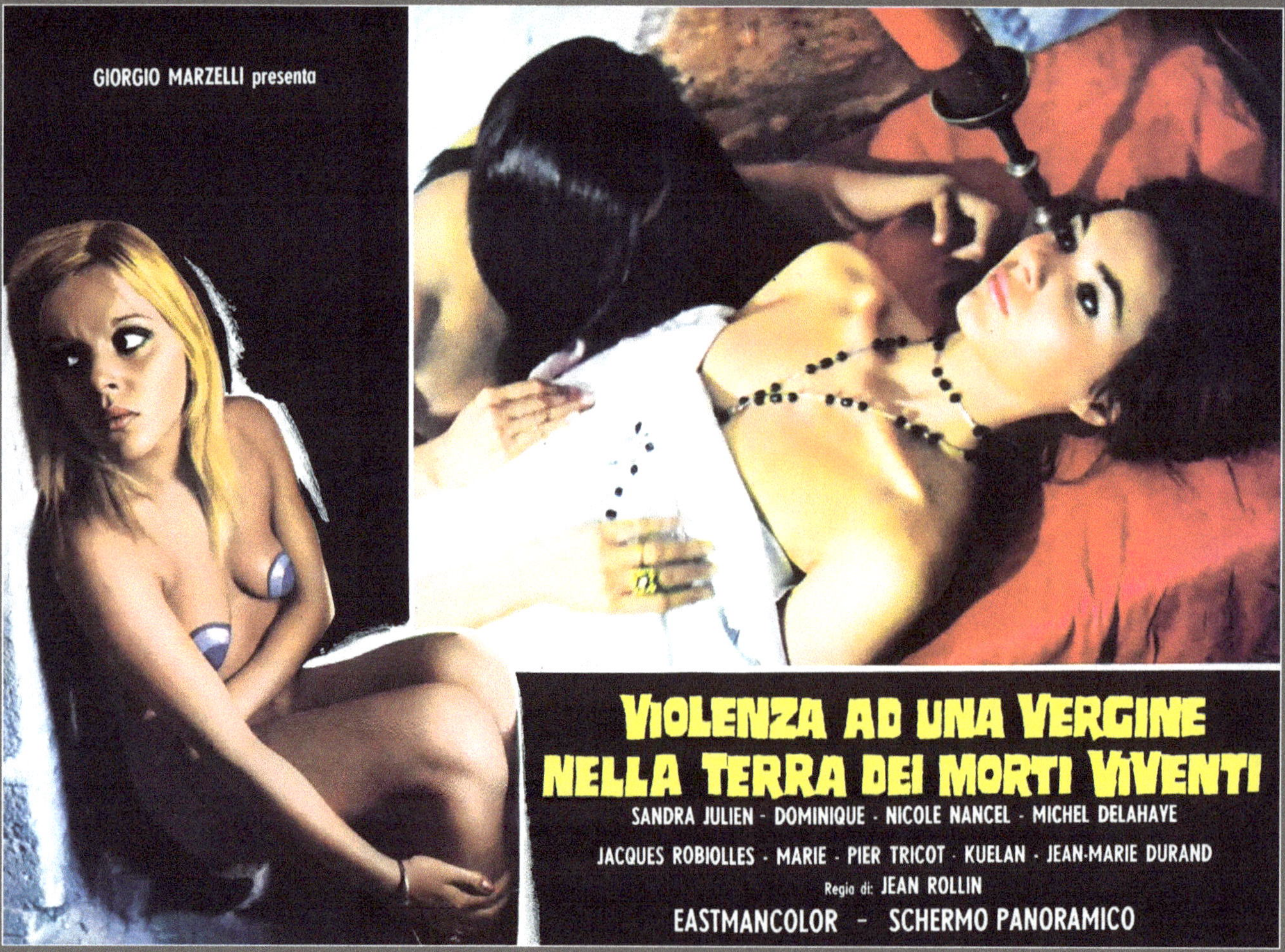

GIORGIO MARZELLI presenta
VIOLENZA AD UNA VERGINE
NELLA TERRA DEI MORTI VIVENTI
SANDRA JULIEN · DOMINIQUE · NICOLE NANCEL · MICHEL DELAHAYE
JACQUES ROBIOLLES · MARIE · PIER TRICOT · KUELAN · JEAN-MARIE DURAND
Regia di: JEAN ROLLIN
EASTMANCOLOR — SCHERMO PANORAMICO

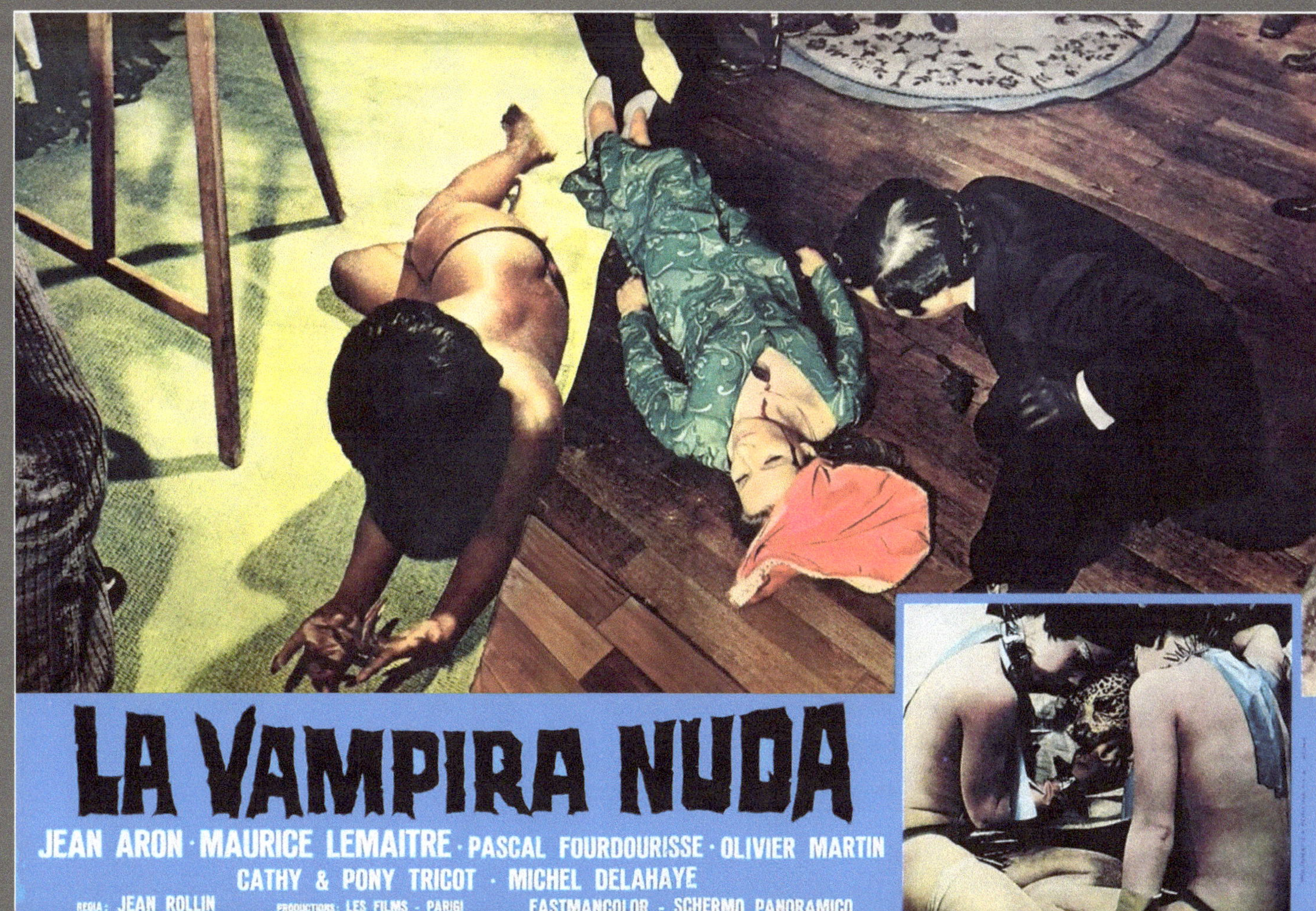

LA VAMPIRA NUDA
(''The Nude Vampire'')
Original Title: **La Vampire Nue** (France, 1970)

OPPOSITE PAGE:

VIOLENZA AD UNA VERGINE NELLA TERRA DEI MORTI VIVENTI
(''Violence To A Virgin In The Land Of The Living Dead'')
Original Title: **Le Frisson Des Vampires** (France, 1971)

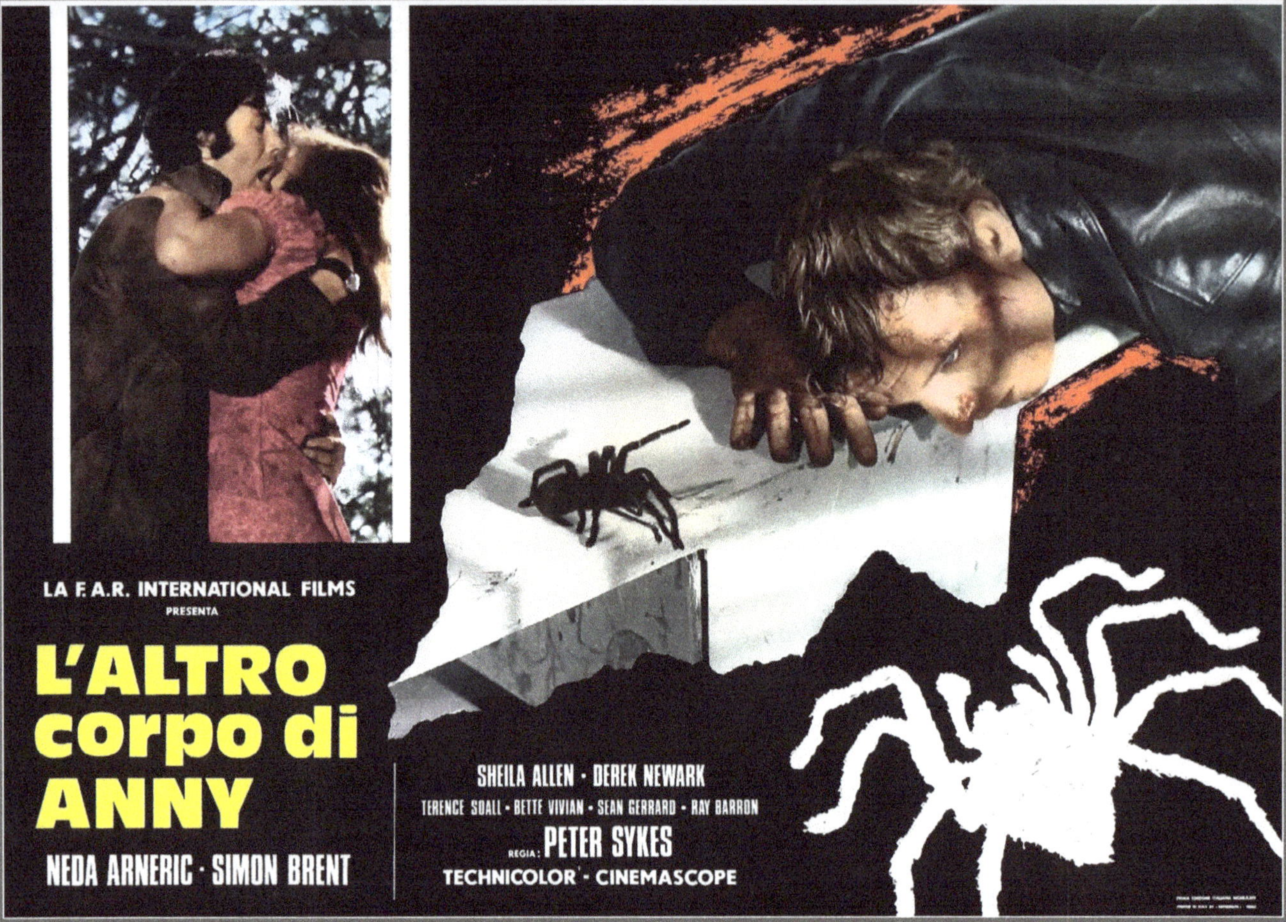

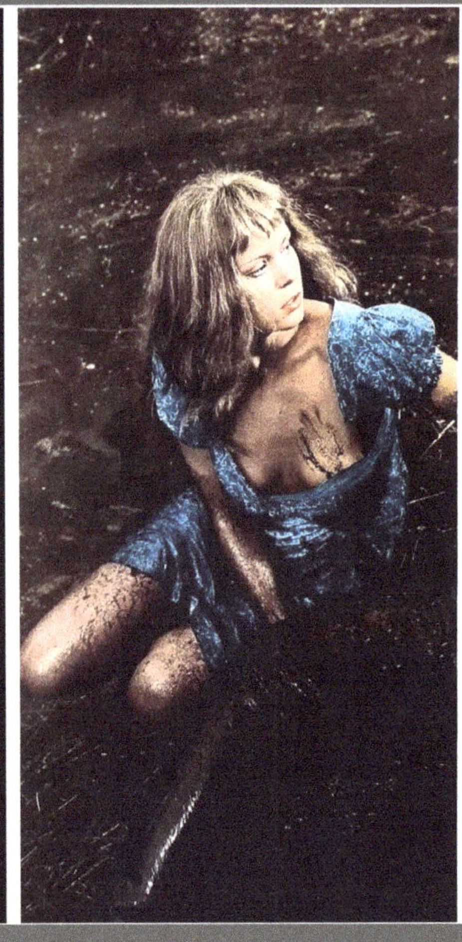

LA F.A.R. INTERNATIONAL FILMS
PRESENTA
L'ALTRO
corpo di ANNY
NEDA ARNERIC · SIMON BRENT
SHEILA ALLEN · DEREK NEWARK · TERENCE SOALL · BETTE VIVIAN · SEAN GERRARD · RAY BARRON
REGIA: PETER SYKES
TECHNICOLOR - CINEMASCOPE

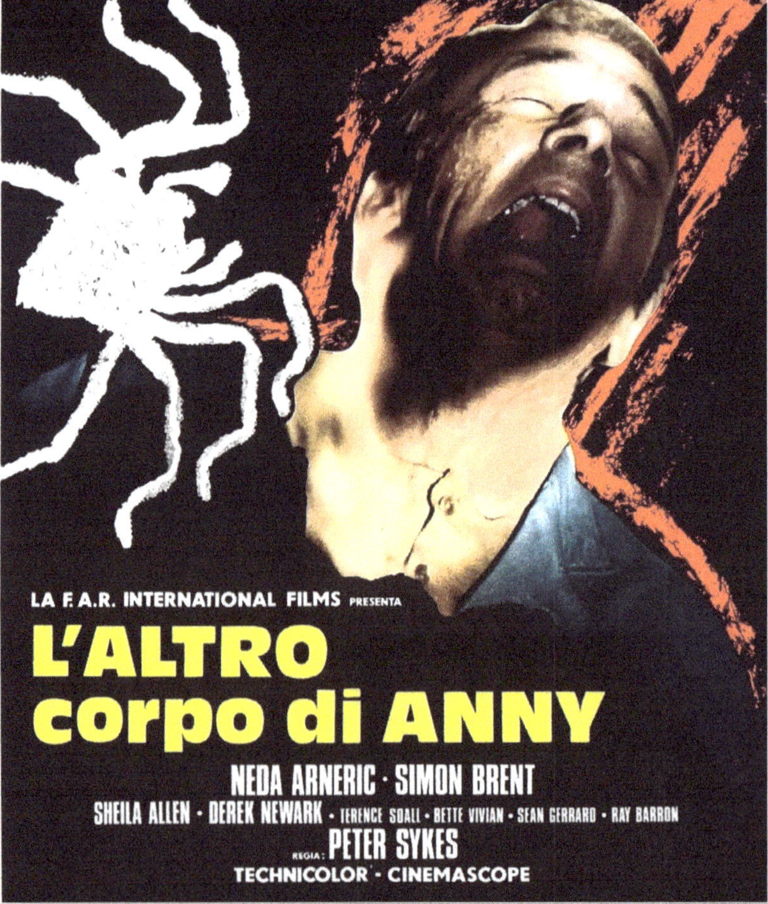

LA F.A.R. INTERNATIONAL FILMS PRESENTA
L'ALTRO
corpo di ANNY
SHEILA ALLEN · DEREK NEWARK
TERENCE SOALL · BETTE VIVIAN · SEAN GERRARD · RAY BARRON
REGIA: PETER SYKES
TECHNICOLOR · CINEMASCOPE

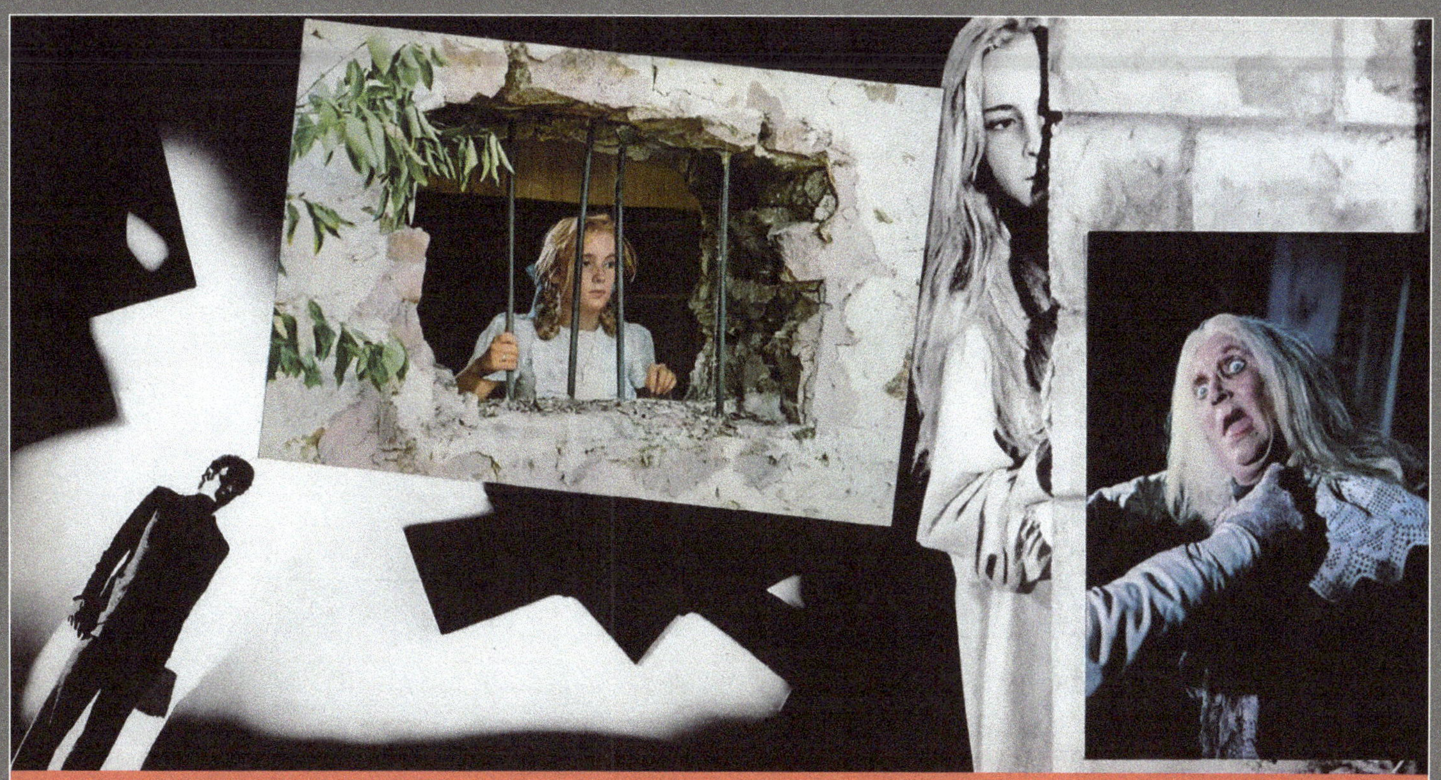

LEMORA LA METAMORFOSI DI SATANA
("Lemora: The Metamorphoses Of Satan")
Original Title: **Lemora: A Child's Tale Of The Supernatural** (USA, 1973)

OPPOSITE PAGE:

L'ALTRO CORPO DI ANNY
("Anny's Other Body")
Original Title: **Venom** (UK, 1971)

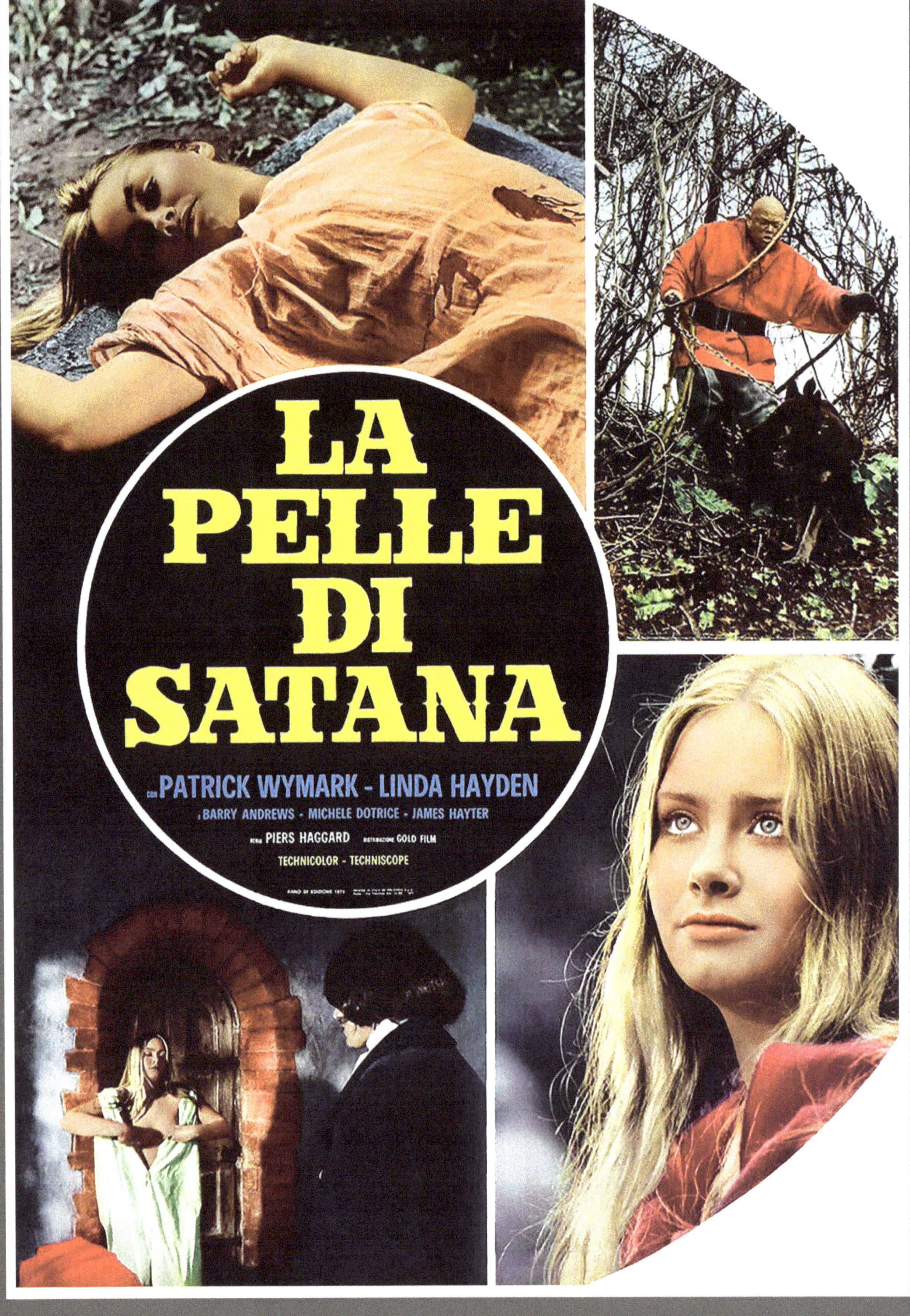

LA PELLE DI SATANA
con PATRICK WYMARK - LINDA HAYDEN
e BARRY ANDREWS - MICHELE DOTRICE - JAMES HAYTER
regia PIERS HAGGARD   distribuzione GOLD FILM
TECHNICOLOR - TECHNISCOPE

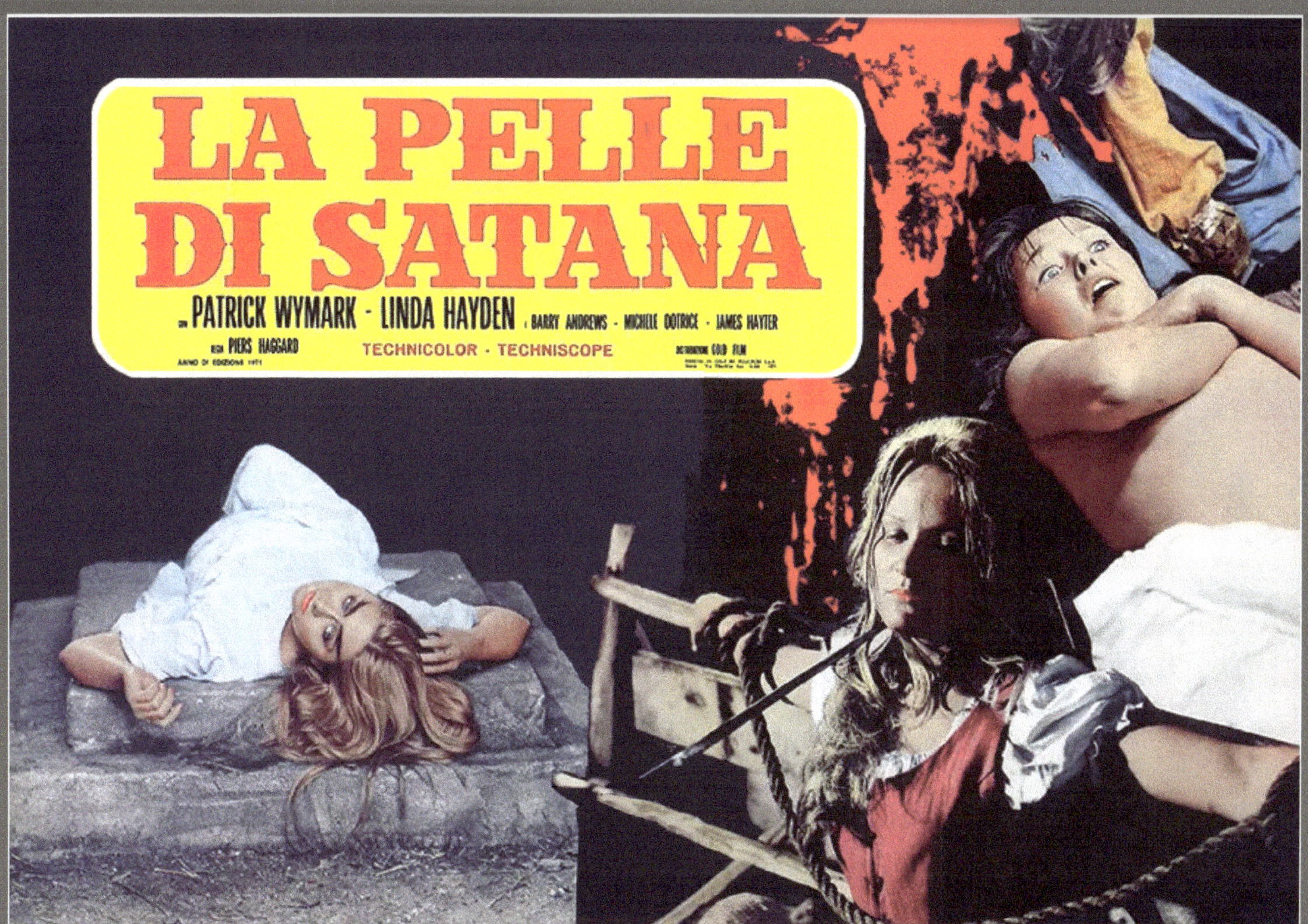

LA PELLE DI SATANA
("Satan's Skin")
Original Title: **Blood On Satan's Claw** (UK, 1971)

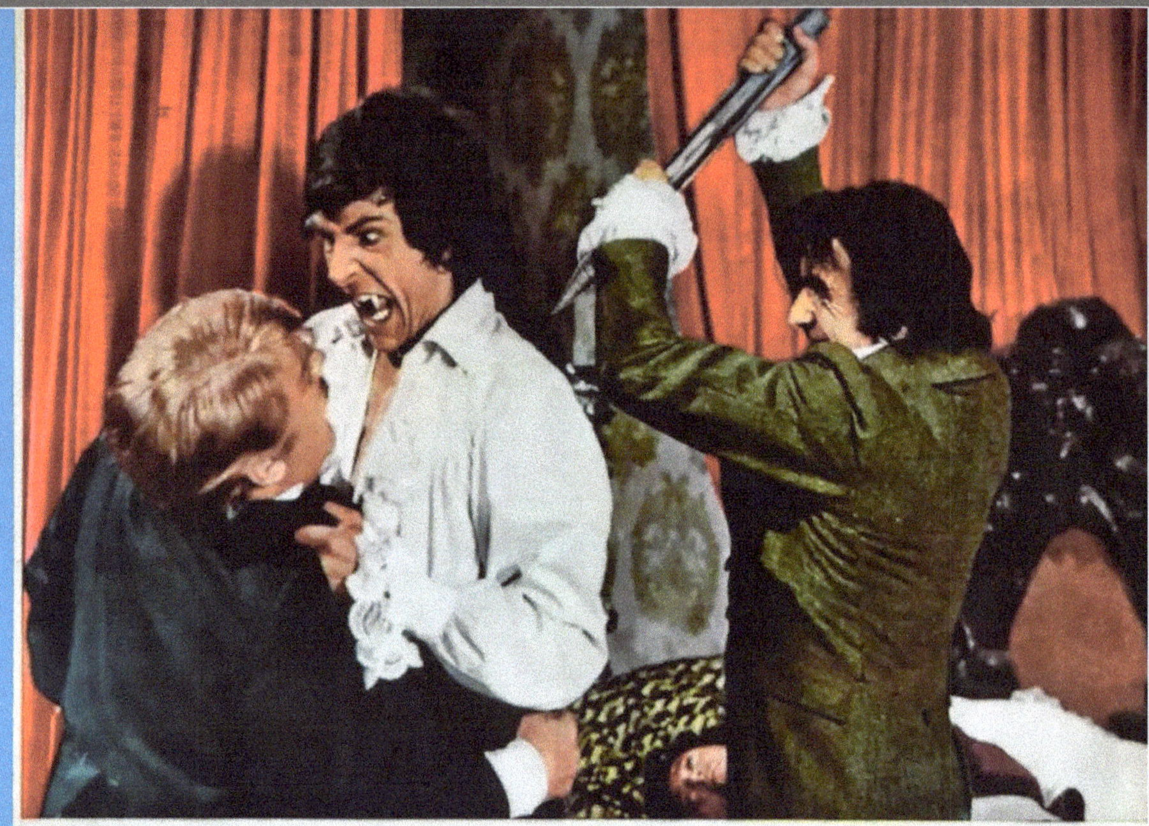

LA REGINA DEI VAMPIRI

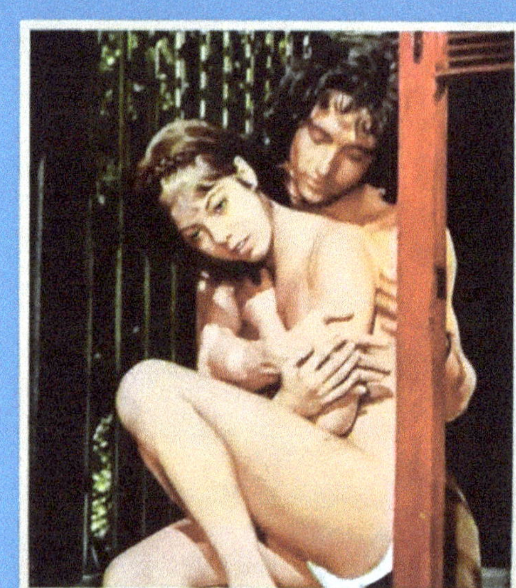

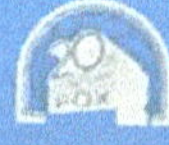

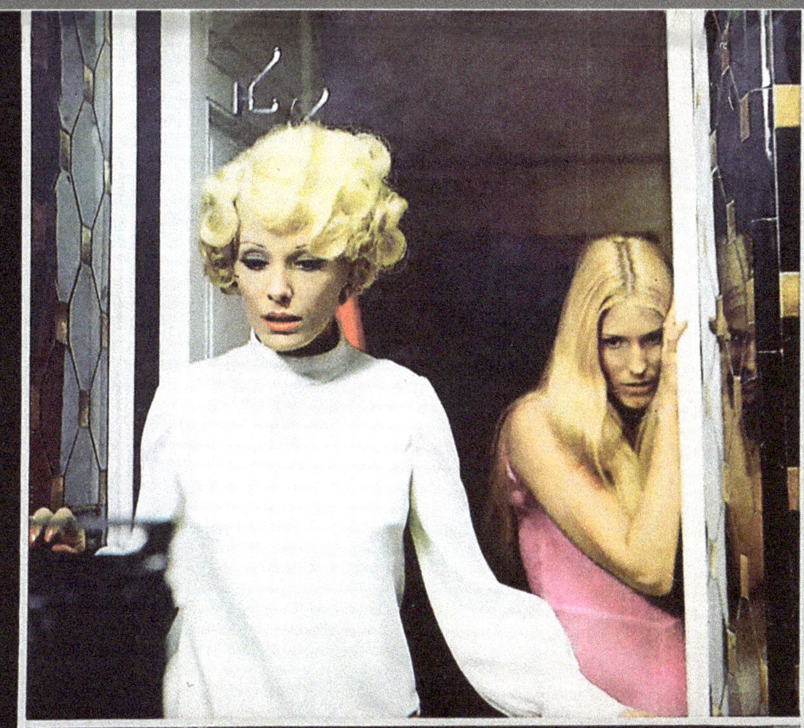

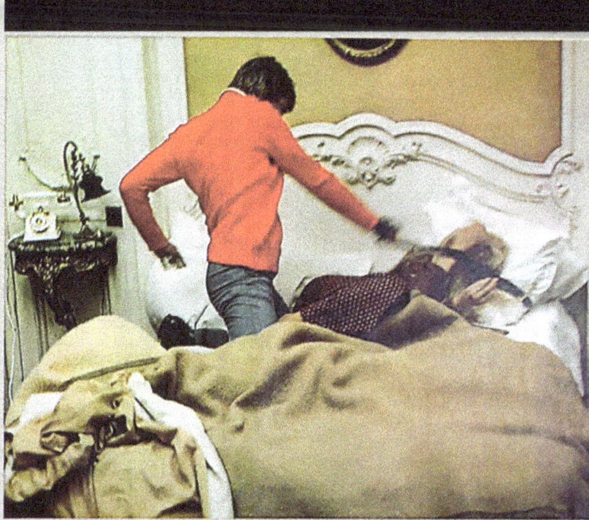

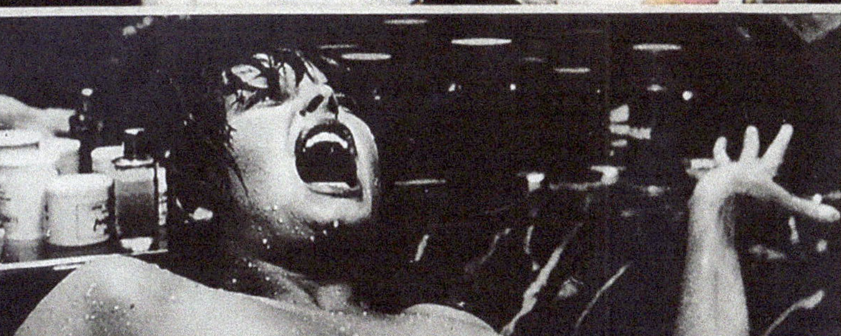

LA VESTALE DI SATANA
("Satan's Handmaiden")
Original Title: **Les Lèvres Rouges** (Belgium/France/Germany, 1971)

OPPOSITE PAGE:

LA REGINA DEI VAMPIRI
("Queen Of The Vampires")
Original Title: **Vampire Circus** (UK, 1972)

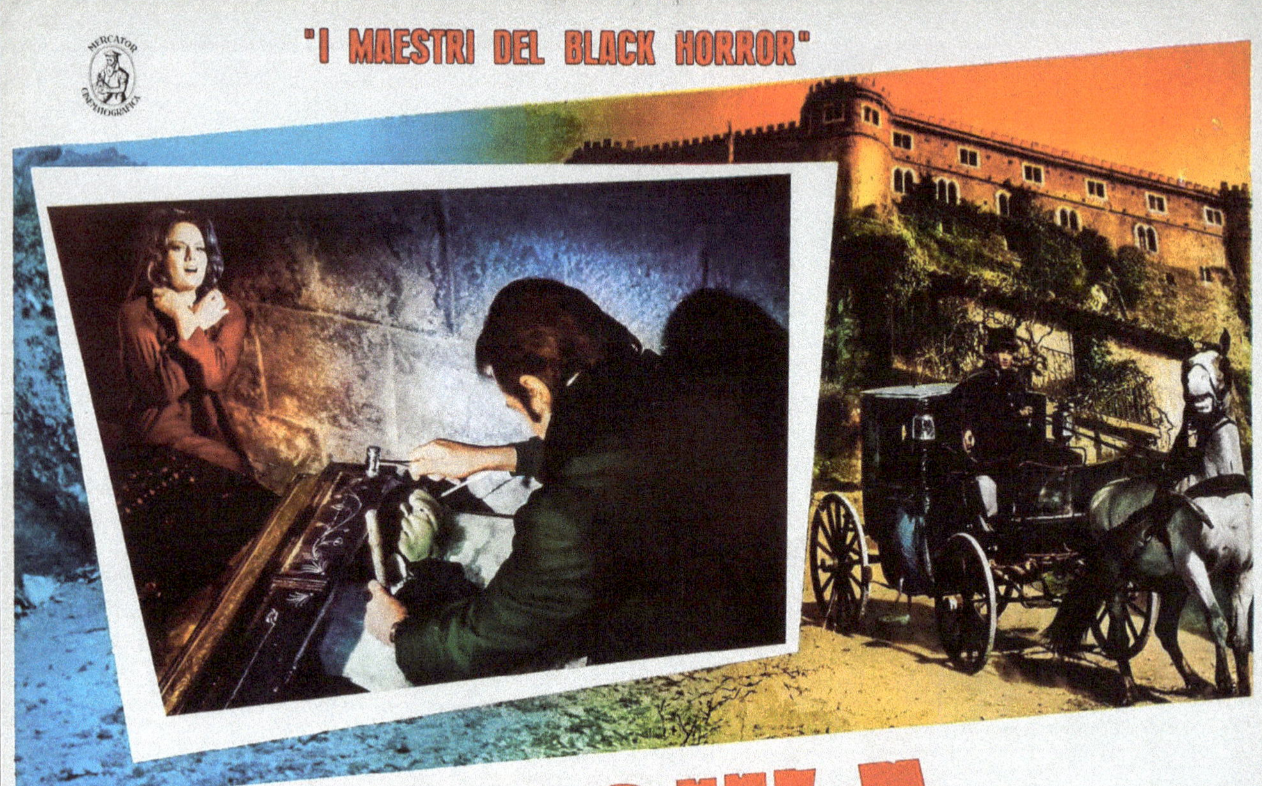

DRACULA
CONTRO
FRANKENSTEIN

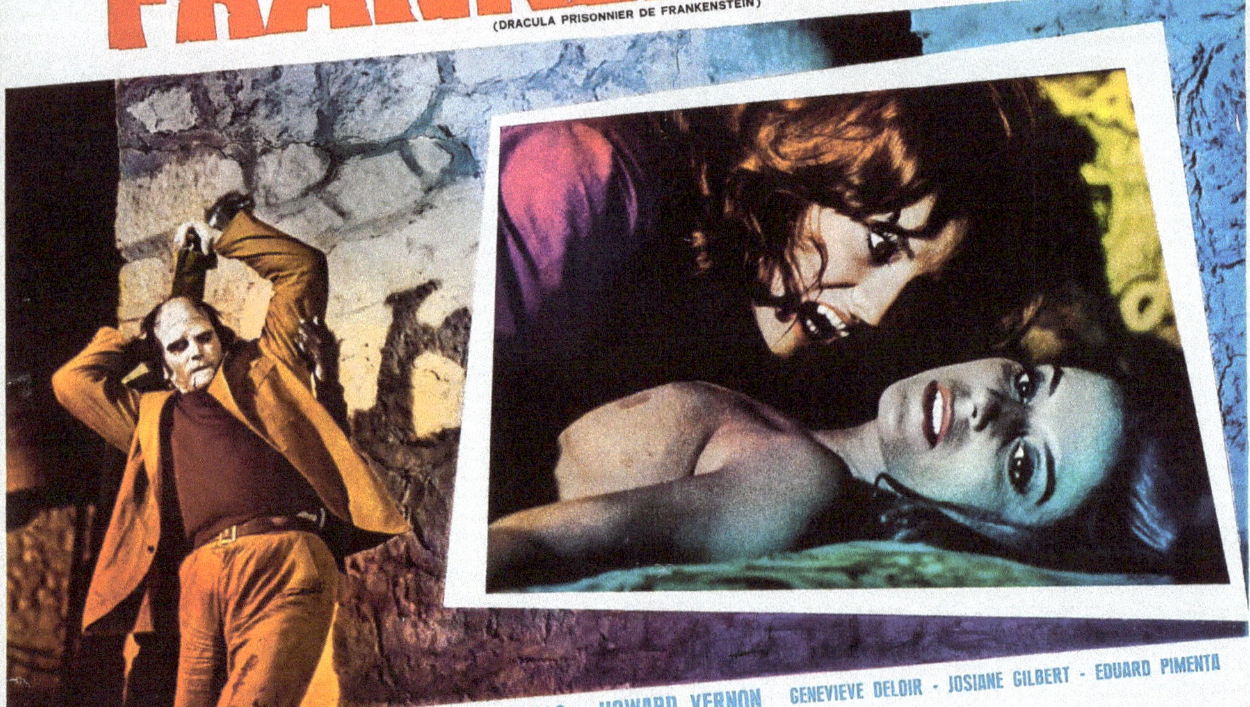

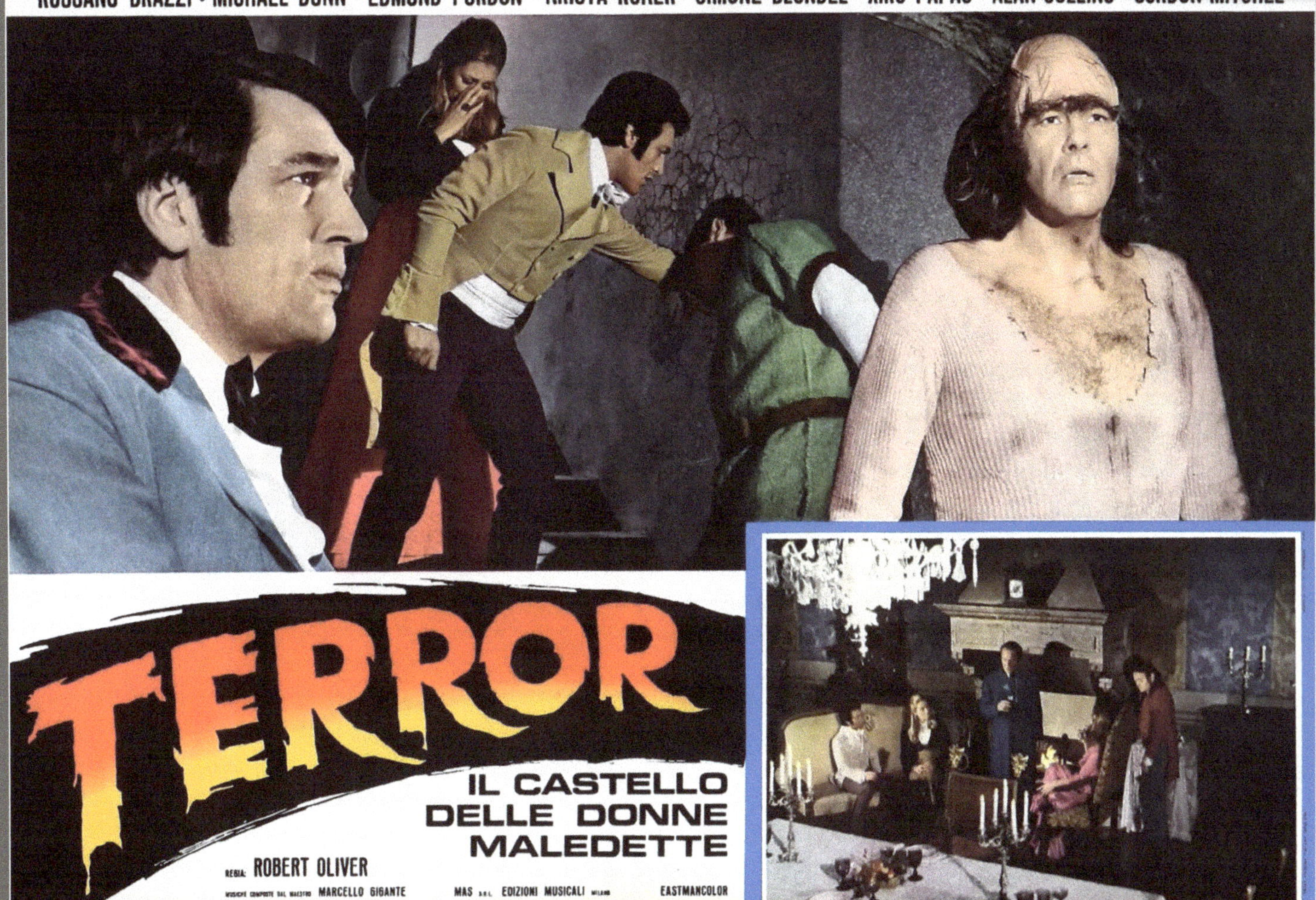

TERROR IL CASTELLO DELLE DONNE MALEDETTE
("Terror: The Castle Of Accursed Women")
Original Title: **Terror! Il Castello Delle Donne Maledette** (Italy, 1974)

OPPOSITE PAGE:

DRACULA CONTRO FRANKENSTEIN
("Dracula Versus Frankenstein")
Original Title: **Drácula Contra Frankenstein** (Spain/France, 1972)

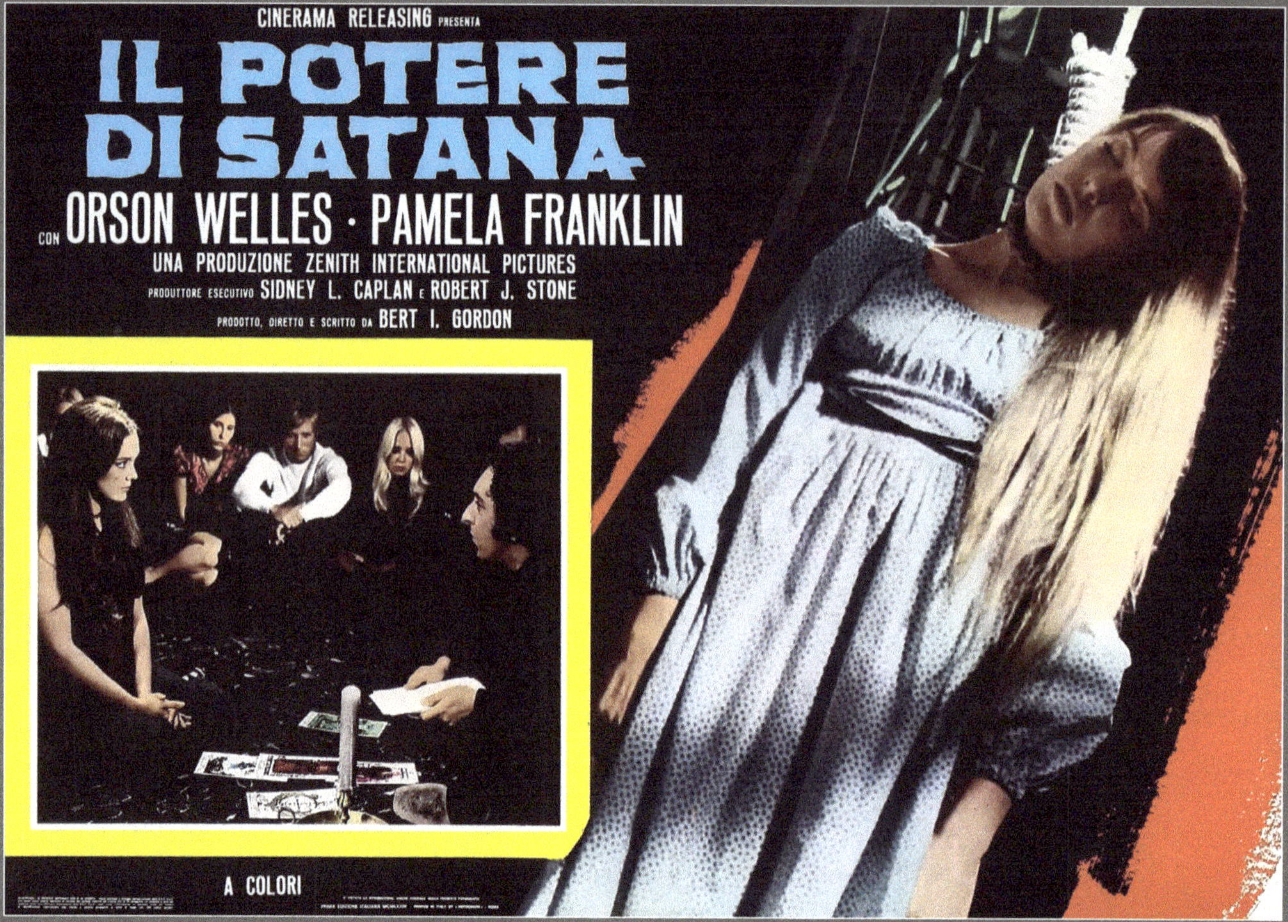

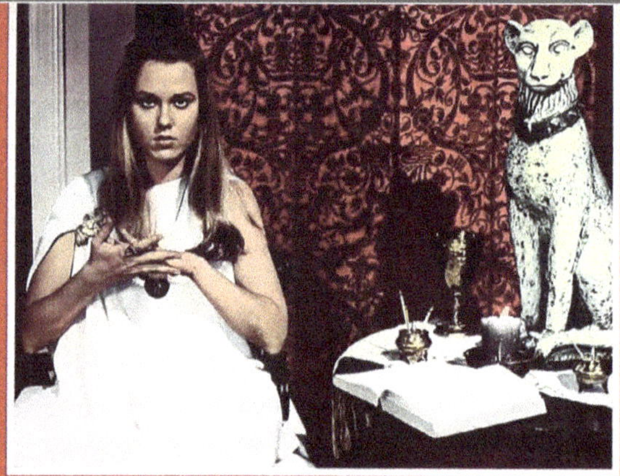

CINERAMA RELEASING presenta
IL POTERE DI SATANA
CON ORSON WELLES · PAMELA FRANKLIN
UNA PRODUZIONE ZENITH INTERNATIONAL PICTURES
PRODUTTORE ESECUTIVO SIDNEY L. CAPLAN E ROBERT J. STONE
PRODOTTO, DIRETTO E SCRITTO DA BERT I. GORDON
A COLORI

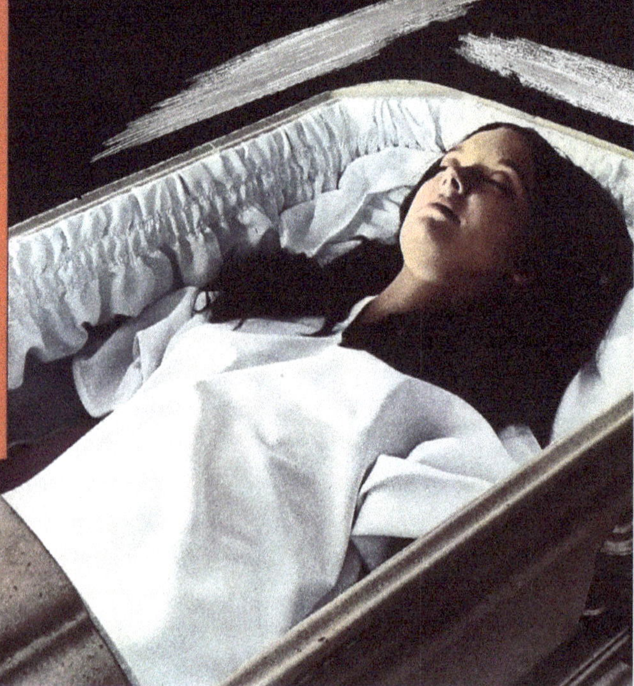

CINERAMA RELEASING presenta
IL POTERE DI SATANA
CON ORSON WELLES · PAMELA FRANKLIN
UNA PRODUZIONE ZENITH INTERNATIONAL PICTURES
PRODUTTORE ESECUTIVO SIDNEY L. CAPLAN E ROBERT J. STONE
PRODOTTO, DIRETTO E SCRITTO DA BERT I. GORDON
A COLORI

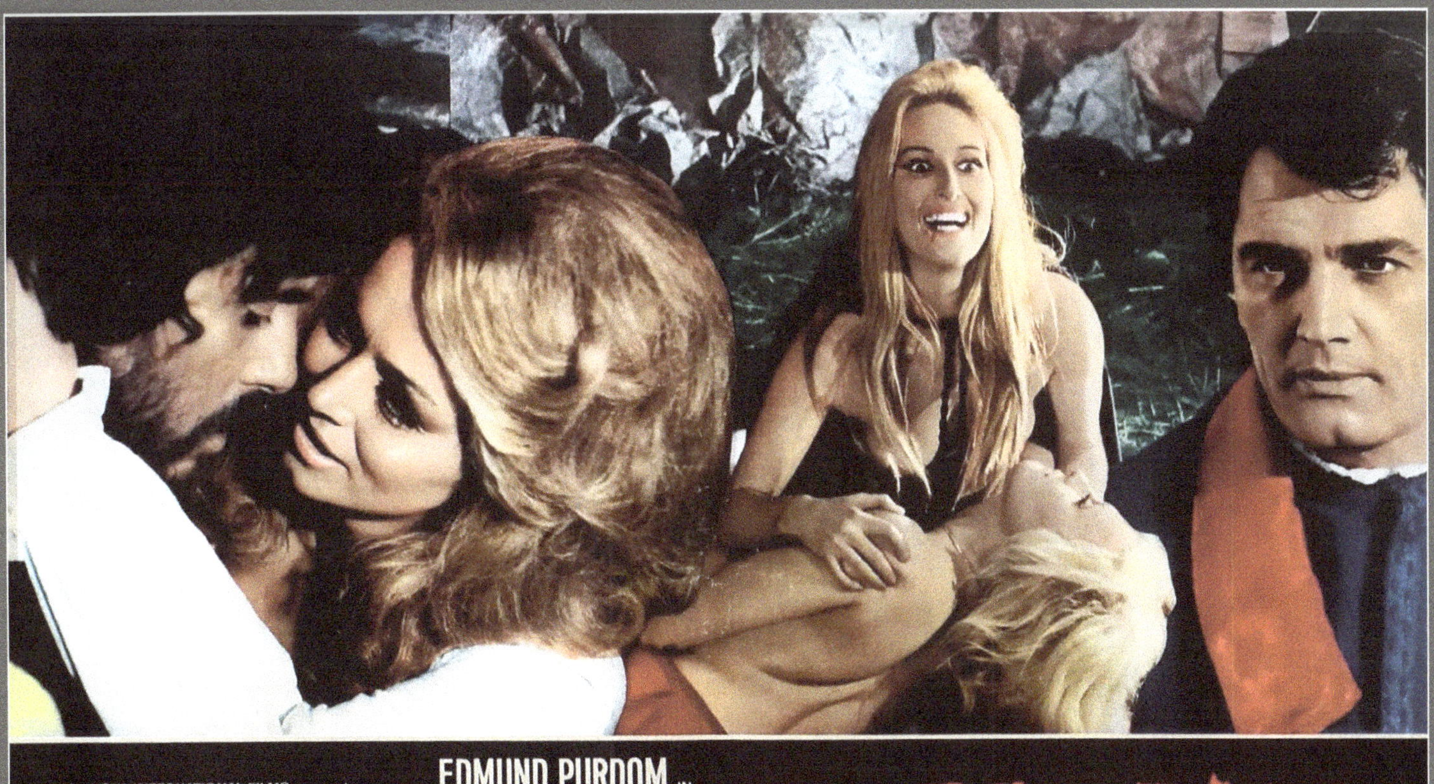

L'AMANTE DEL DEMONIO
(''The Demon's Lover'')
Original Title: **L'Amante Del Demonio** (Italy, 1972)

OPPOSITE PAGE:

IL POTERE DI SATANA
(''The Power Of Satan'')
Original Title: **Necromancy** (USA, 1972)

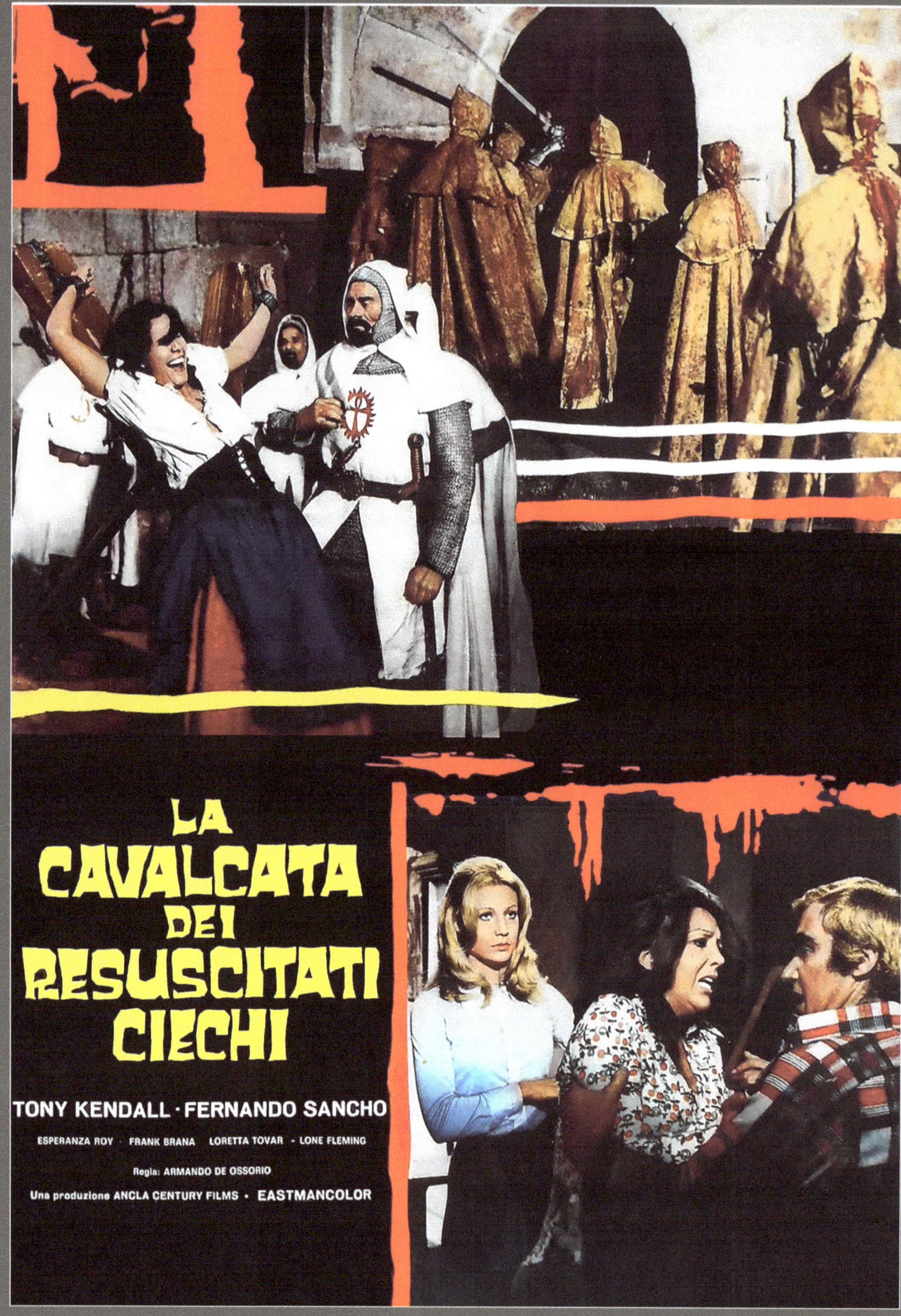

LA
CAVALCATA
DEI
RESUSCITATI
CIECHI
TONY KENDALL · FERNANDO SANCHO
ESPERANZA ROY · FRANK BRANA · LORETTA TOVAR · LONE FLEMING
Regia: ARMANDO DE OSSORIO
Una produzione ANCLA CENTURY FILMS · EASTMANCOLOR

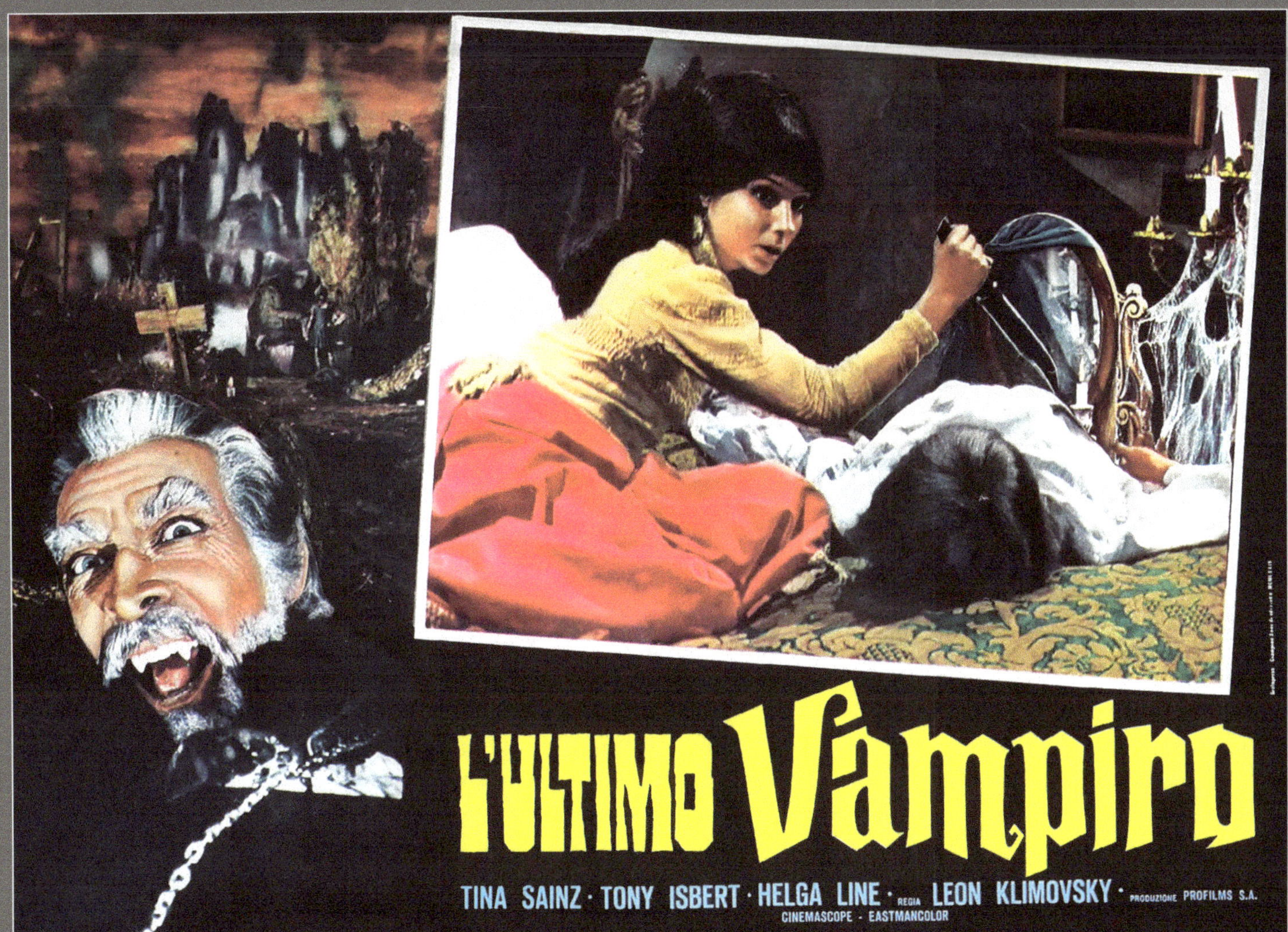

L'ULTIMO VAMPIRO
("The Last Vampire")
Original Title: **La Saga De Los Drácula** (Spain, 1973)

OPPOSITE PAGE:

LA CAVALCATA DEI RESUSCITATI CIECHI
("Ride Of The Resurrected Blind")
Original Title: **El Ataque De Los Muertos Sin Ojos** (Spain, 1973)

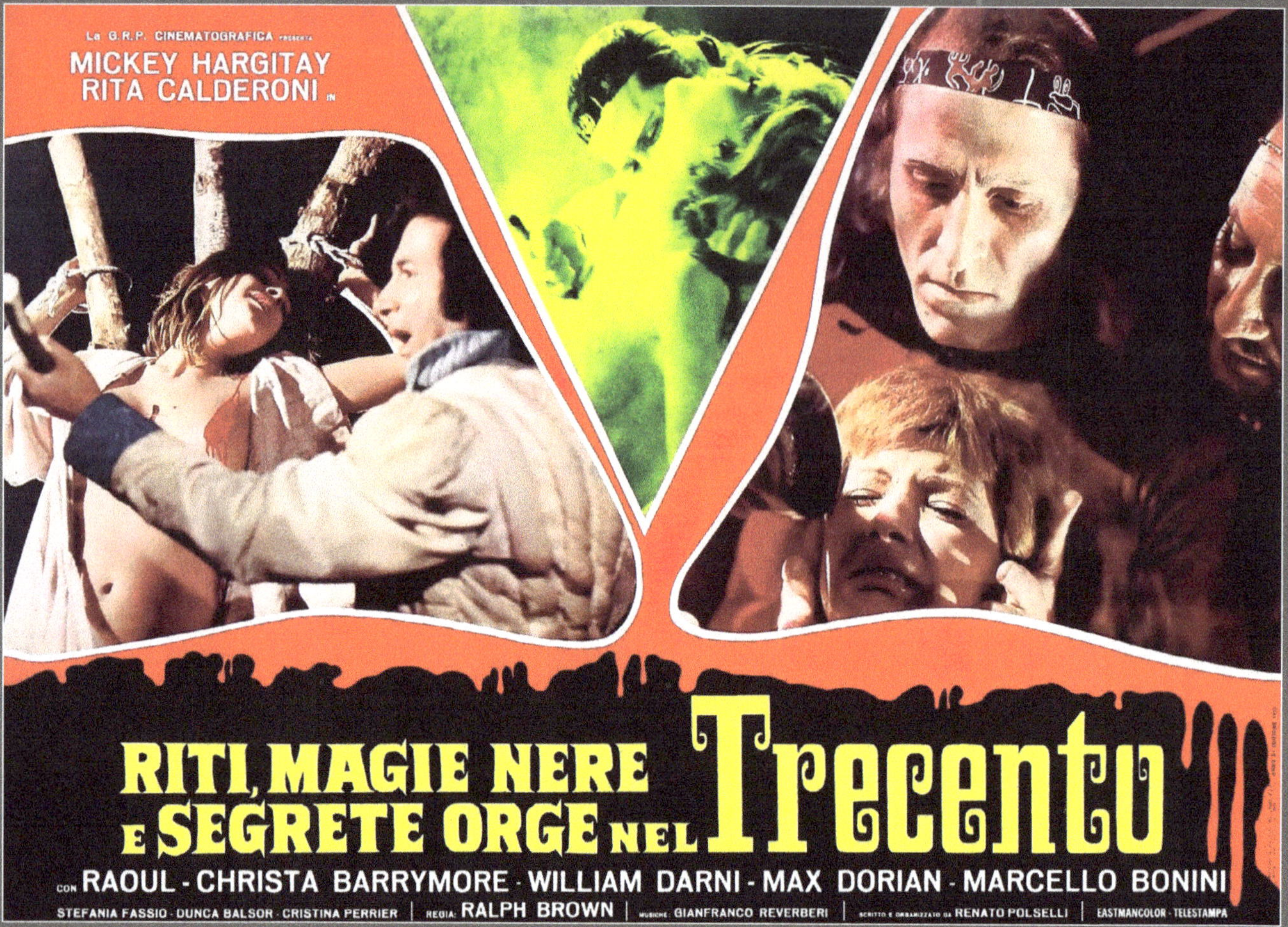

La G.R.P. CINEMATOGRAFICA presenta
MICKEY HARGITAY
RITA CALDERONI in
RITI, MAGIE NERE E SEGRETE ORGE NEL Trecento
CON RAOUL - CHRISTA BARRYMORE - WILLIAM DARNI - MAX DORIAN - MARCELLO BONINI
STEFANIA FASSIO - DUNCA BALSOR - CRISTINA PERRIER REGIA RALPH BROWN MUSICHE GIANFRANCO REVERBERI SCRITTO E ORGANIZZATO DA RENATO POLSELLI EASTMANCOLOR - TELESTAMPA

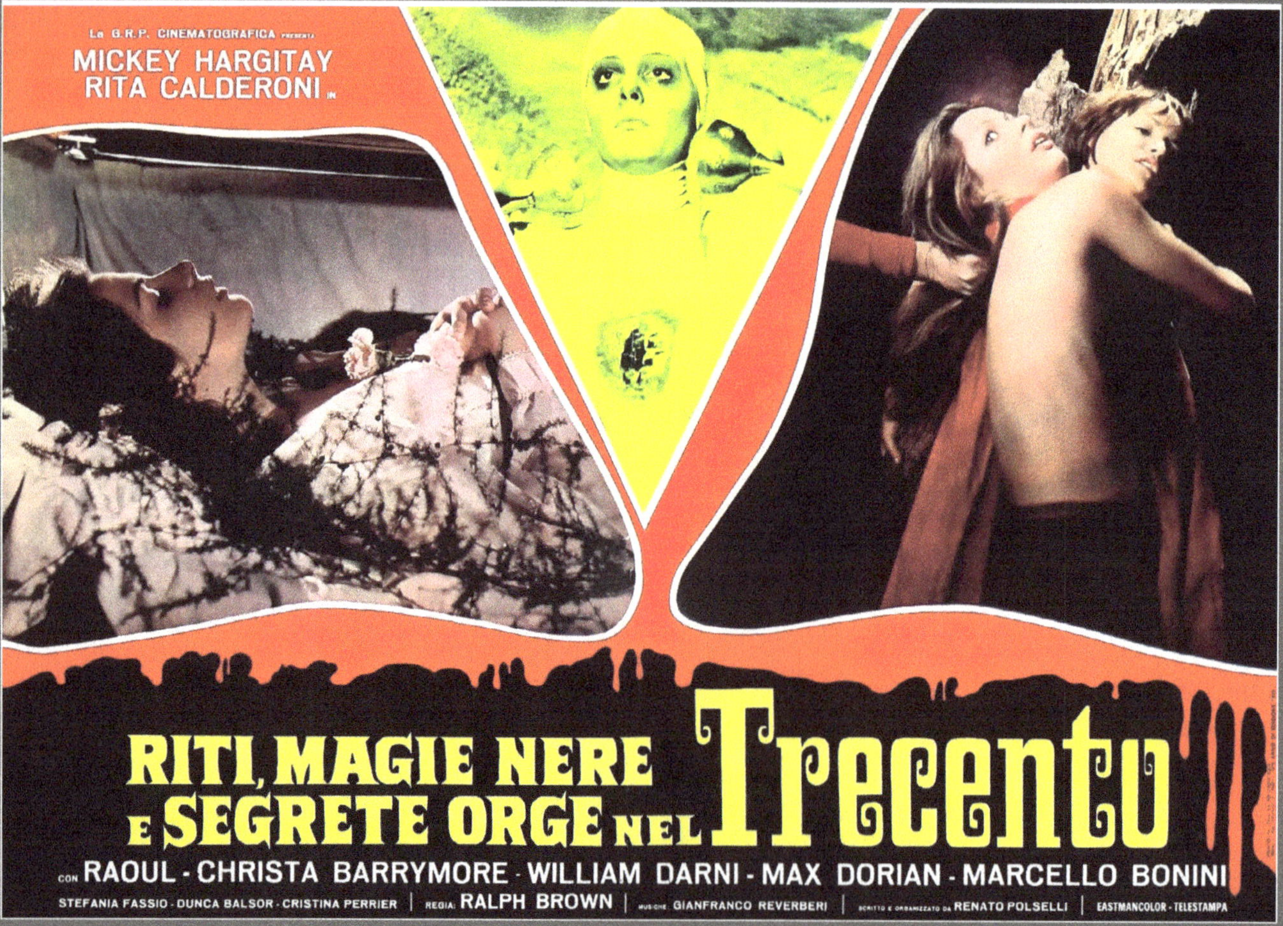

La G.R.P. CINEMATOGRAFICA presenta
MICKEY HARGITAY
RITA CALDERONI in
RITI, MAGIE NERE E SEGRETE ORGE NEL Trecento
CON RAOUL - CHRISTA BARRYMORE - WILLIAM DARNI - MAX DORIAN - MARCELLO BONINI
STEFANIA FASSIO - DUNCA BALSOR - CRISTINA PERRIER REGIA RALPH BROWN MUSICHE GIANFRANCO REVERBERI SCRITTO E ORGANIZZATO DA RENATO POLSELLI EASTMANCOLOR - TELESTAMPA

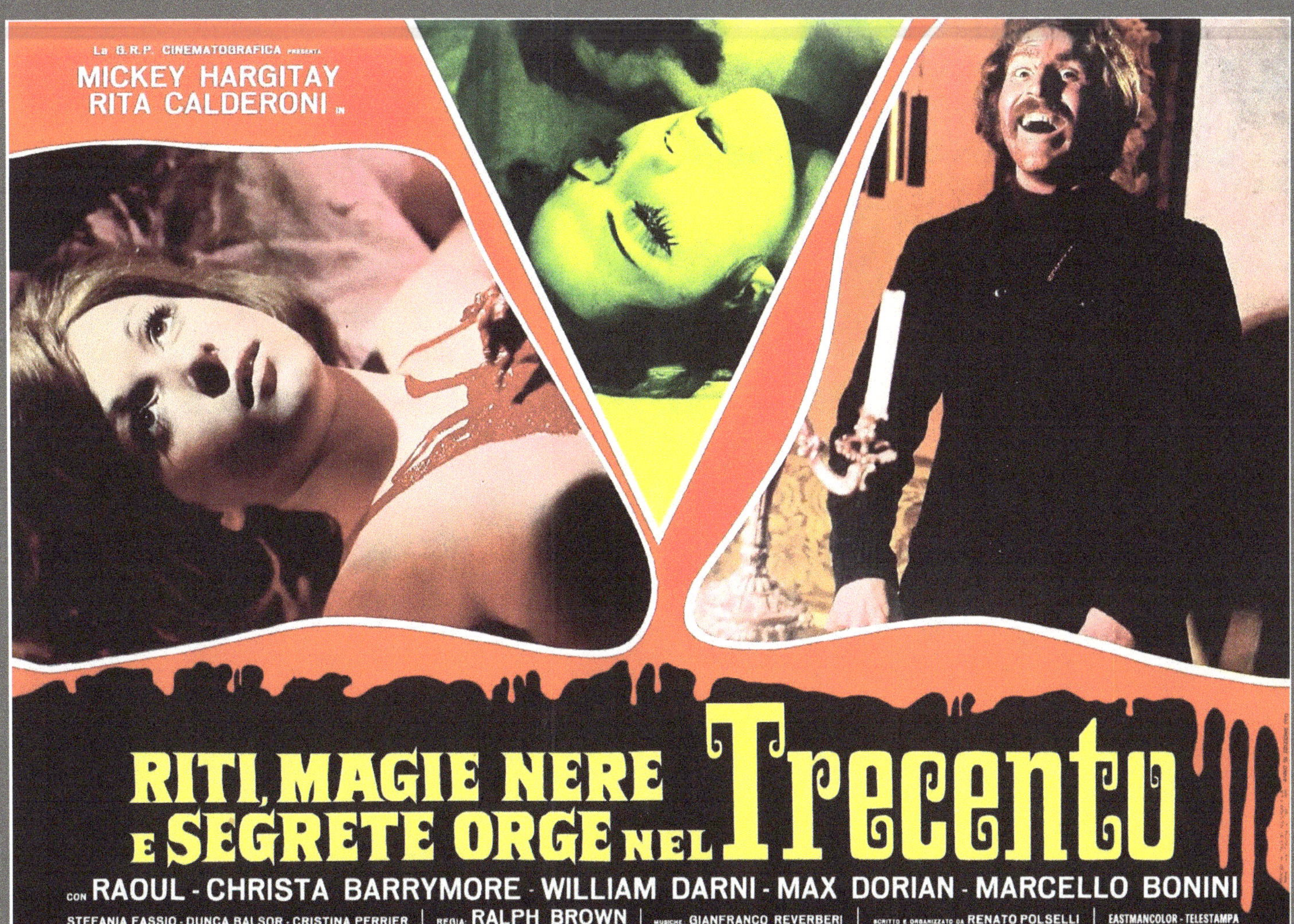

RITI, MAGIE NERE E SEGRETE ORGE NEL TRECENTO
("Rites, Black Magic And Secret Orgies Of The Thirteen Hundreds")
Original Title: **Riti, Magie Nere E Segrete Orge Nel Trecento** (Italy, 1973)

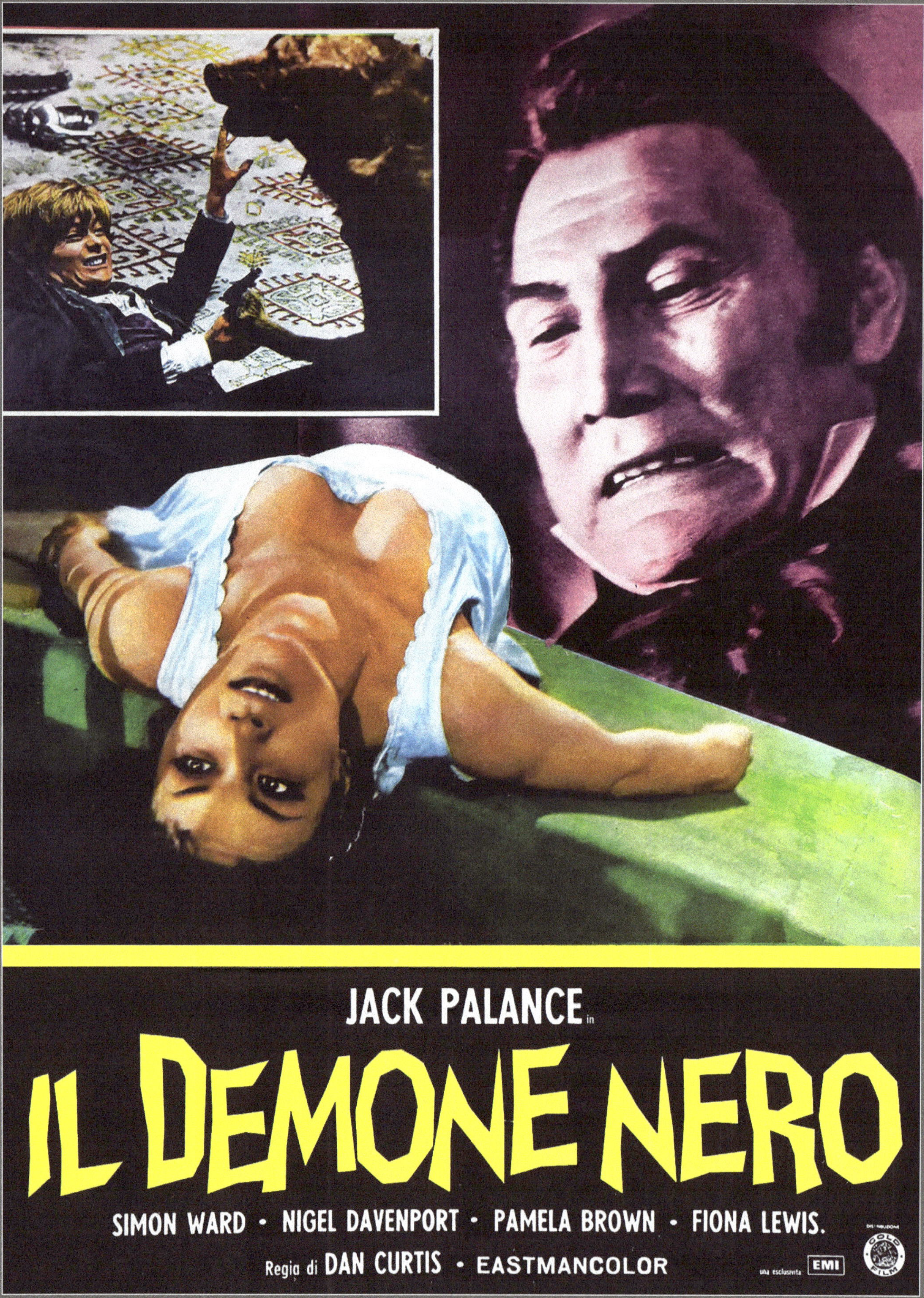

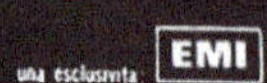
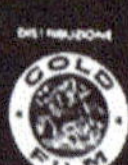

JACK PALANCE in

IL DEMONE NERO

SIMON WARD • NIGEL DAVENPORT • PAMELA BROWN • FIONA LEWIS.
Regia di DAN CURTIS • EASTMANCOLOR
una esclusiva
EMI

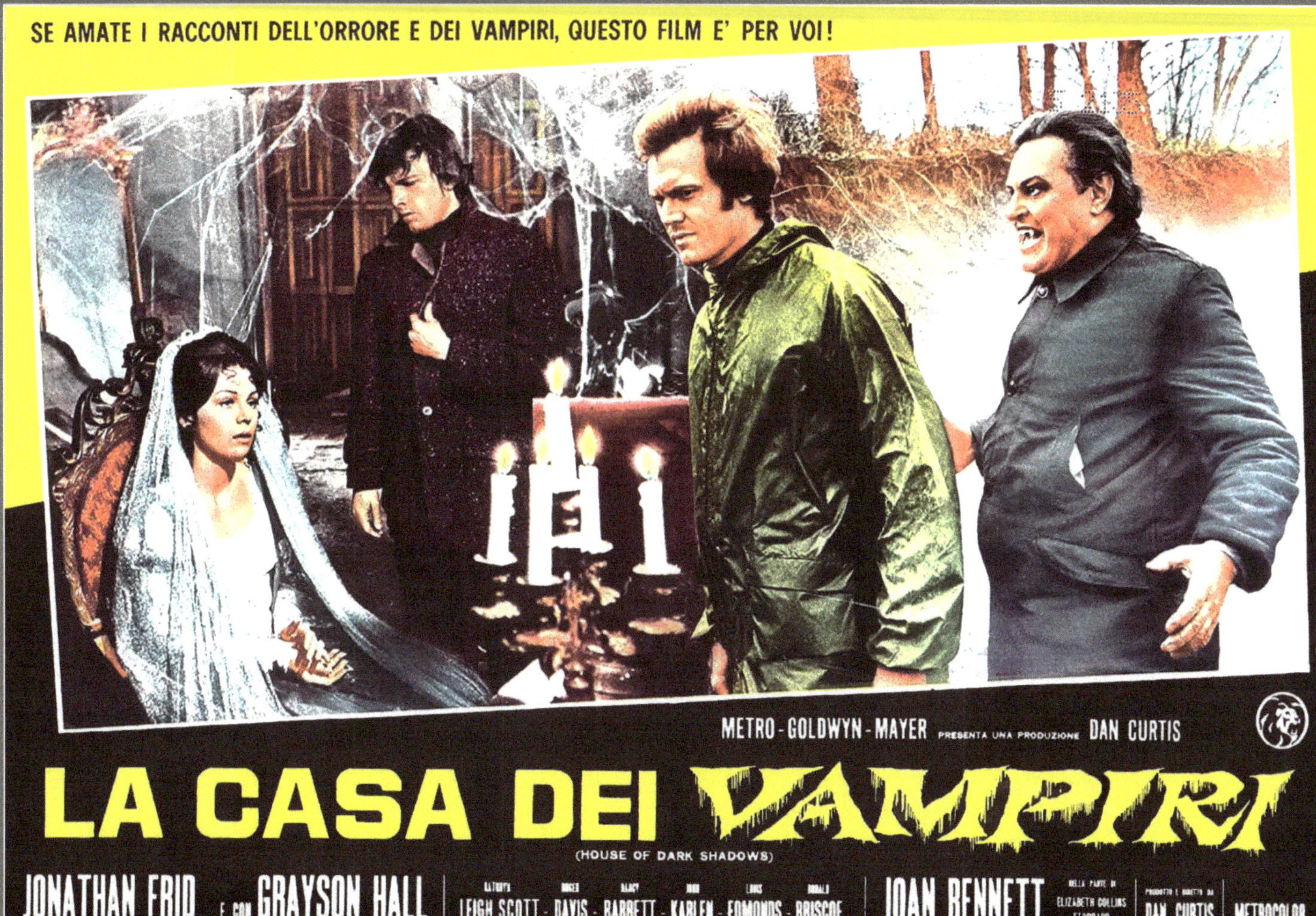

LA CASA DEI VAMPIRI
(''The House Of Vampires'')
Original Title: **House Of Dark Shadows** (USA, 1970)

OPPOSITE PAGE:

IL DEMONE NERO
(''The Black Demon'')
Original Title: **Dracula** (USA, 1973)

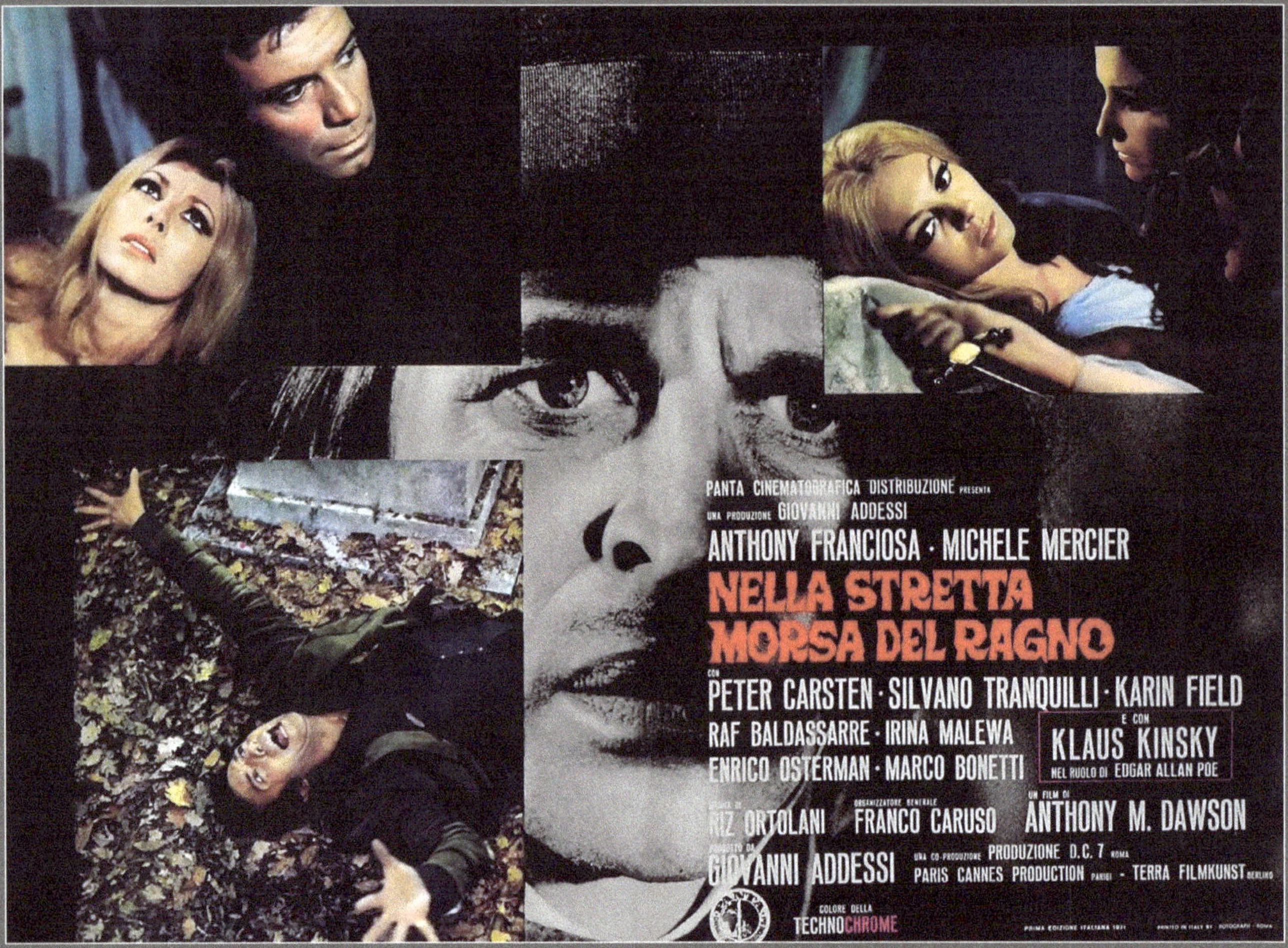

PANTA CINEMATOGRAFICA DISTRIBUZIONE presenta
UNA PRODUZIONE GIOVANNI ADDESSI
ANTHONY FRANCIOSA · MICHELE MERCIER
NELLA STRETTA
MORSA DEL RAGNO
CON
PETER CARSTEN · SILVANO TRANQUILLI · KARIN FIELD
RAF BALDASSARRE · IRINA MALEWA
E CON
KLAUS KINSKY
NEL RUOLO DI EDGAR ALLAN POE
ENRICO OSTERMAN · MARCO BONETTI
MUSICA DI
RIZ ORTOLANI
ORGANIZZATORE GENERALE
FRANCO CARUSO
UN FILM DI
ANTHONY M. DAWSON
PRODOTTO DA
GIOVANNI ADDESSI
UNA CO-PRODUZIONE PRODUZIONE D.C. 7 ROMA
PARIS CANNES PRODUCTION PARIGI · TERRA FILMKUNST BERLINO
COLORE DELLA
TECHNOCHROME

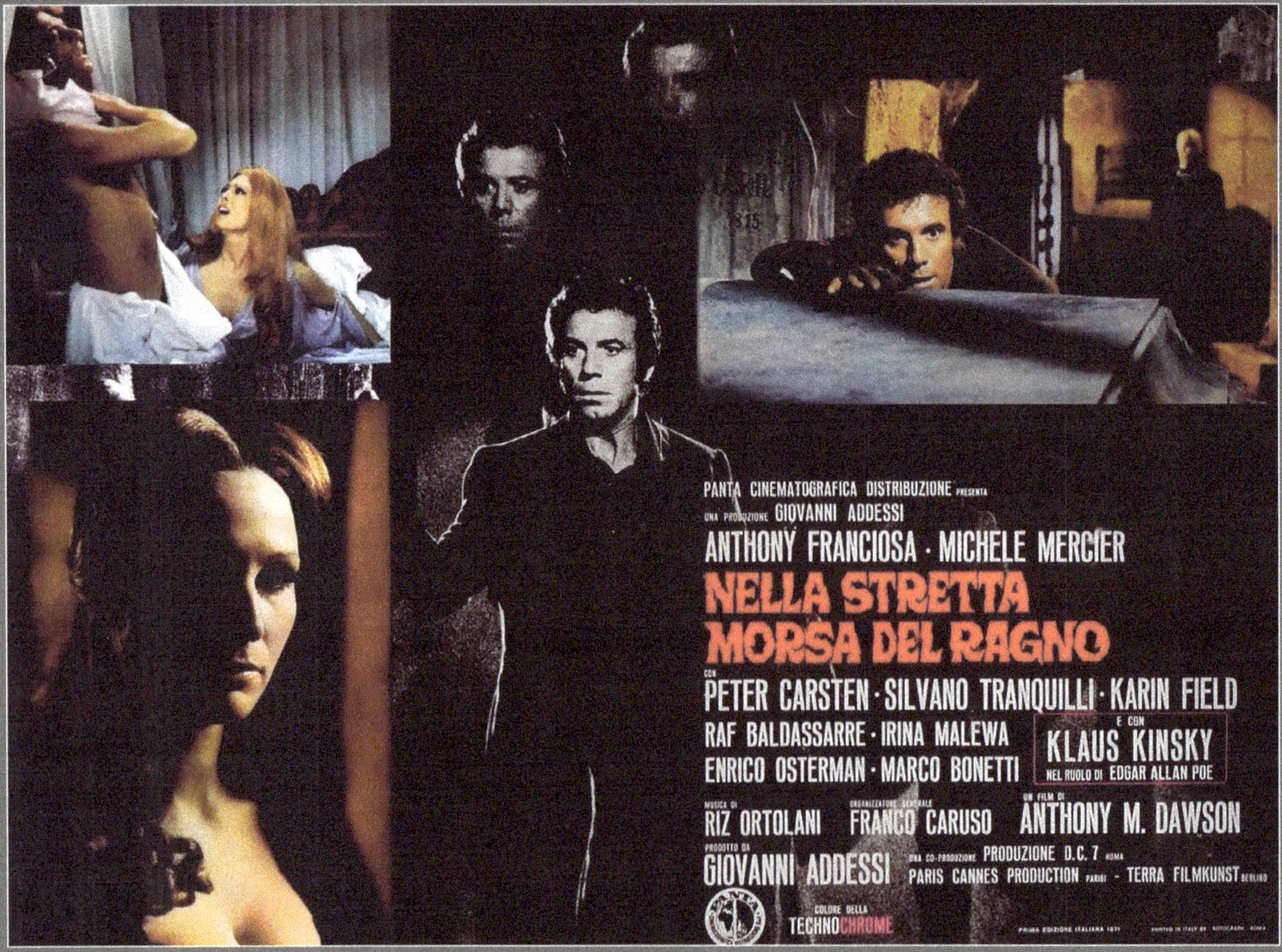

PANTA CINEMATOGRAFICA DISTRIBUZIONE presenta
UNA PRODUZIONE GIOVANNI ADDESSI
ANTHONY FRANCIOSA · MICHELE MERCIER
NELLA STRETTA
MORSA DEL RAGNO
CON
PETER CARSTEN · SILVANO TRANQUILLI · KARIN FIELD
RAF BALDASSARRE · IRINA MALEWA
E CON
KLAUS KINSKY
NEL RUOLO DI EDGAR ALLAN POE
ENRICO OSTERMAN · MARCO BONETTI
MUSICA DI
RIZ ORTOLANI
ORGANIZZATORE GENERALE
FRANCO CARUSO
UN FILM DI
ANTHONY M. DAWSON
PRODOTTO DA
GIOVANNI ADDESSI
UNA CO-PRODUZIONE PRODUZIONE D.C. 7 ROMA
PARIS CANNES PRODUCTION PARIGI · TERRA FILMKUNST BERLINO
COLORE DELLA
TECHNOCHROME

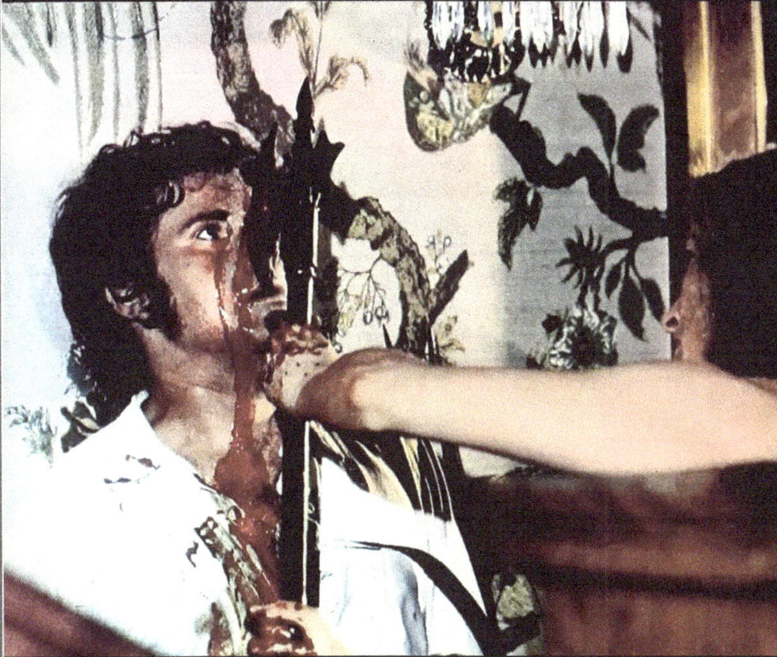
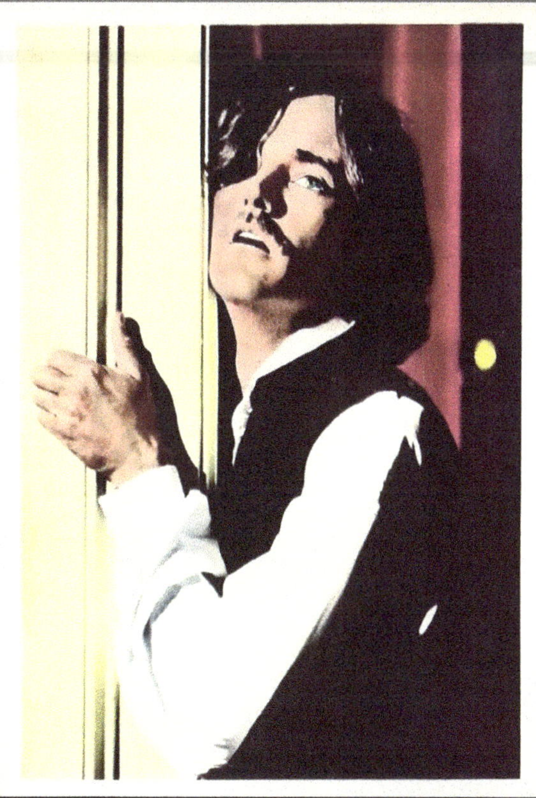

LO SPETTRO DI EDGAR ALLAN POE
("The Spectre Of Edgar Allan Poe")
Original Title: **The Spectre Of Edgar Allan Poe** (USA, 1974)

OPPOSITE PAGE:

NELLA STRETTA MORSA DEL RAGNO
("In The Dire Grip Of The Spider")
Original Title: Nella Stretta Morsa Del Ragno (Italy/France/Germany, 1971)

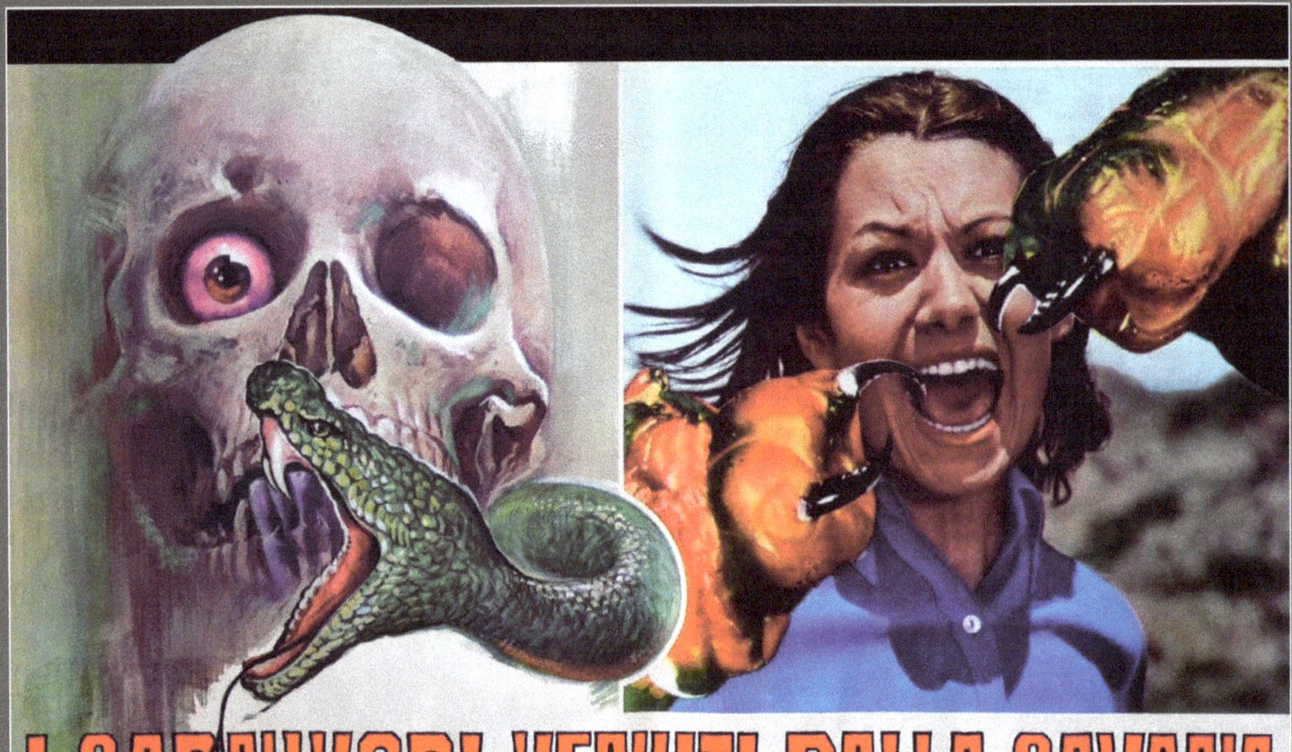

I CARNIVORI VENUTI DALLA SAVANA
JOHN SCARDINO · PATRICIA PEARCY · R. A. DOW · JEAN SULLIVAN · PETER MAC LEAN · BARBARA QUINN
JEFF LIEBERMAN - una produzione AMERICAN INTERNATIONAL PICTURES, INC - EASTMANCOLOR

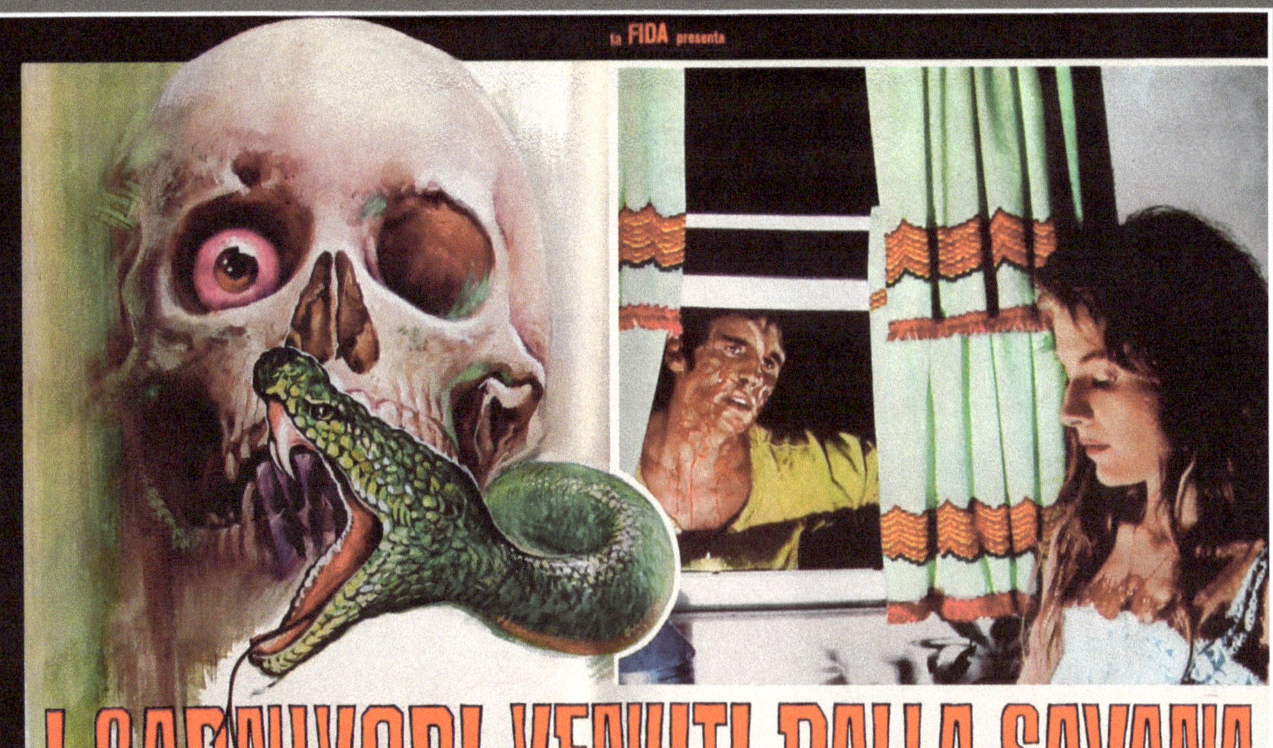

la FIDA presenta
I CARNIVORI VENUTI DALLA SAVANA
JOHN SCARDINO · PATRICIA PEARCY · R. A. DOW · JEAN SULLIVAN · PETER MAC LEAN · BARBARA QUINN
JEFF LIEBERMAN - una produzione AMERICAN INTERNATIONAL PICTURES, INC - EASTMANCOLOR

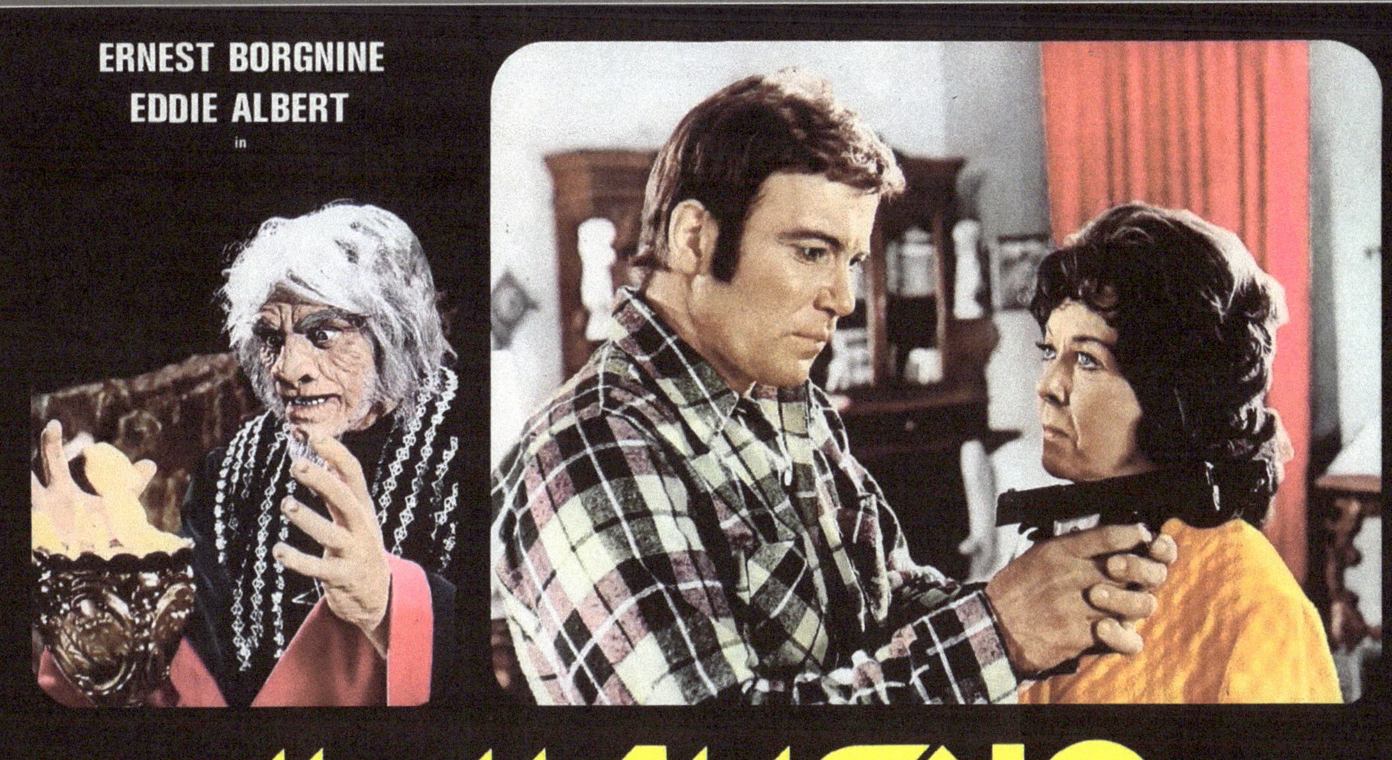

IL MALIGNO
("The Evil One")
Original Title: **The Devil's Rain** (USA, 1975)

OPPOSITE PAGE:

I CARNIVORI VENUTI DALLA SAVANA
("Flesh-Eaters From The Plains")
Original Title: **Squirm** (USA, 1976)

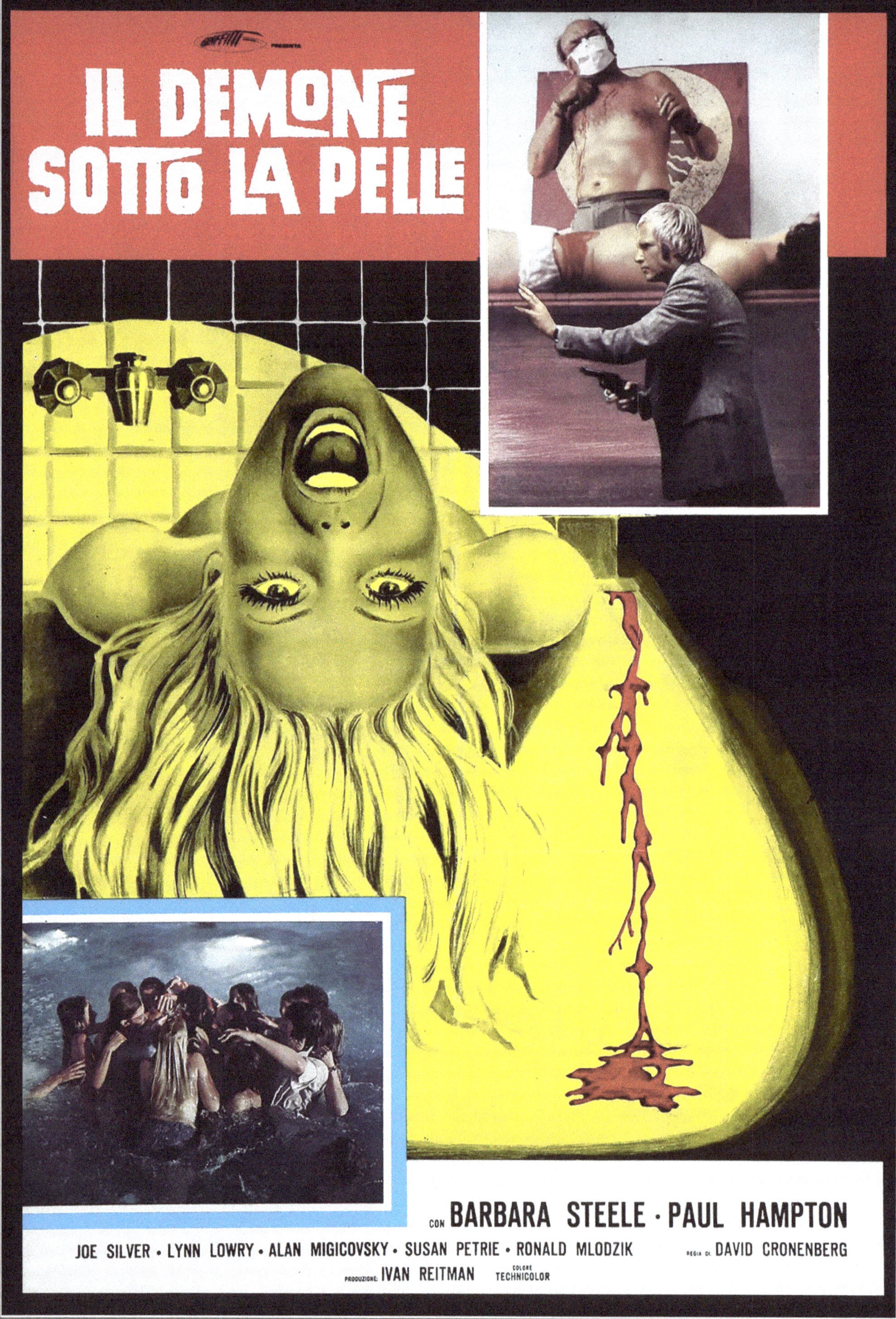
IL DEMONE SOTTO LA PELLE
CON BARBARA STEELE · PAUL HAMPTON
JOE SILVER · LYNN LOWRY · ALAN MIGICOVSKY · SUSAN PETRIE · RONALD MLODZIK
REGIA DI DAVID CRONENBERG
PRODUZIONE: IVAN REITMAN
COLORE TECHNICOLOR

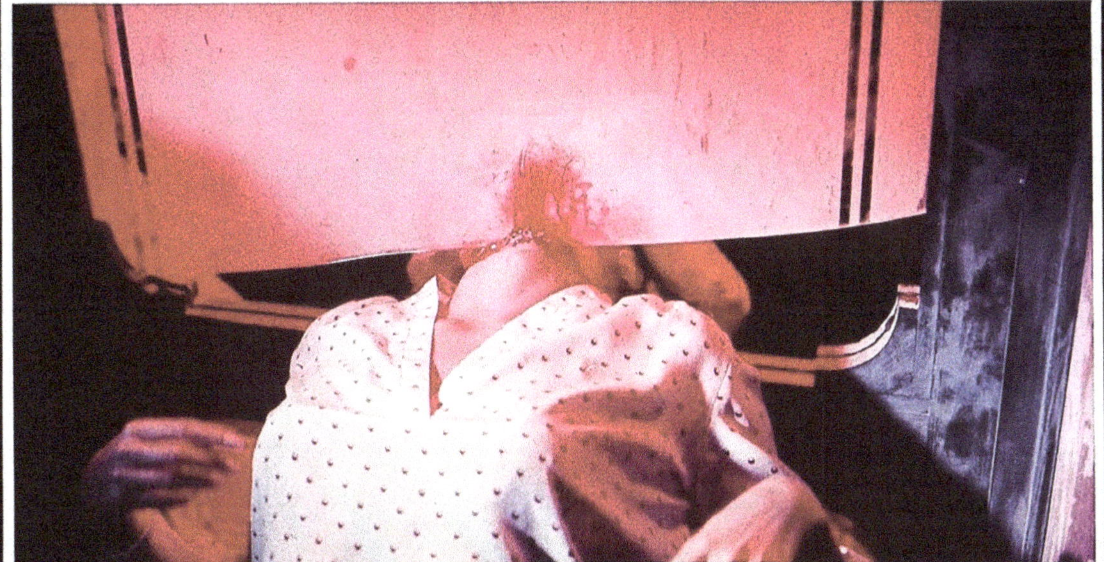

INFERNO
(''Inferno'')
Original Title: **Inferno** (Italy, 1980)

OPPOSITE PAGE:

IL DEMONE SOTTO LA PELLE
(''The Demon Beneath The Skin'')
Original Title: **Shivers** (Canada, 1975)

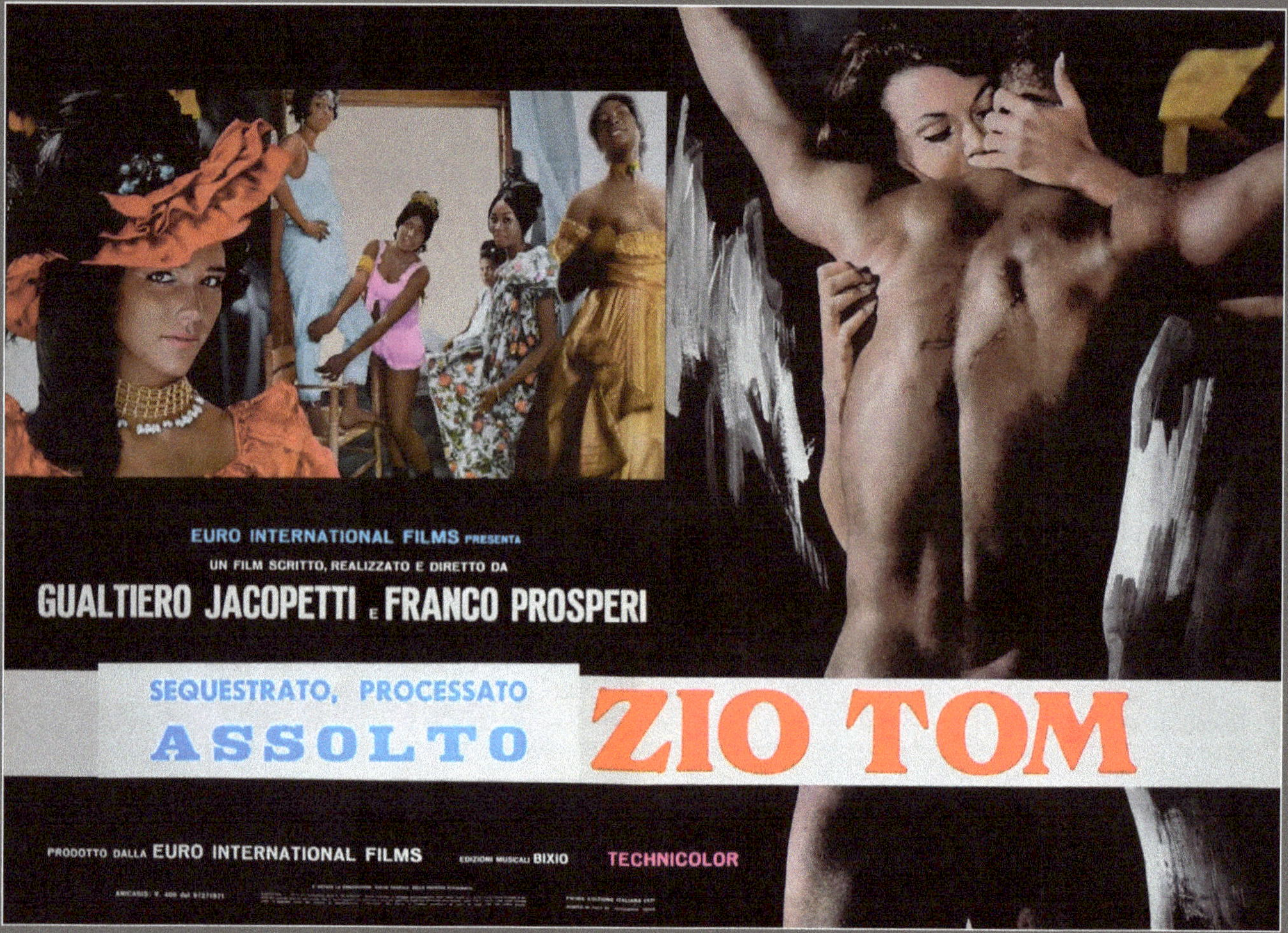

EURO INTERNATIONAL FILMS PRESENTA
UN FILM SCRITTO, REALIZZATO E DIRETTO DA
GUALTIERO JACOPETTI E FRANCO PROSPERI
SEQUESTRATO, PROCESSATO
ASSOLTO ZIO TOM
PRODOTTO DALLA EURO INTERNATIONAL FILMS   EDIZIONI MUSICALI BIXIO   TECHNICOLOR

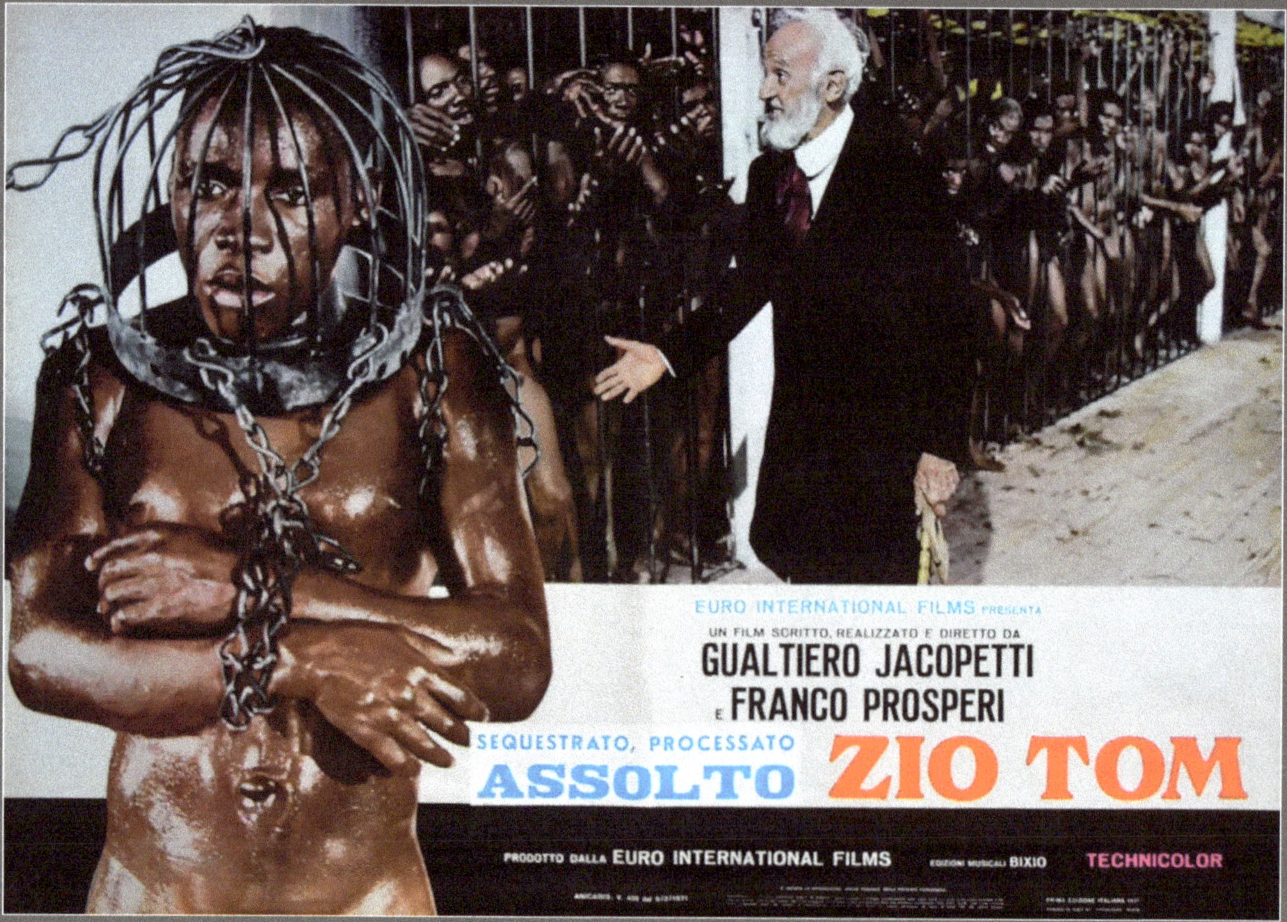

EURO INTERNATIONAL FILMS PRESENTA
UN FILM SCRITTO, REALIZZATO E DIRETTO DA
GUALTIERO JACOPETTI
E FRANCO PROSPERI
SEQUESTRATO, PROCESSATO
ASSOLTO ZIO TOM
PRODOTTO DALLA EURO INTERNATIONAL FILMS   EDIZIONI MUSICALI BIXIO   TECHNICOLOR

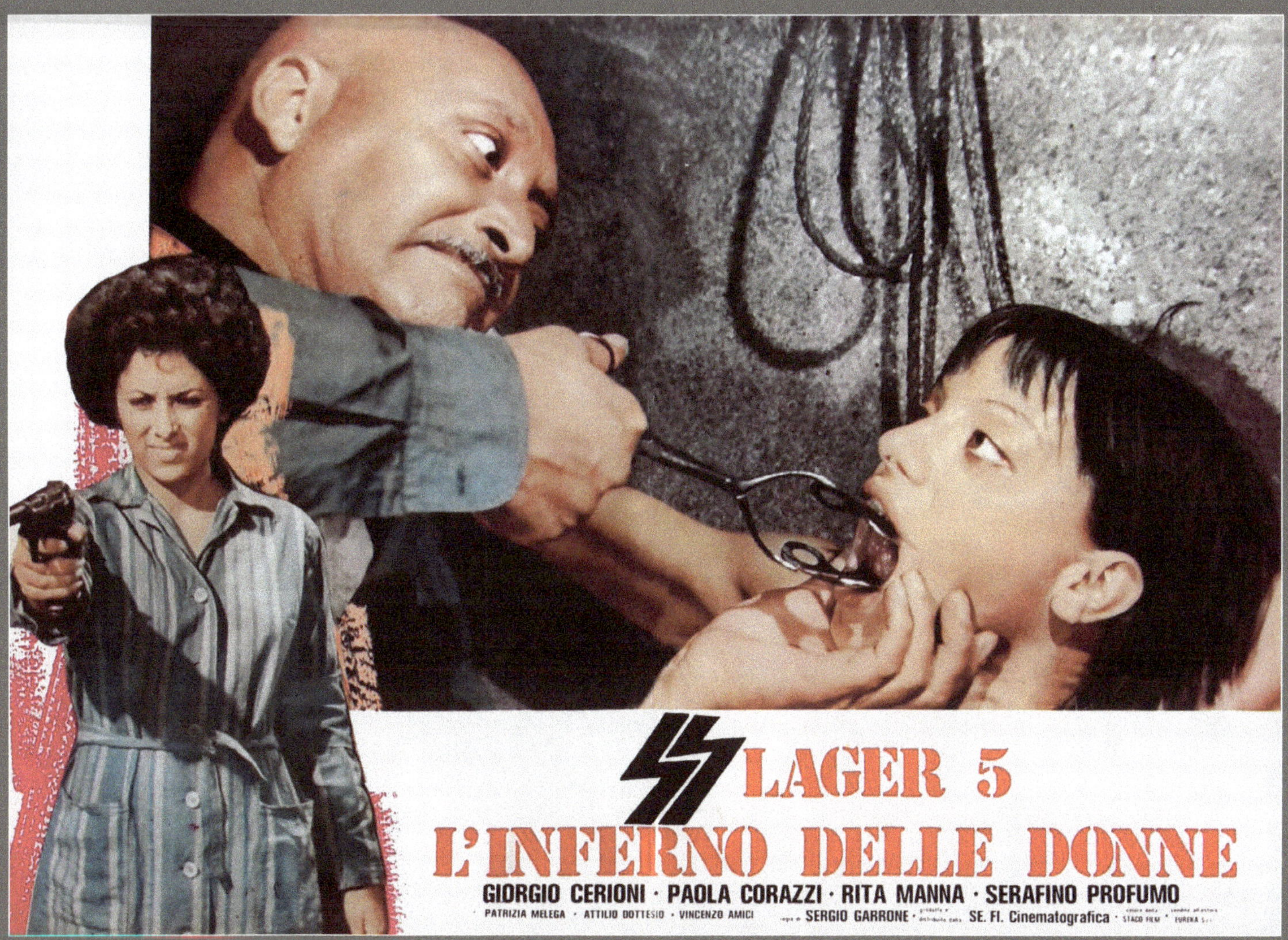

SS LAGER 5 L'INFERNO DELLE DONNE
(''SS Camp 5: Women's Hell'')
Original Title: **SS Lager 5: L'Inferno Delle Donne** (Italy, 1977)

OPPOSITE PAGE:

ZIO TOM
(''Uncle Tom'')
Original Title: **Addio Zio Tom** (Italy, 1971)

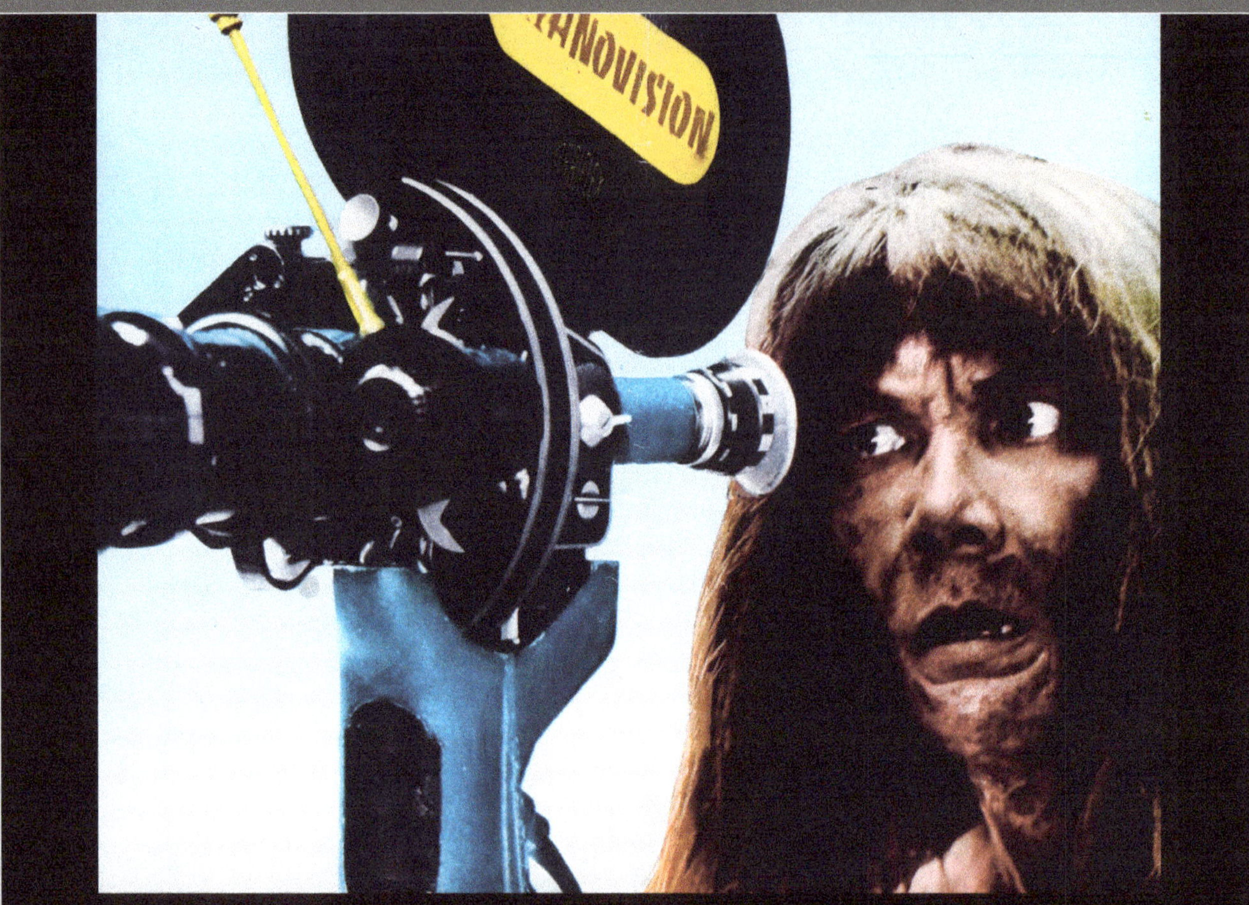

ULTIMO MONDO CANNIBALE

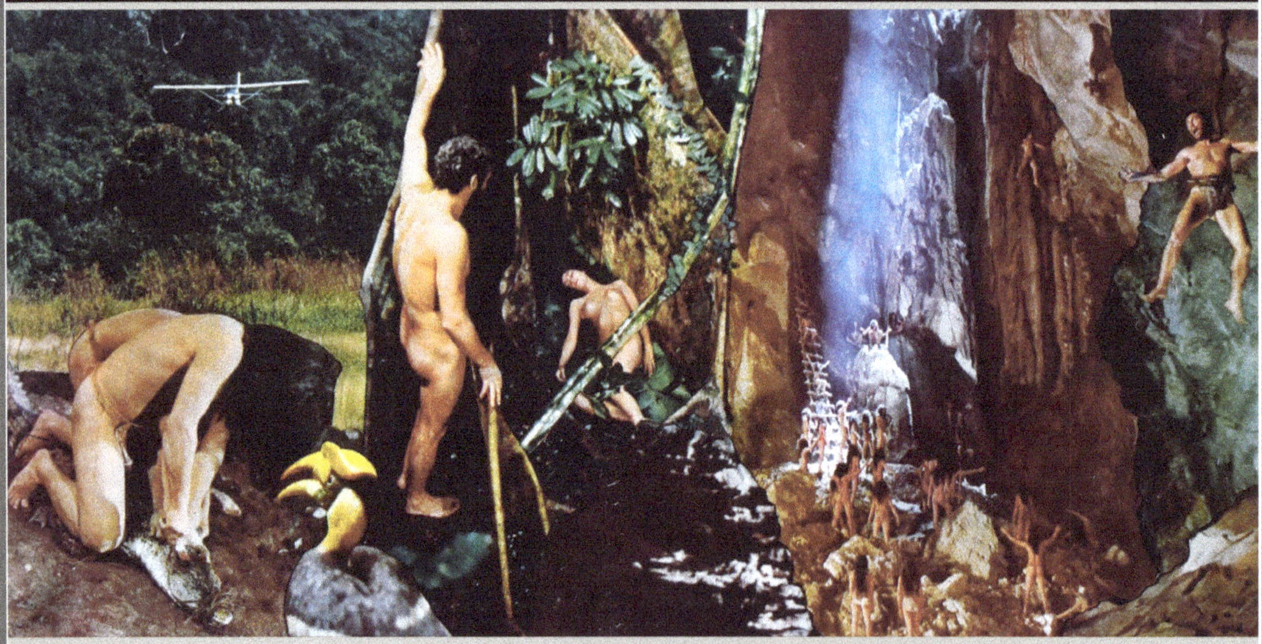

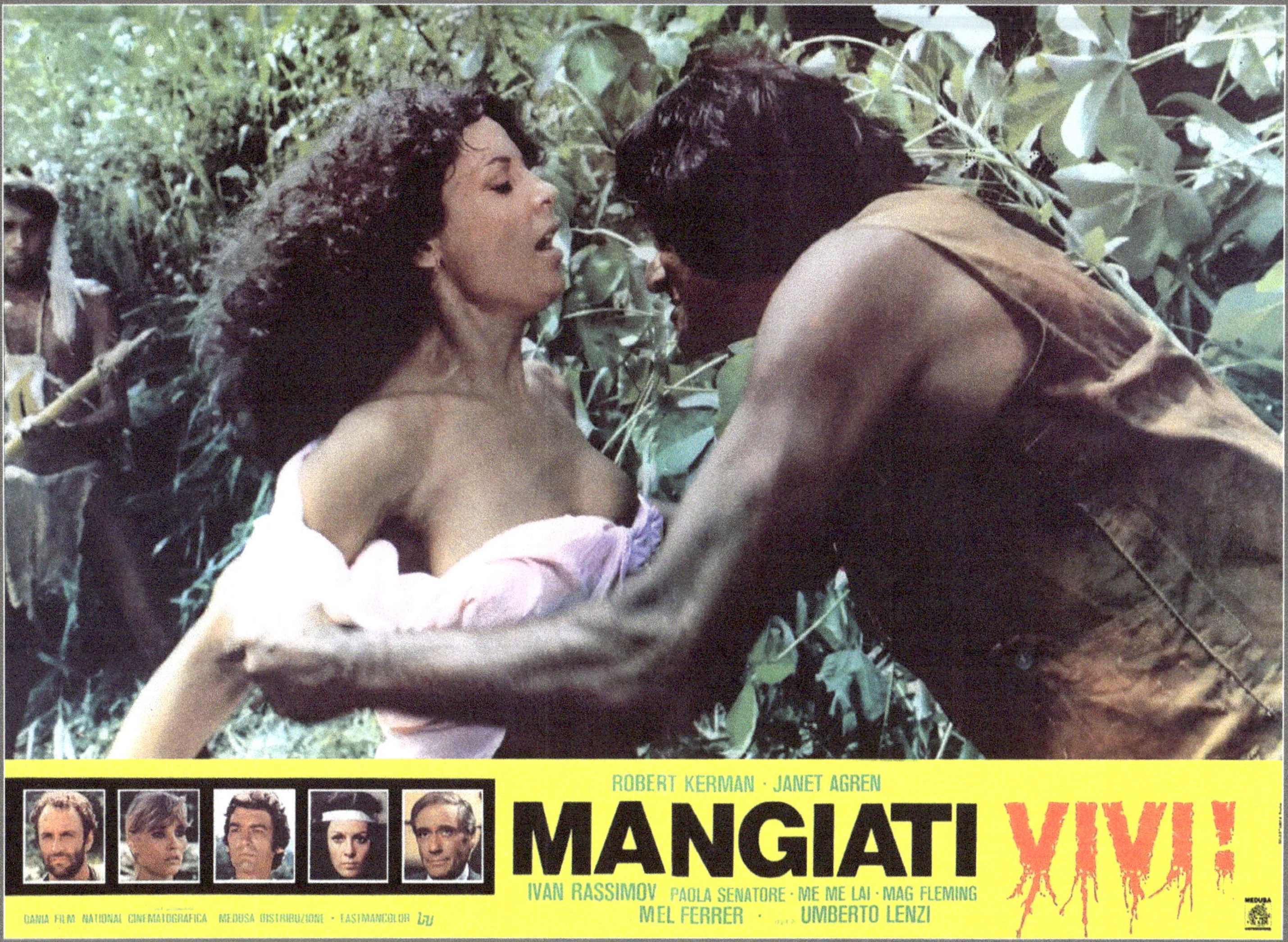

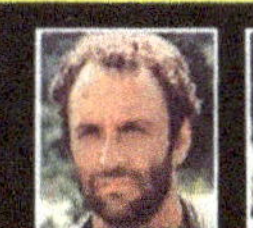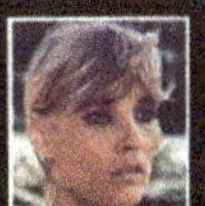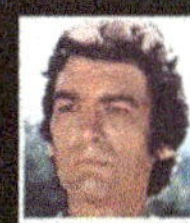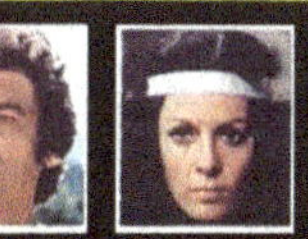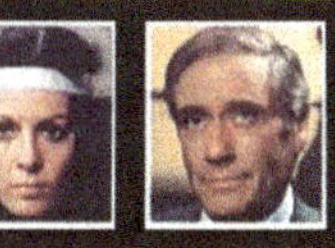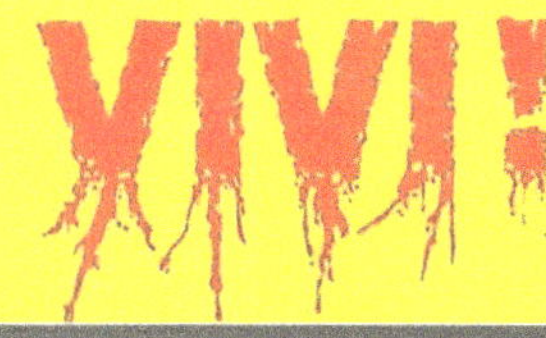

MANGIATI VIVI!
("Eaten Alive!")
Original Title: **Mangiati Vivi!** (Italy, 1980)

OPPOSITE PAGE:

ULTIMO MONDO CANNIBALE
("Last Cannibal World")
Original Title: **Ultimo Mondo Cannibale** (Italy, 1977)

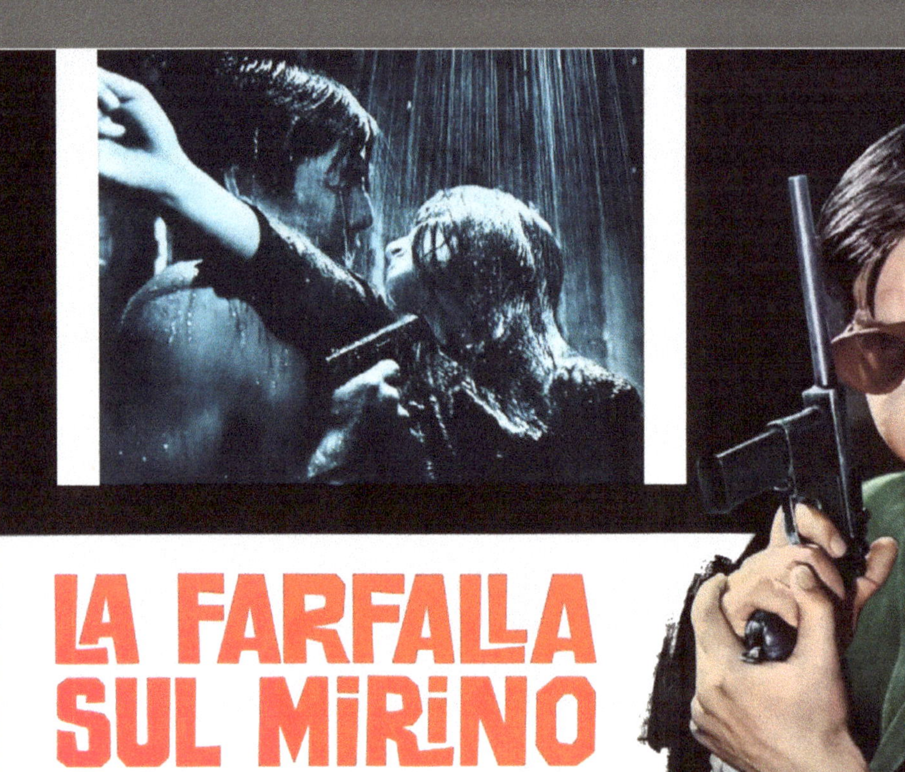
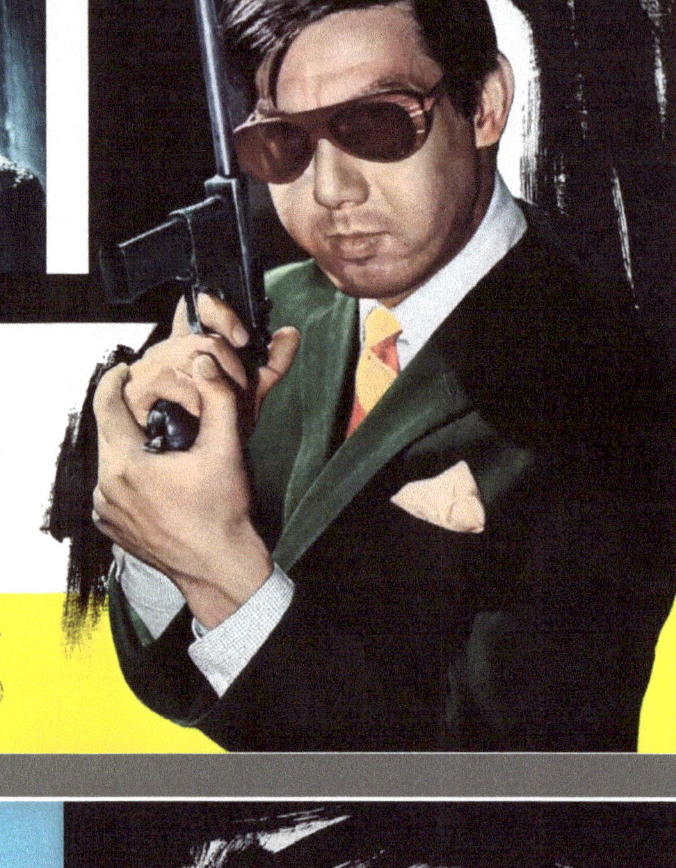

LA FARFALLA SUL MIRINO
JO SHISHIDO · KOJI NANBARA
ISAO TOMAGAWA · ANNE MARI
REGIA: SEIJUN SUZUKI
PRODOTTO DA KANEO IWAI per la NIKKATSU FILM

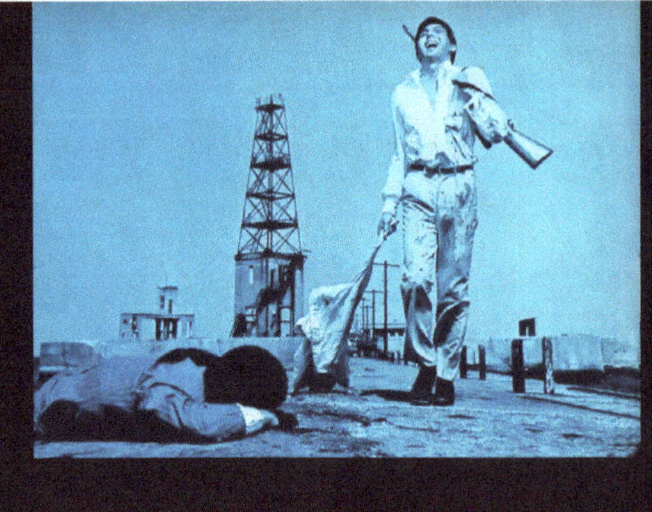
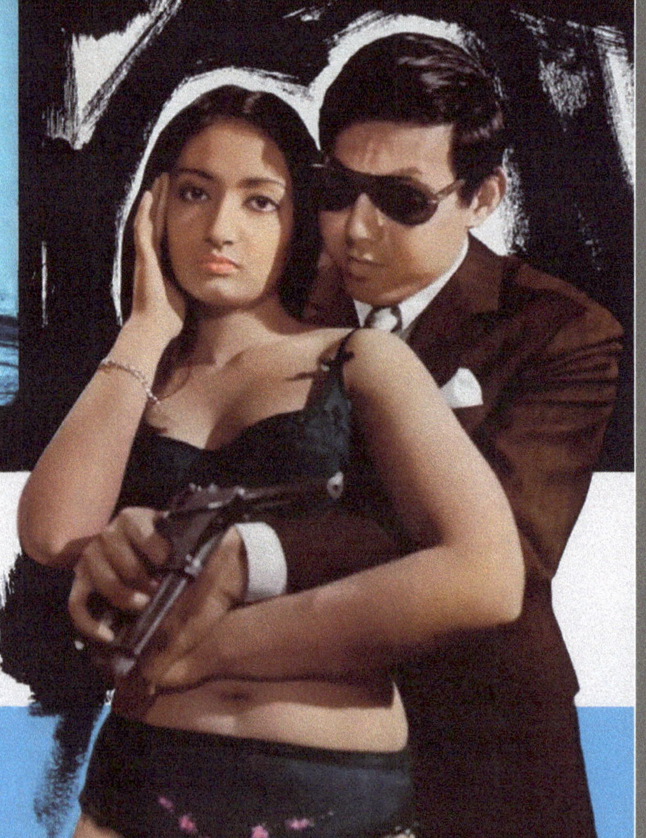
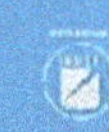

LA FARFALLA SUL MIRINO
JO SHISHIDO · KOJI NANBARA
ISAO TOMAGAWA · ANNE MARI
REGIA: SEIJUN SUZUKI
PRODOTTO DA KANEO IWAI per la NIKKATSU FILM

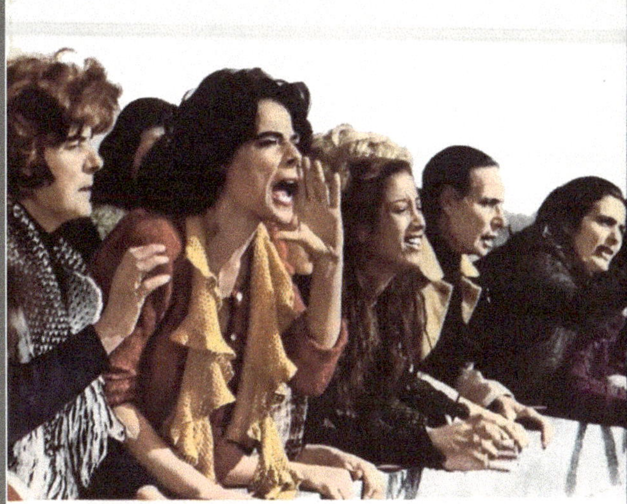

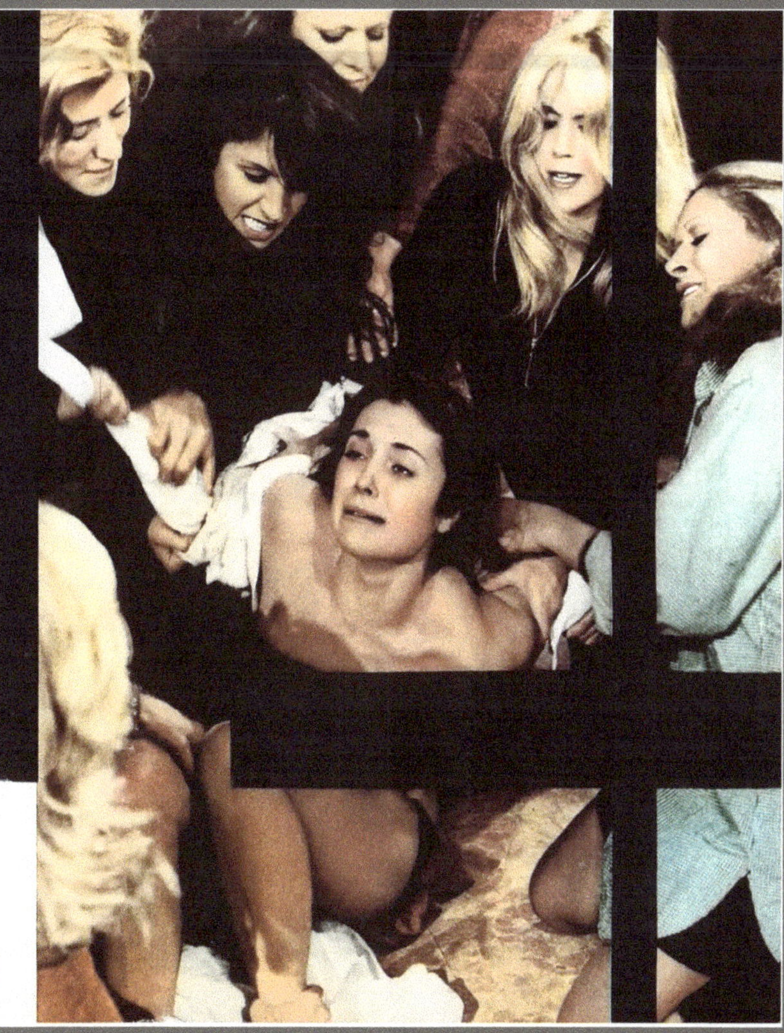

PRIGIONE DI DONNE
("Women's Prison")
Original Title: **Prigione Di Donne** (Italy, 1974)

OPPOSITE PAGE:

LA FARFALLA SUL MIRINO
("Butterfly In The Cross-Hairs")
Original Title: **Koroshi No Rakuin** (Japan, 1967)

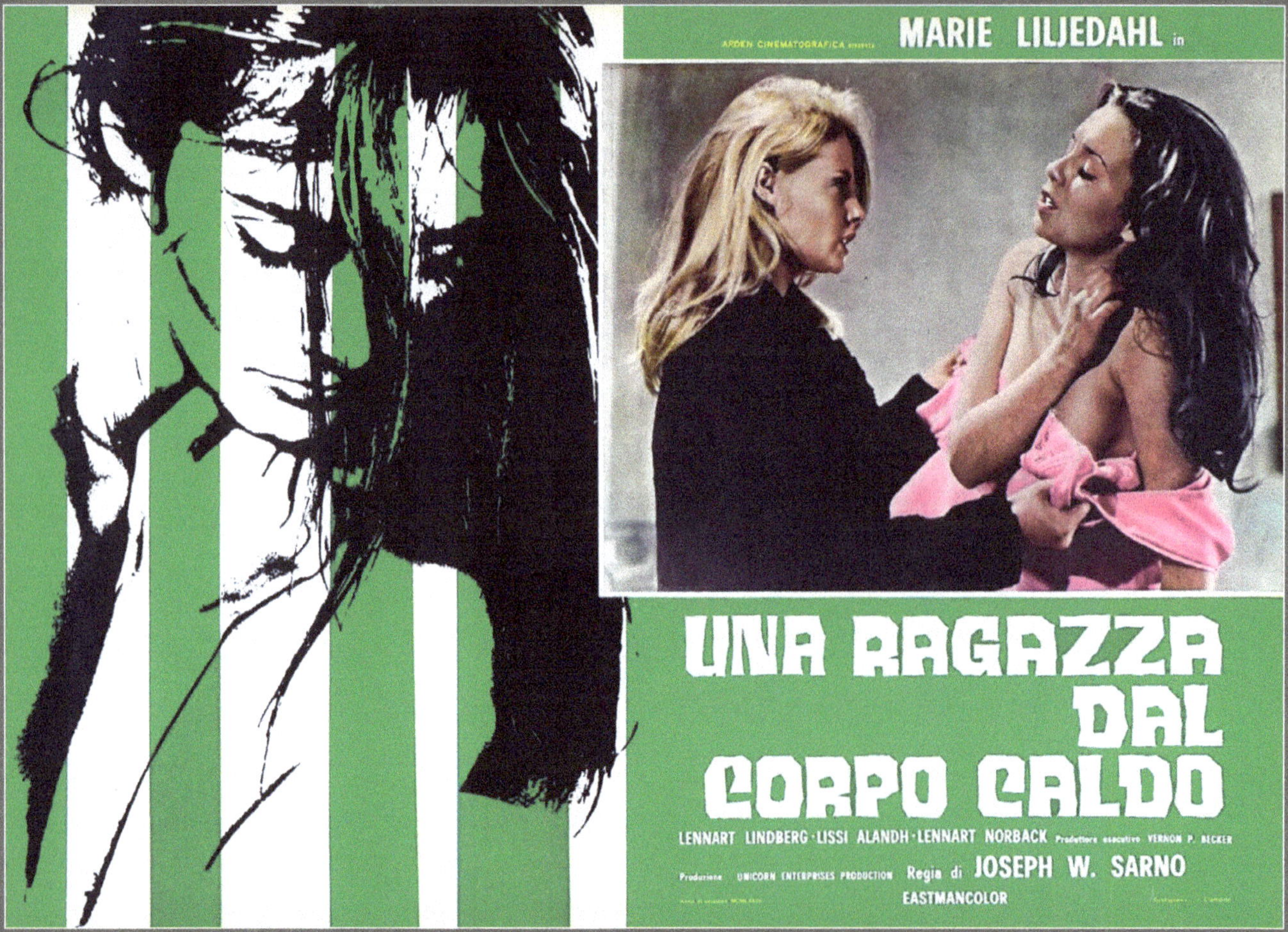

ARDEN CINEMATOGRAFICA presenta
MARIE LILJEDAHL in
UNA RAGAZZA DAL CORPO CALDO
LENNART LINDBERG · LISSI ALANDH · LENNART NORBACK   Produttore esecutivo VERNON P. BECKER
Produzione UNICORN ENTERPRISES PRODUCTION   Regia di JOSEPH W. SARNO
EASTMANCOLOR

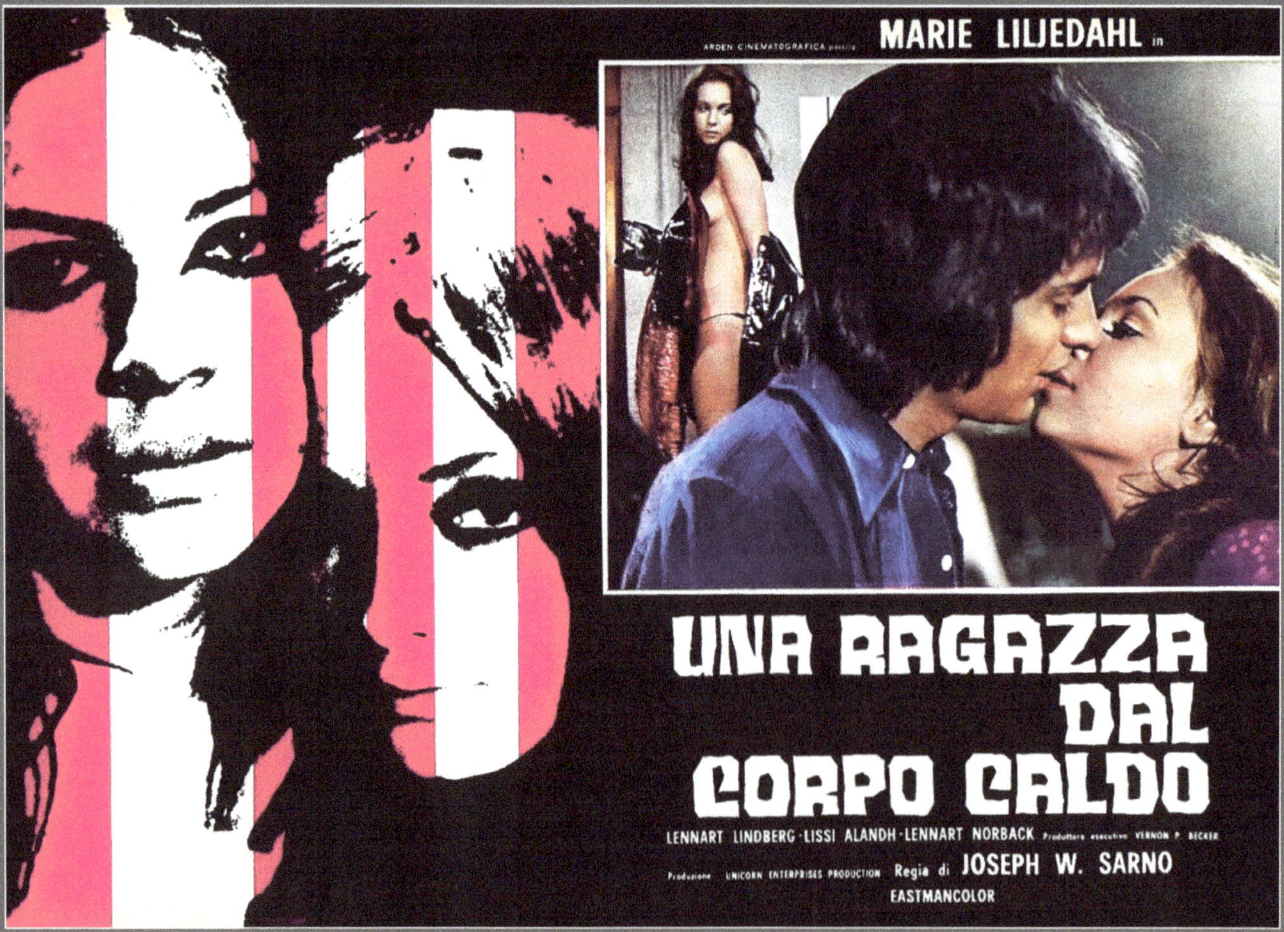

ARDEN CINEMATOGRAFICA presenta
MARIE LILJEDAHL in
UNA RAGAZZA DAL CORPO CALDO
LENNART LINDBERG · LISSI ALANDH · LENNART NORBACK   Produttore esecutivo VERNON P. BECKER
Produzione UNICORN ENTERPRISES PRODUCTION   Regia di JOSEPH W. SARNO
EASTMANCOLOR

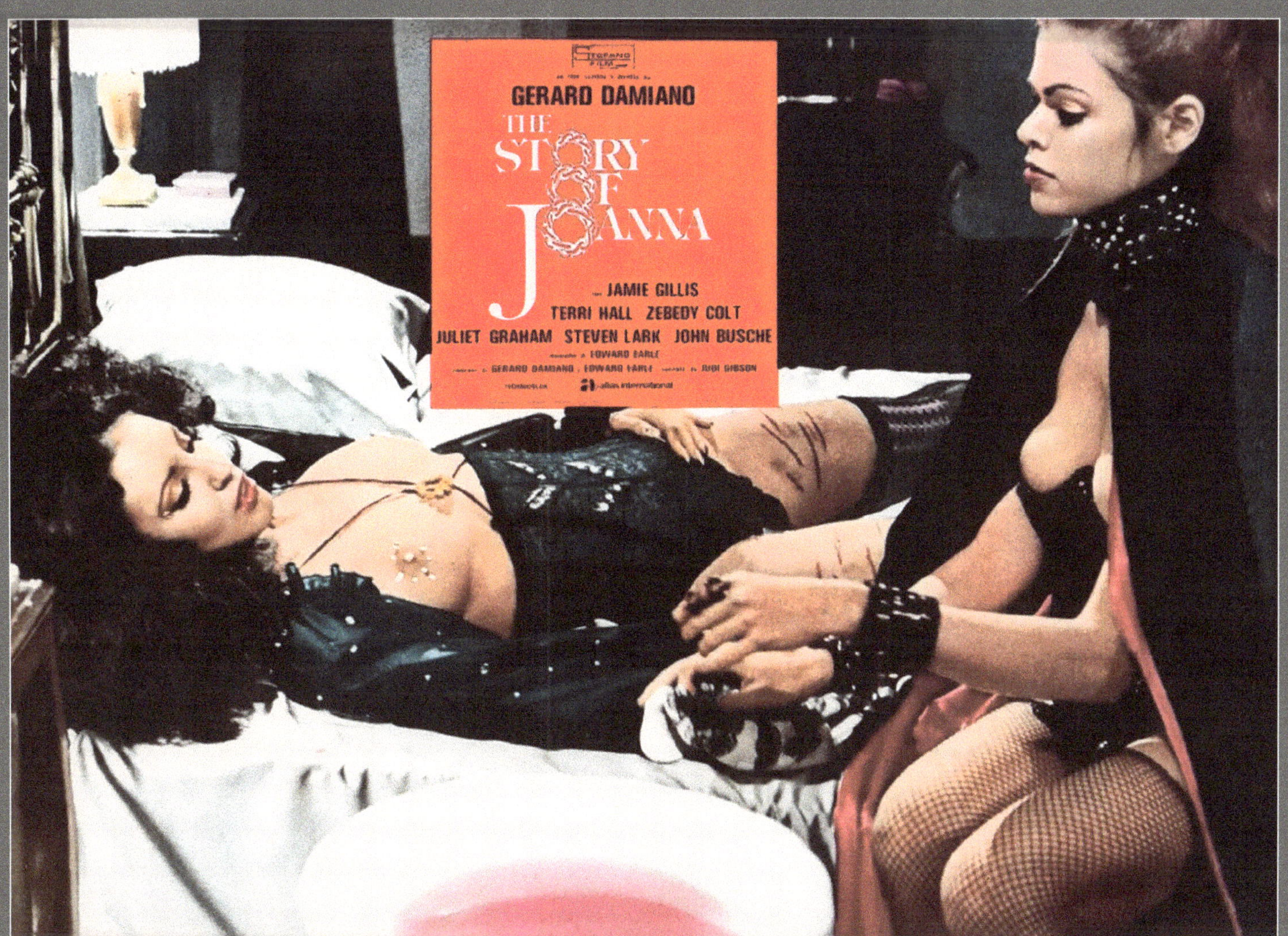

THE STORY OF JOANNA
(''The Story Of Joanna'')
Original Title: **The Story Of Joanna** (USA, 1975)

OPPOSITE PAGE:

UNA RAGAZZA DAL CORPO CALDO
(''A Chick With A Hot Body)
Original Title: **Någon Att Älska** (Sweden/USA, 1968)

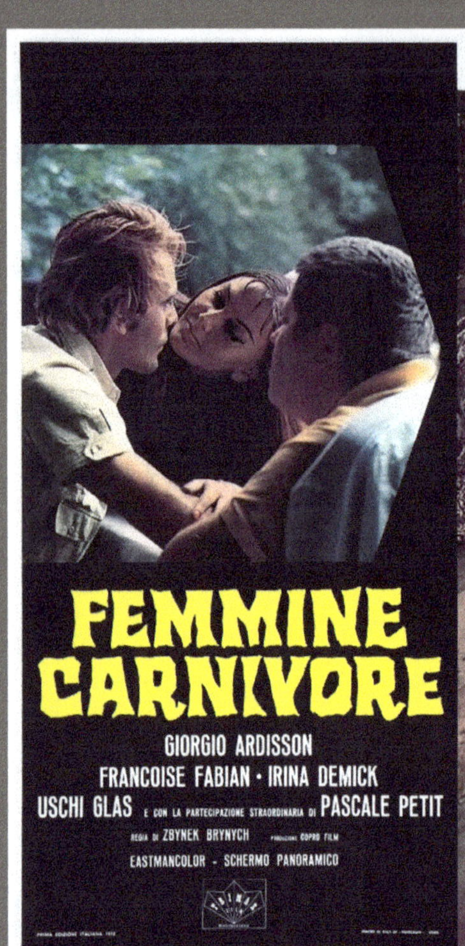

FEMMINE
CARNIVORE
GIORGIO ARDISSON
FRANCOISE FABIAN · IRINA DEMICK
USCHI GLAS E CON LA PARTECIPAZIONE STRAORDINARIA DI PASCALE PETIT
REGIA DI ZBYNEK BRYNYCH PRODUZIONE COPRO FILM
EASTMANCOLOR - SCHERMO PANORAMICO

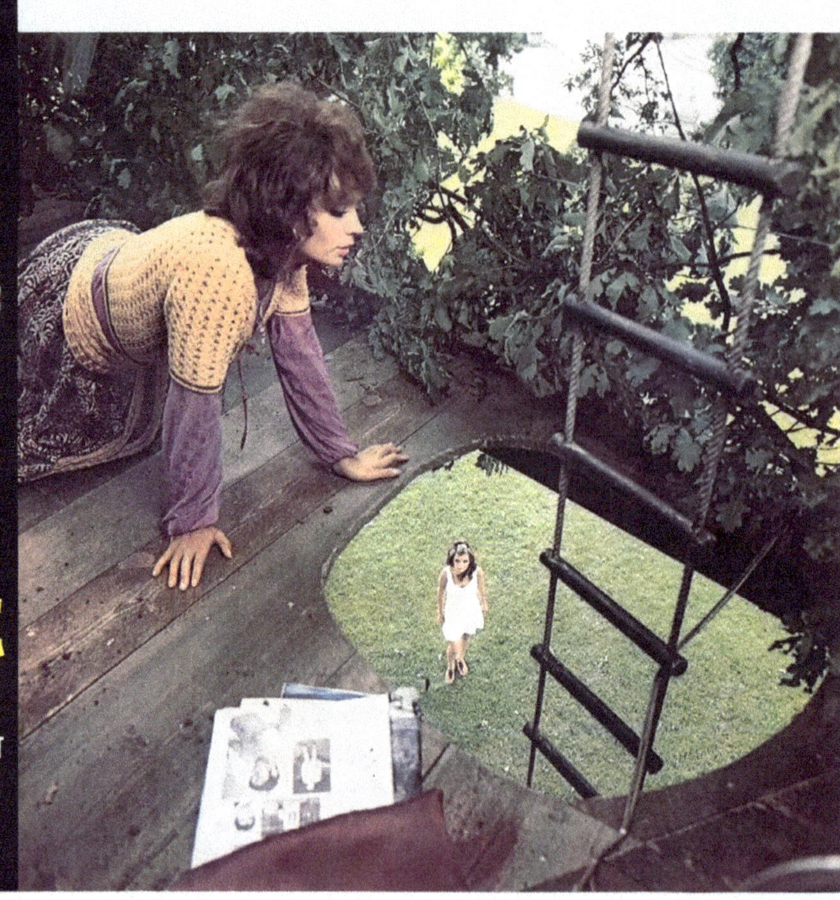

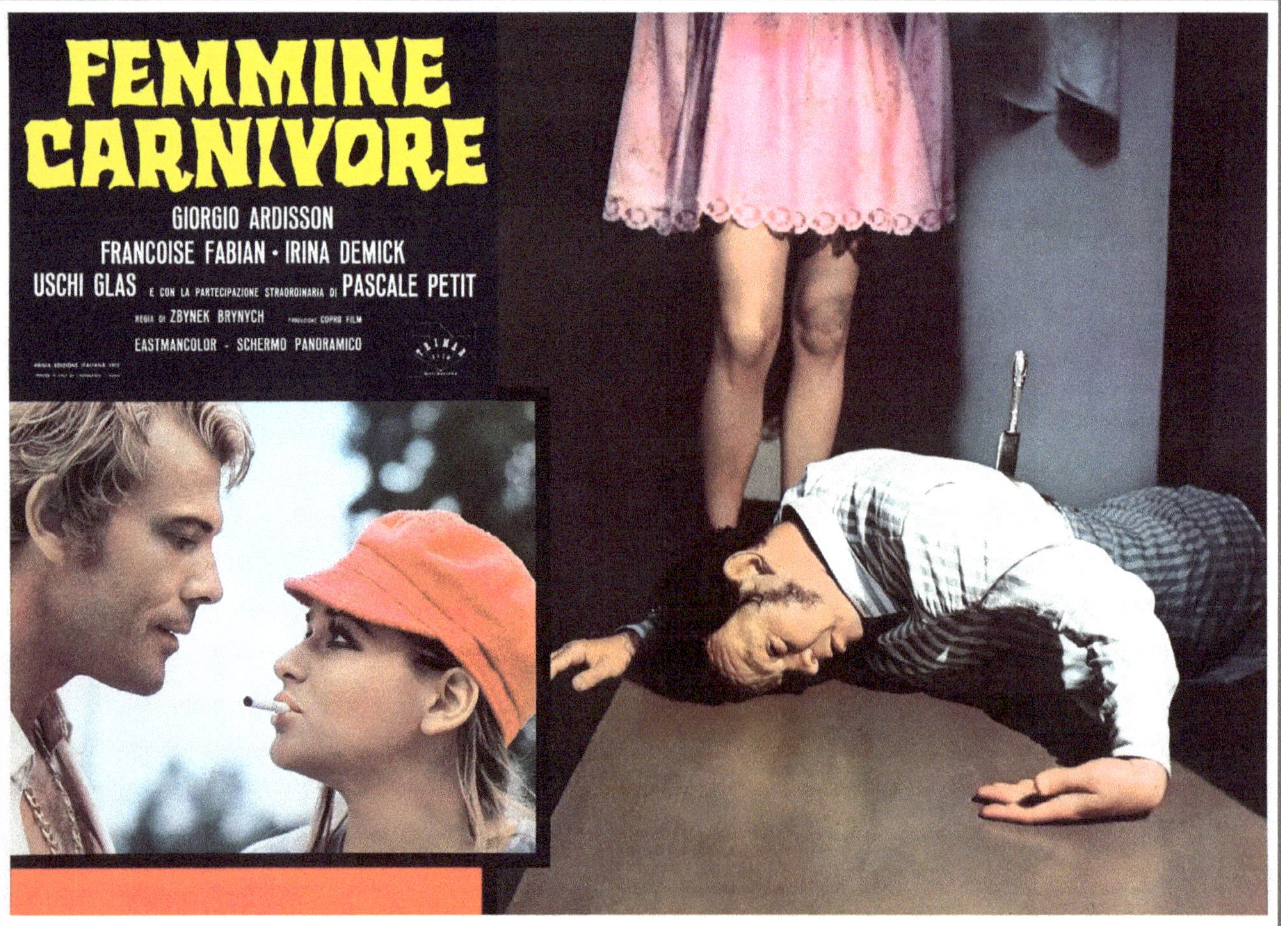

FEMMINE
CARNIVORE
GIORGIO ARDISSON
FRANCOISE FABIAN · IRINA DEMICK
USCHI GLAS E CON LA PARTECIPAZIONE STRAORDINARIA DI PASCALE PETIT
REGIA DI ZBYNEK BRYNYCH PRODUZIONE COPRO FILM
EASTMANCOLOR - SCHERMO PANORAMICO

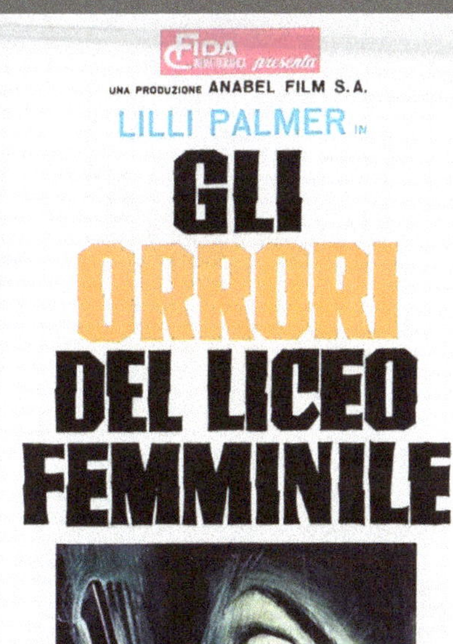

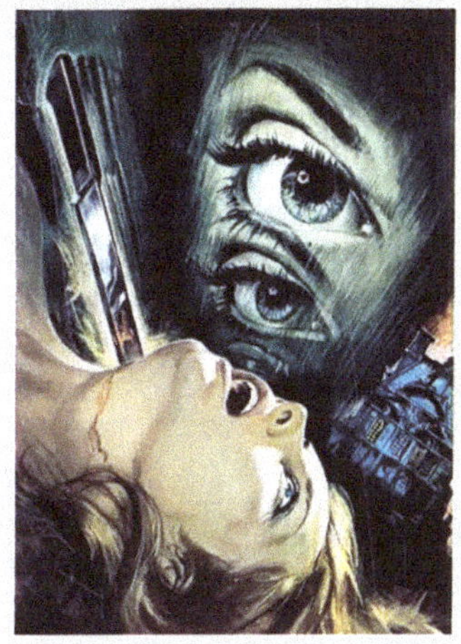

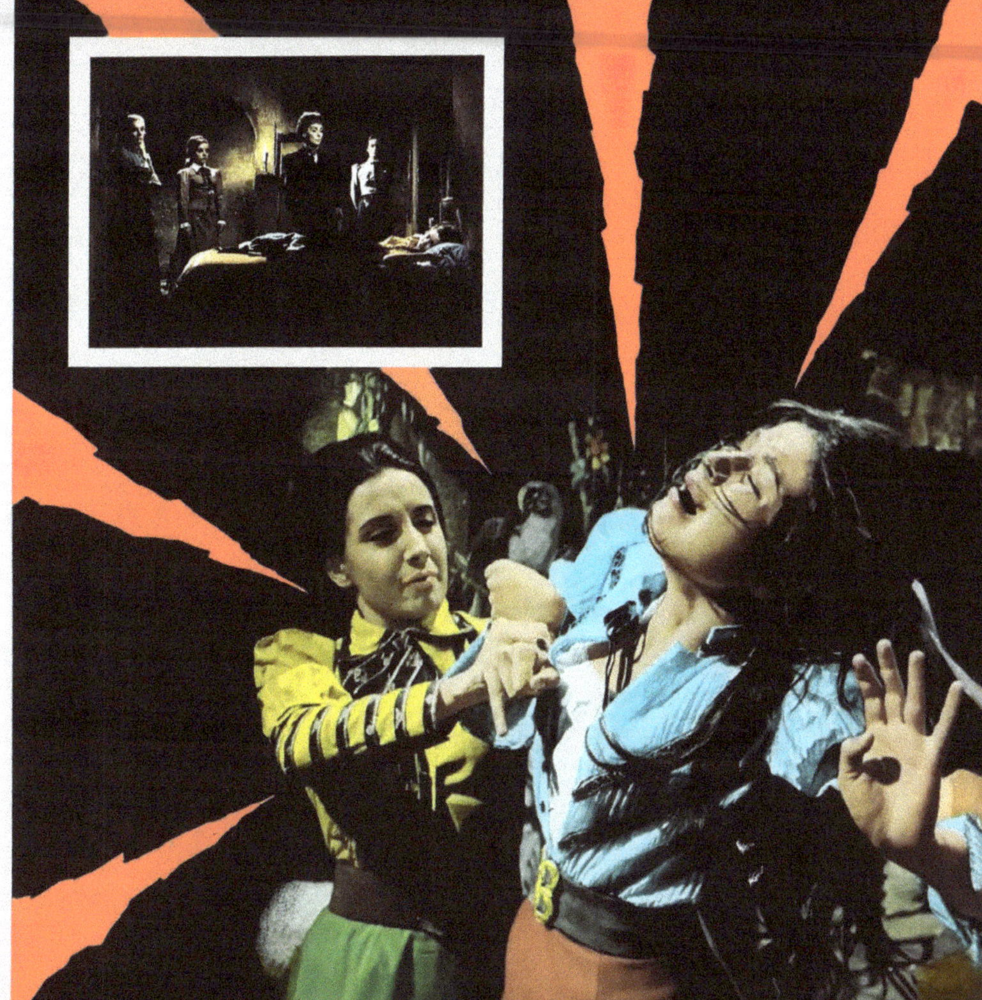

GLI ORRORI DEL LICEO FEMMINILE
("Horrors In A Girls' Academy")
Original Title: **La Residencia** (Spain, 1969)

OPPOSITE PAGE:

FEMMINE CARNIVORE
("Flesh-Eating Females")
Original Title: **Die Weibchen** (Italy/Germany/France, 1970)

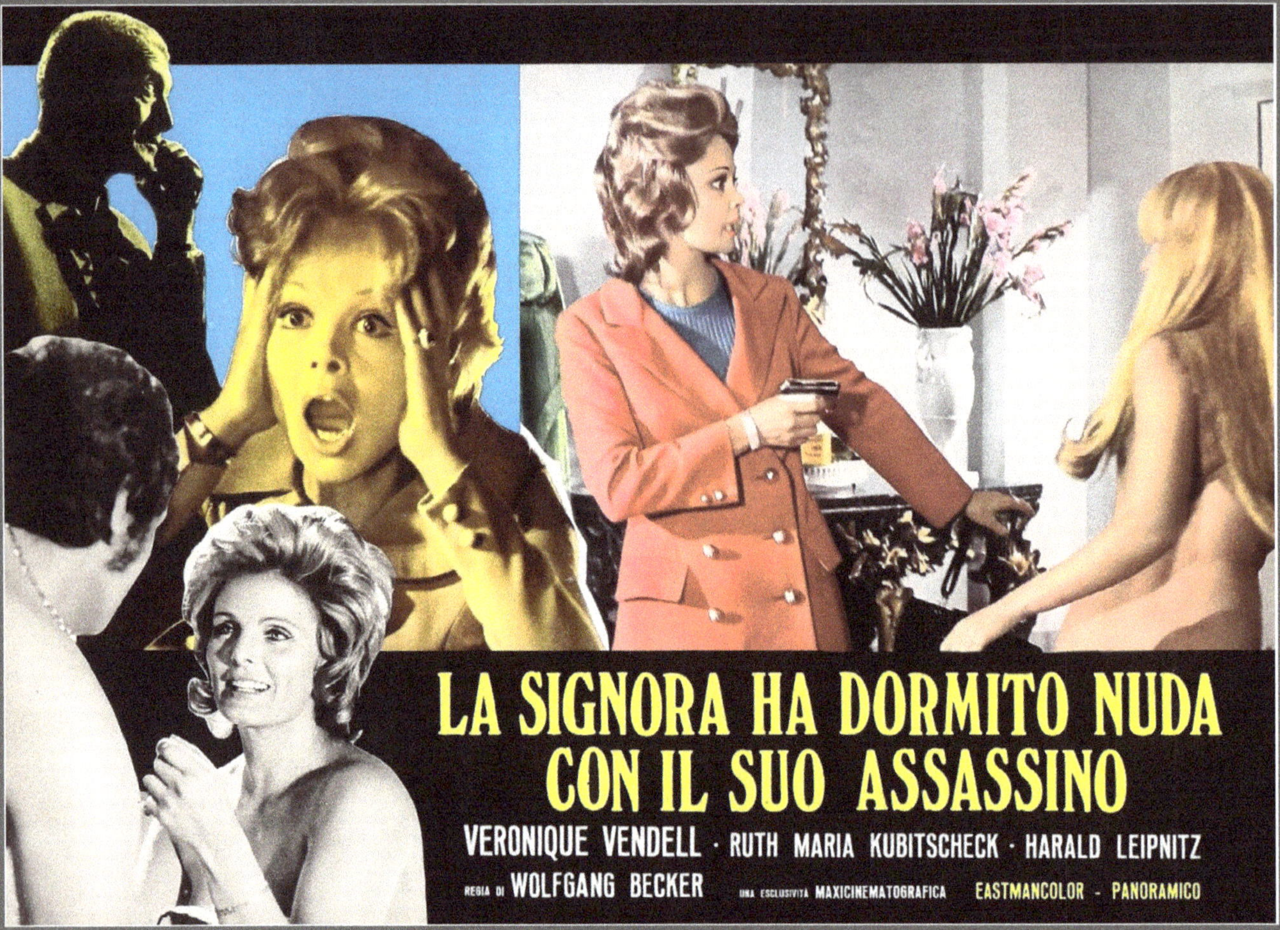

LA SIGNORA HA DORMITO NUDA
CON IL SUO ASSASSINO
VERONIQUE VENDELL · RUTH MARIA KUBITSCHECK · HARALD LEIPNITZ
REGIA DI WOLFGANG BECKER   UNA ESCLUSIVITA MAXICINEMATOGRAFICA   EASTMANCOLOR - PANORAMICO

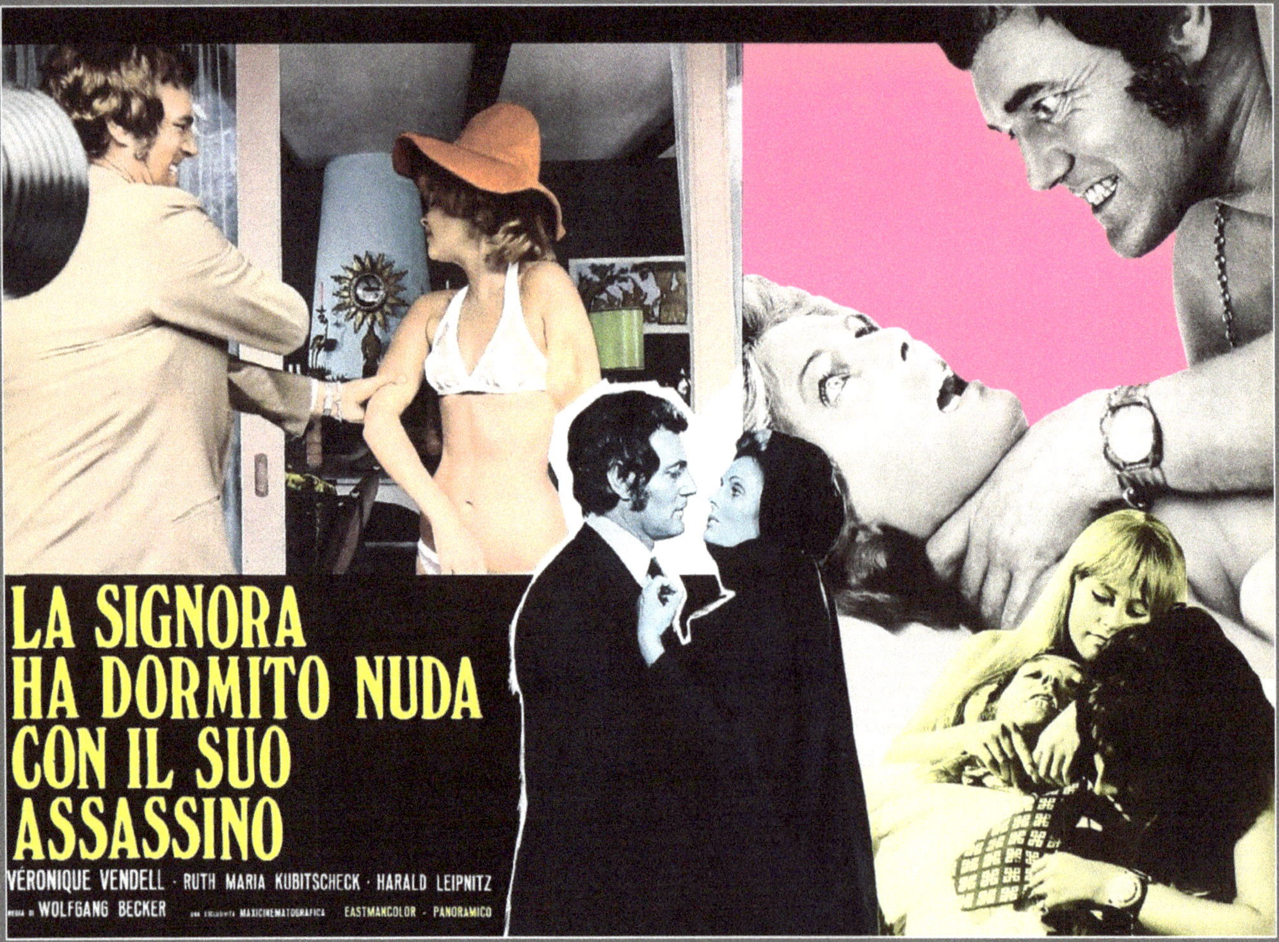

LA SIGNORA
HA DORMITO NUDA
CON IL SUO
ASSASSINO
VERONIQUE VENDELL · RUTH MARIA KUBITSCHECK · HARALD LEIPNITZ
REGIA DI WOLFGANG BECKER   UNA ESCLUSIVITA MAXICINEMATOGRAFICA   EASTMANCOLOR - PANORAMICO

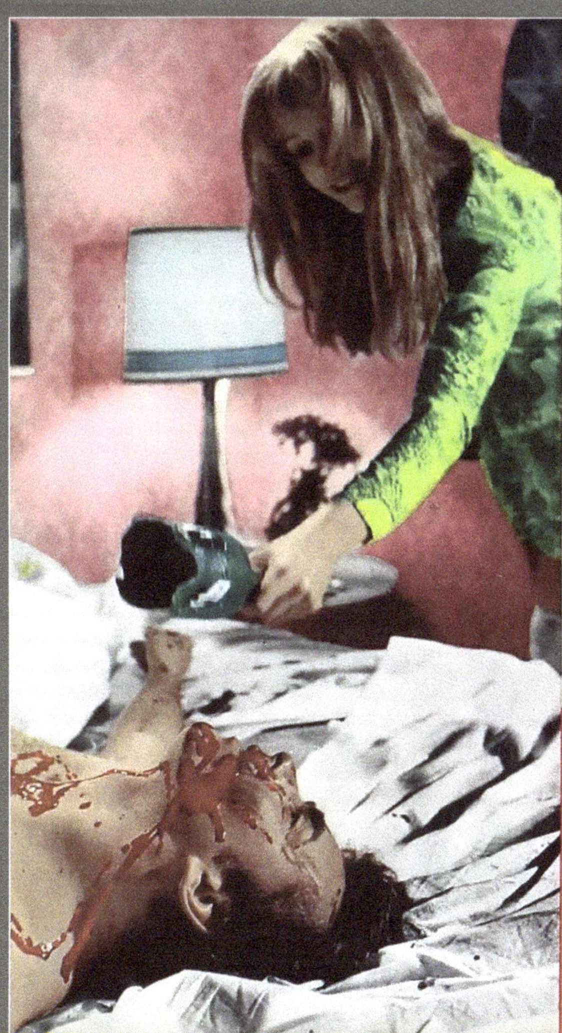
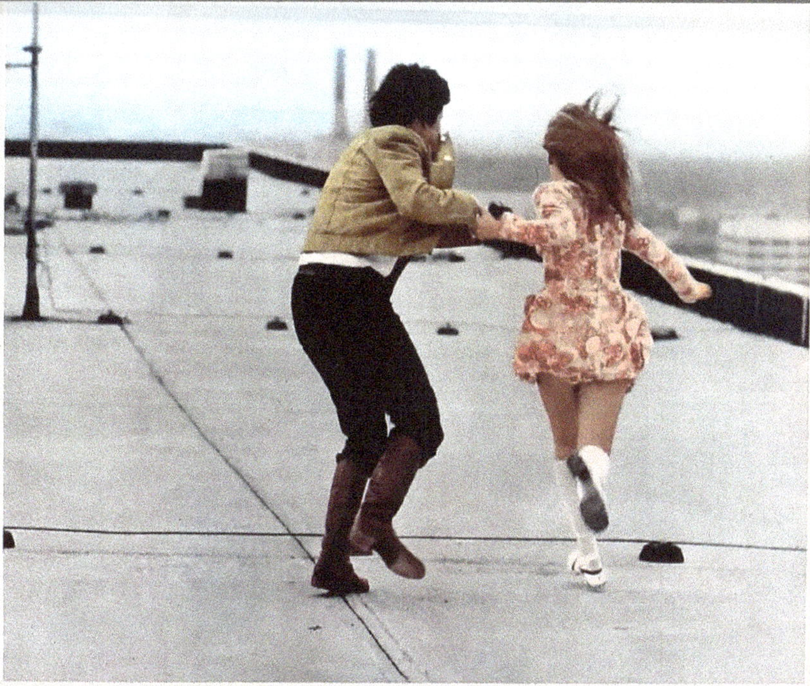

OMICIDIO AL 17º PIANO
("Murder On The 17th Floor")
Original Title: **Engel, Die Ihre Flügel Verbrennen** (Italy, 1970)

OPPOSITE PAGE:

LA SIGNORA HA DORMITO NUDA CON IL SUO ASSASSINO
("The Lady Slept Naked With Her Killer")
Original Title: **Ich Schlafe Mit Meinem Mörder** (Germany/France, 1970)

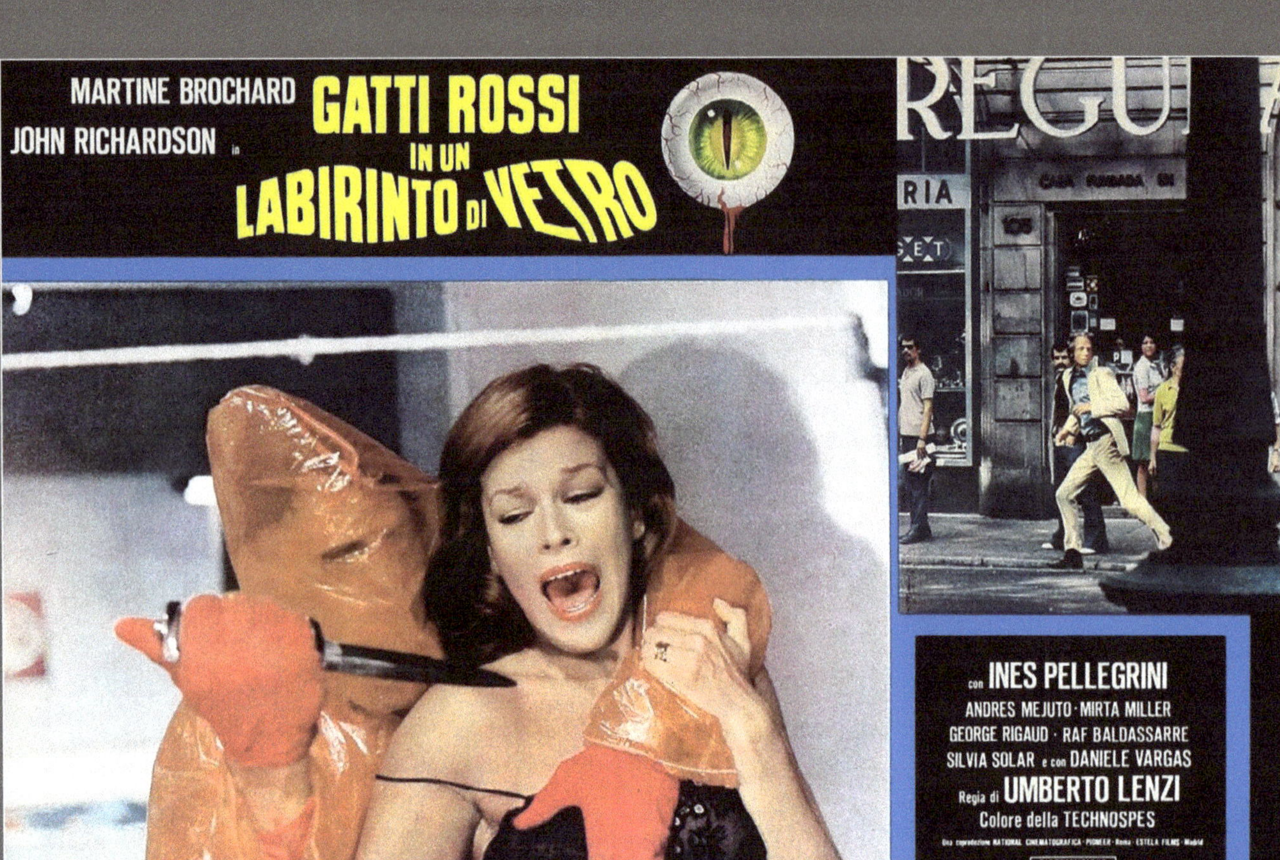
MARTINE BROCHARD
JOHN RICHARDSON in
GATTI ROSSI
IN UN
LABIRINTO DI VETRO
con INES PELLEGRINI
ANDRES MEJUTO · MIRTA MILLER
GEORGE RIGAUD · RAF BALDASSARRE
SILVIA SOLAR e con DANIELE VARGAS
Regia di UMBERTO LENZI
Colore della TECHNOSPES

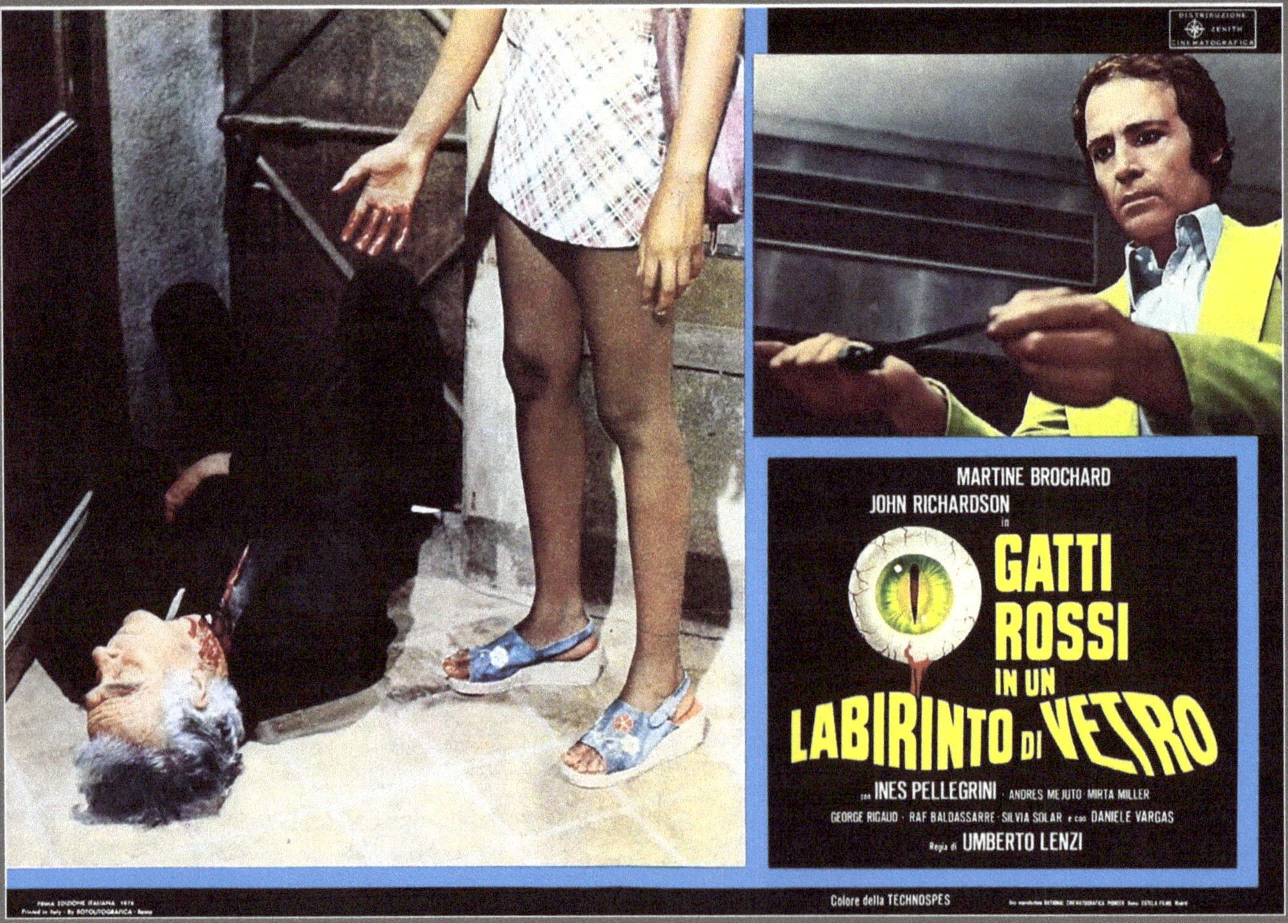

MARTINE BROCHARD
JOHN RICHARDSON in
GATTI
ROSSI
IN UN
LABIRINTO DI VETRO
con INES PELLEGRINI · ANDRES MEJUTO · MIRTA MILLER
GEORGE RIGAUD · RAF BALDASSARRE · SILVIA SOLAR e con DANIELE VARGAS
Regia di UMBERTO LENZI
Colore della TECHNOSPES

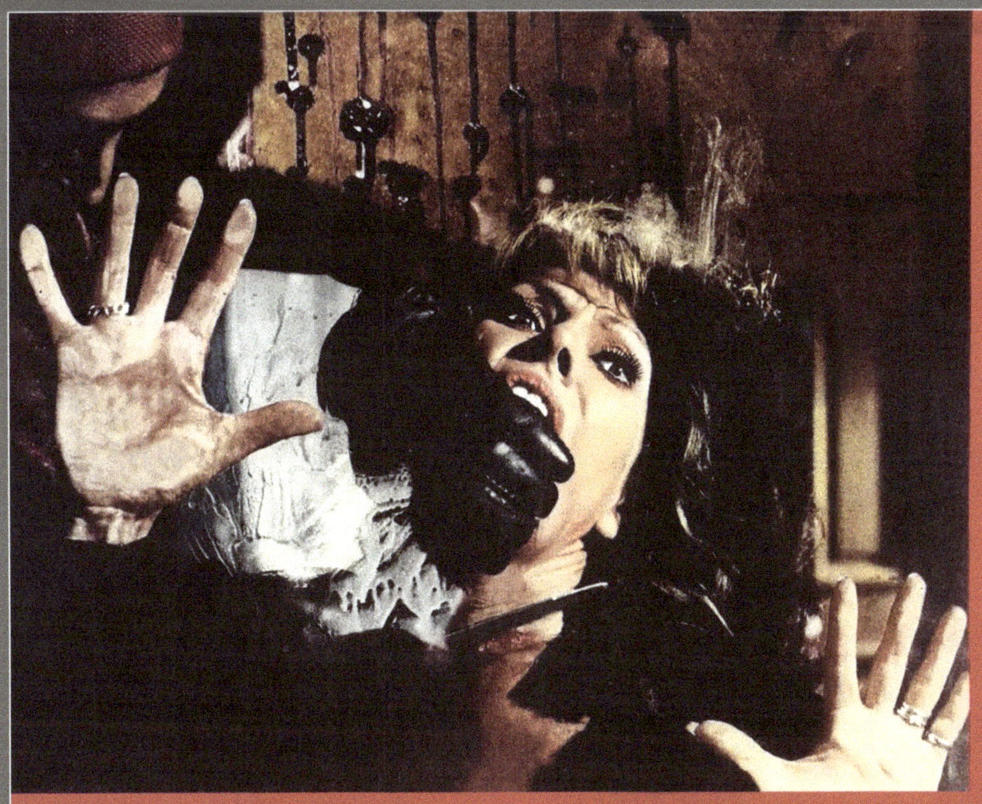
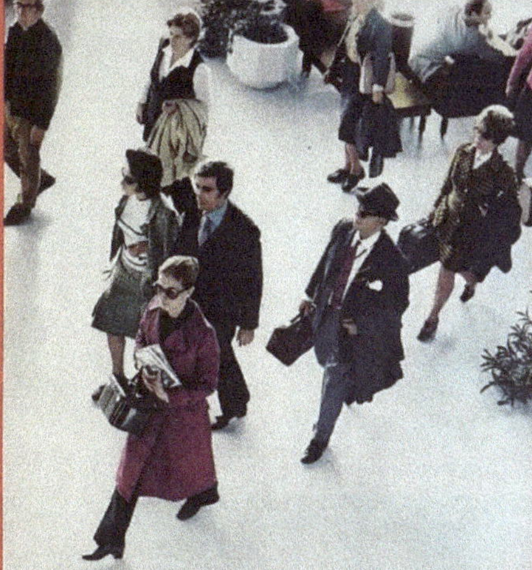

LA CODA DELLO SCORPIONE
("The Scorpion's Tail")
Original Title: **La Coda Dello Scorpione** (Italy/Spain, 1971)

OPPOSITE PAGE:

GATTI ROSSI IN UN LABIRINTO DI VETRO
("Red Cats In A Glass Labyrinth")
Original Title: **Gatti Rossi In Un Labirinto Di Vetro** (Italy/Spain, 1975)

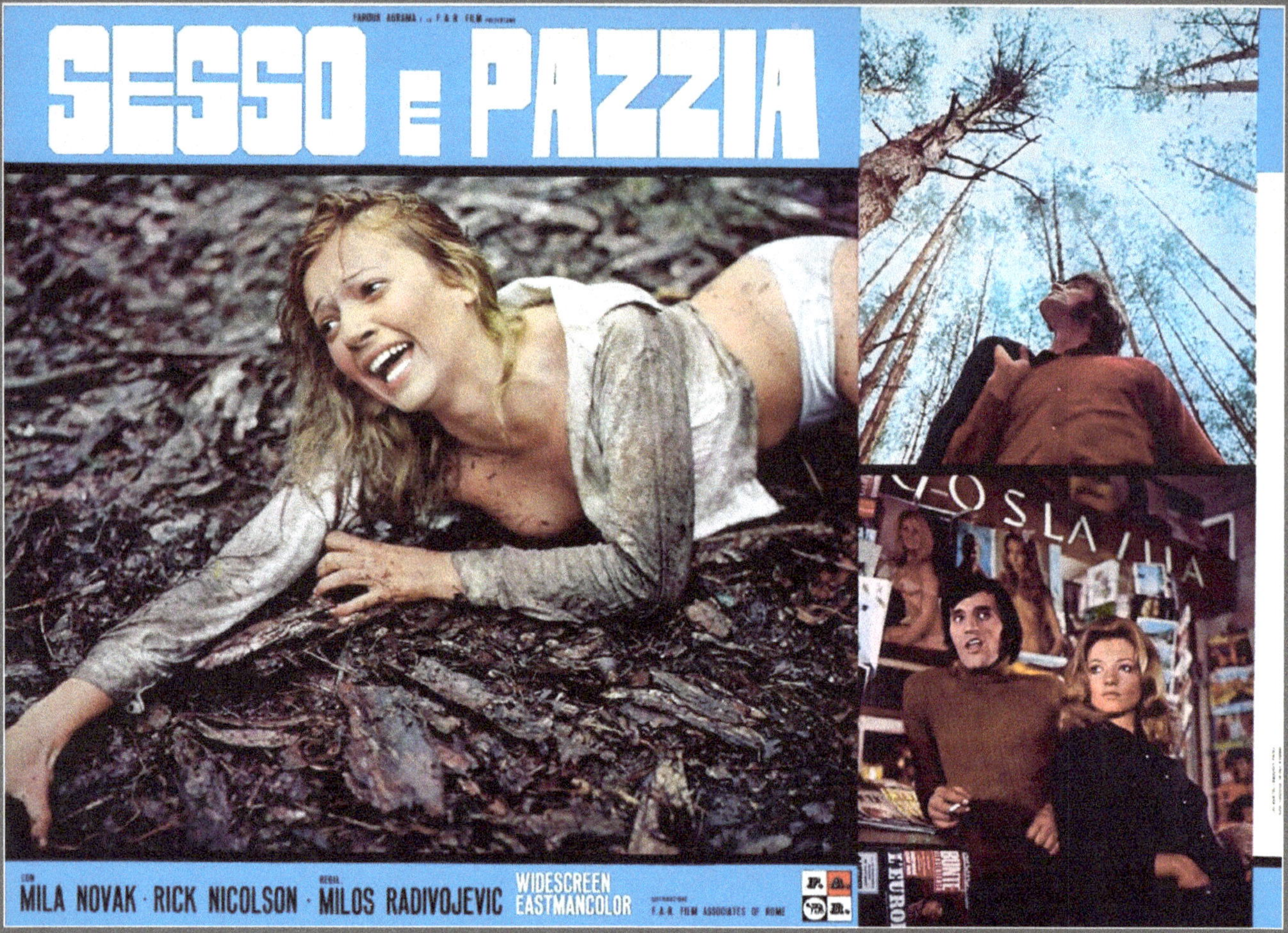

FAROUK AGRAMA e la F & R FILM presentano
SESSO E PAZZIA
CON MILA NOVAK · RICK NICOLSON · REGIA MILOS RADIVOJEVIC
WIDESCREEN EASTMANCOLOR
F.A.R. FILM ASSOCIATES OF ROME

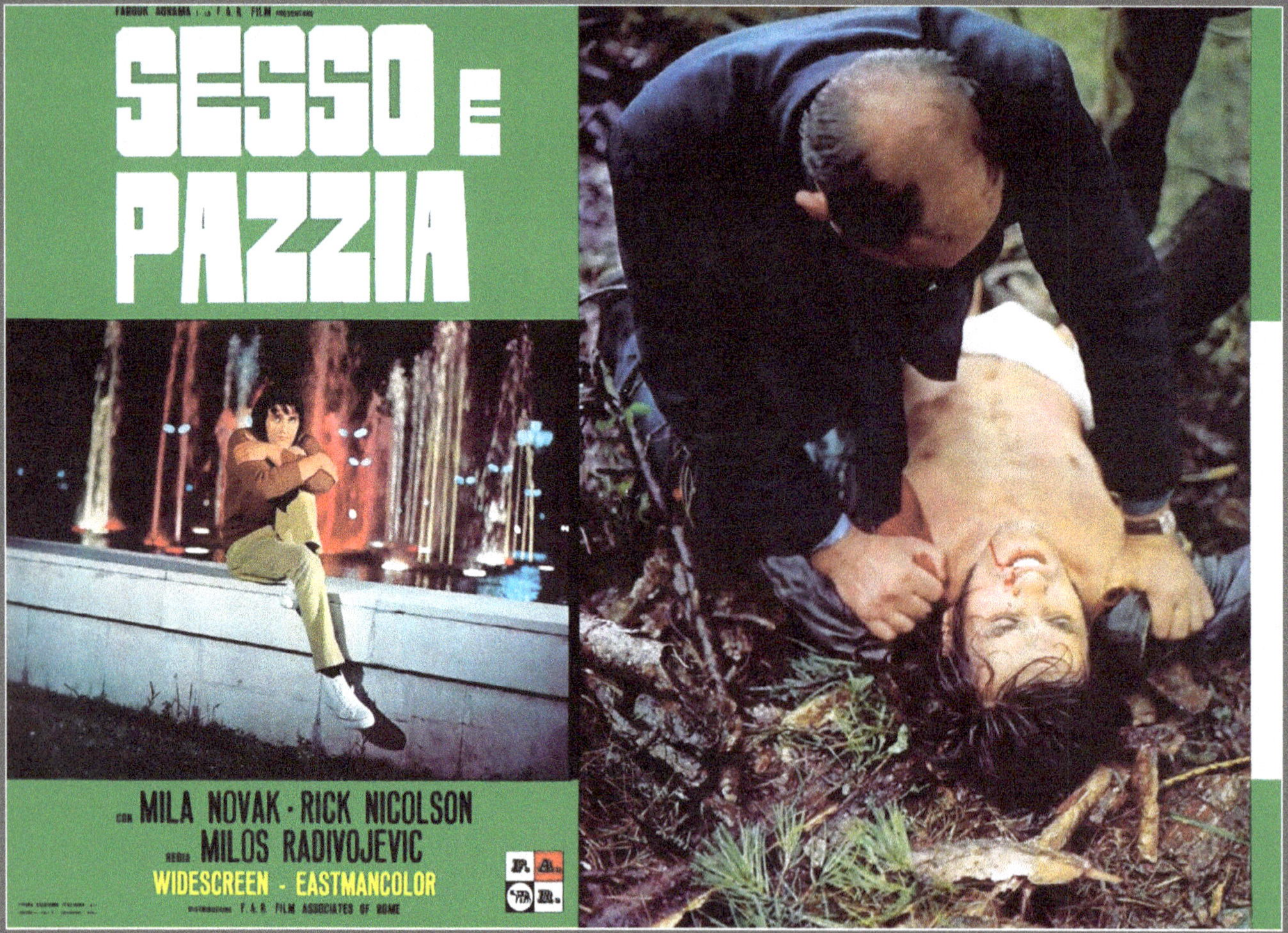

FAROUK AGRAMA e la F & R FILM presentano
SESSO E PAZZIA
CON MILA NOVAK · RICK NICOLSON
REGIA MILOS RADIVOJEVIC
WIDESCREEN - EASTMANCOLOR
F.A.R. FILM ASSOCIATES OF ROME

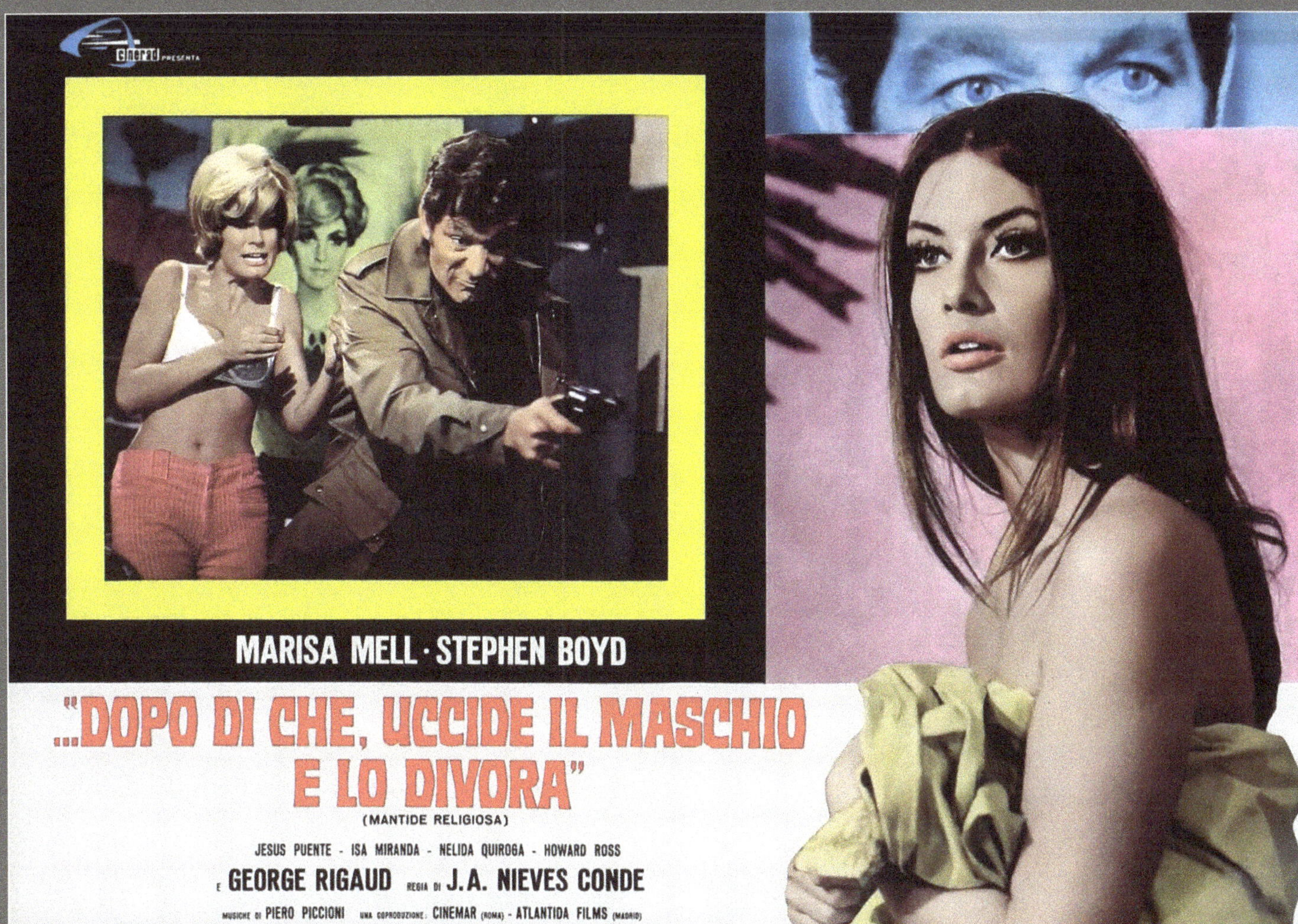

DOPO DI CHE, UCCIDE IL MASCHIO E LO DIVORA
("After Which, She Kills The Male And Devours Him")
Original Title: **Marta** (Italy/Spain, 1971)

OPPOSITE PAGE:

SESSO E PAZZIA
("Sex And Madness")
Original Title: **Bube U Glavi** (Yugoslavia, 1970)

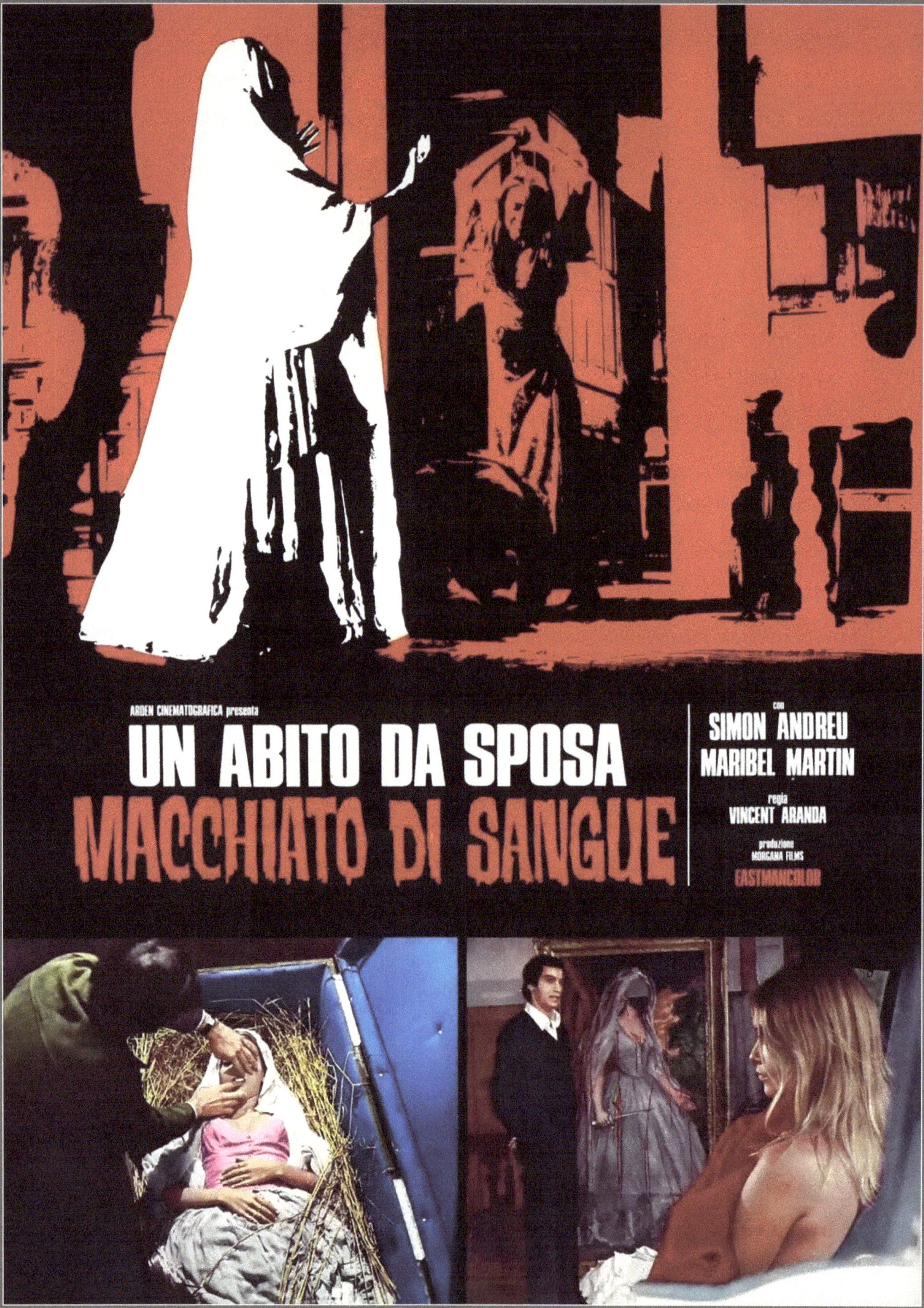

ARDEN CINEMATOGRAFICA presenta
UN ABITO DA SPOSA
MACCHIATO DI SANGUE
con
SIMON ANDREU
MARIBEL MARTIN
regia
VINCENT ARANDA
produzione
MORGANA FILMS
EASTMANCOLOR

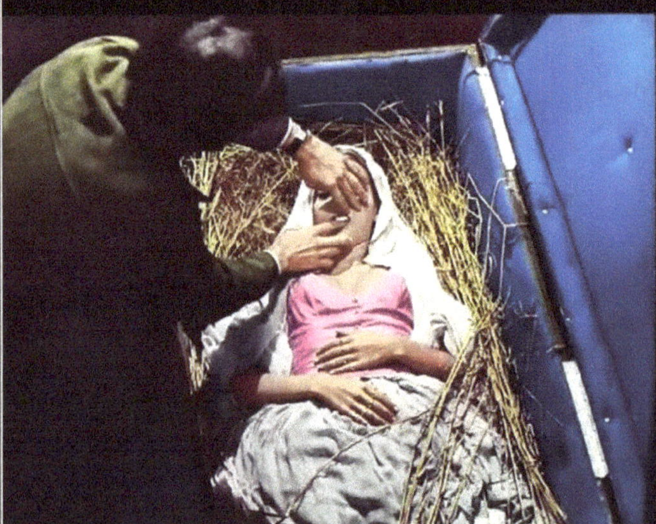

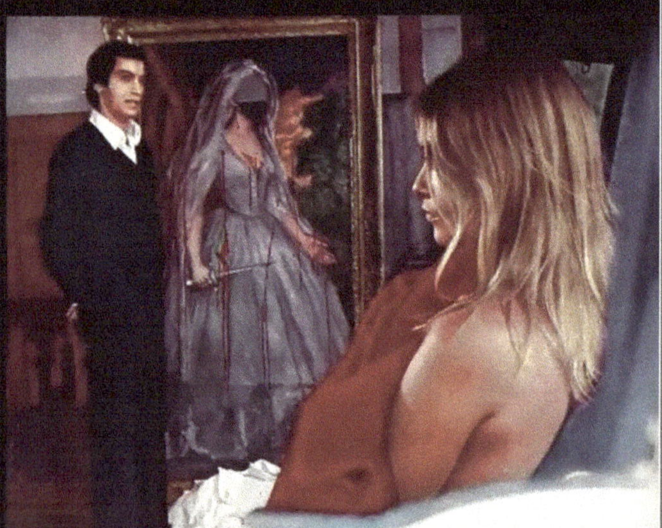

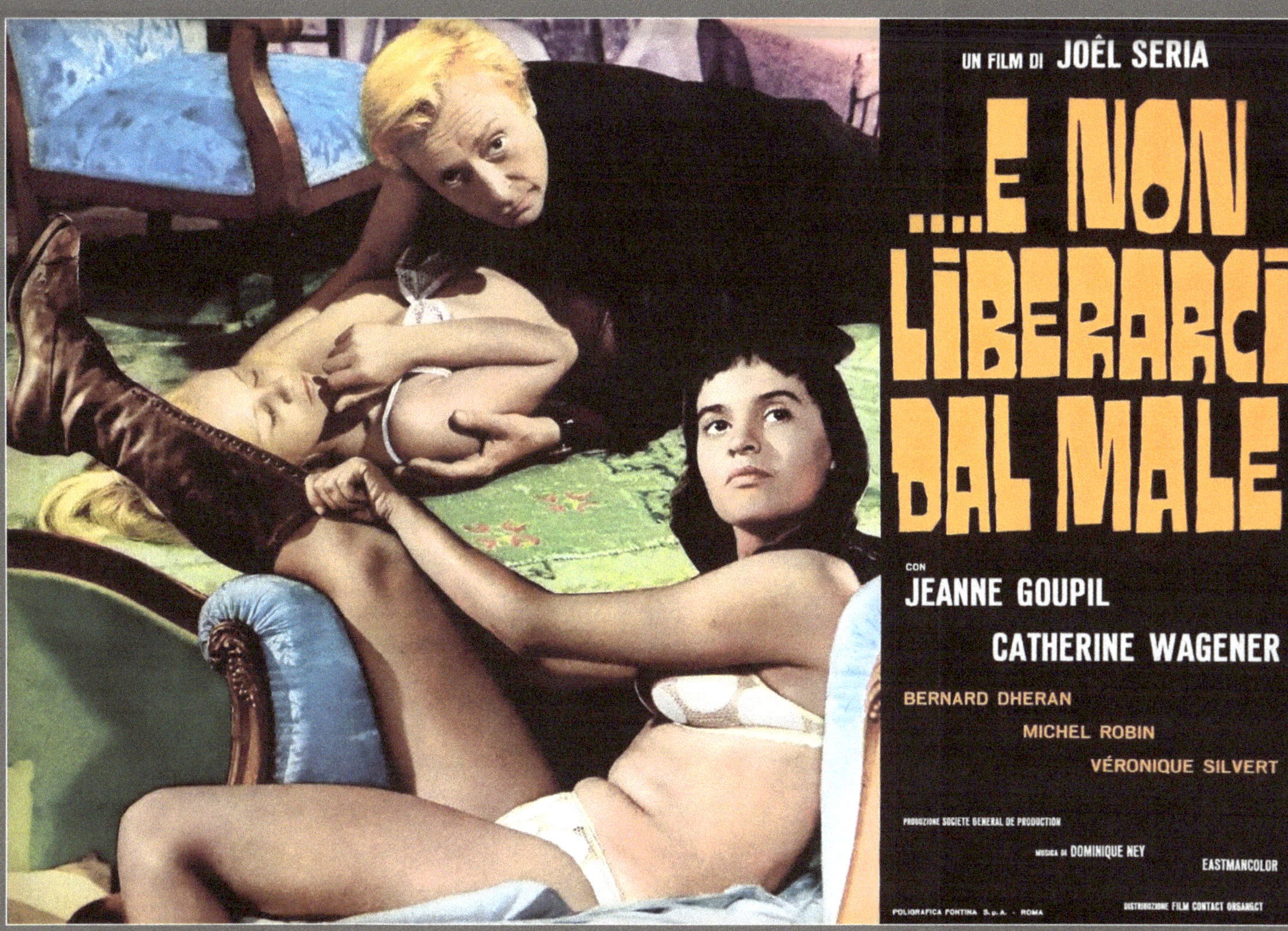

...E NON LIBERARCI DAL MALE
("...And Do Not Deliver Us From Evil")
Original Title: **Mais Me Nous Délivrez Pas Du Mal** (France, 1971)

OPPOSITE PAGE:

UN ABITO DA SPOSA MACCHIATO DI SANGUE
("A Blood-Splattered Bridal Gown")
Original Title: **La Novia Ensangrentada** (Spain, 1972)

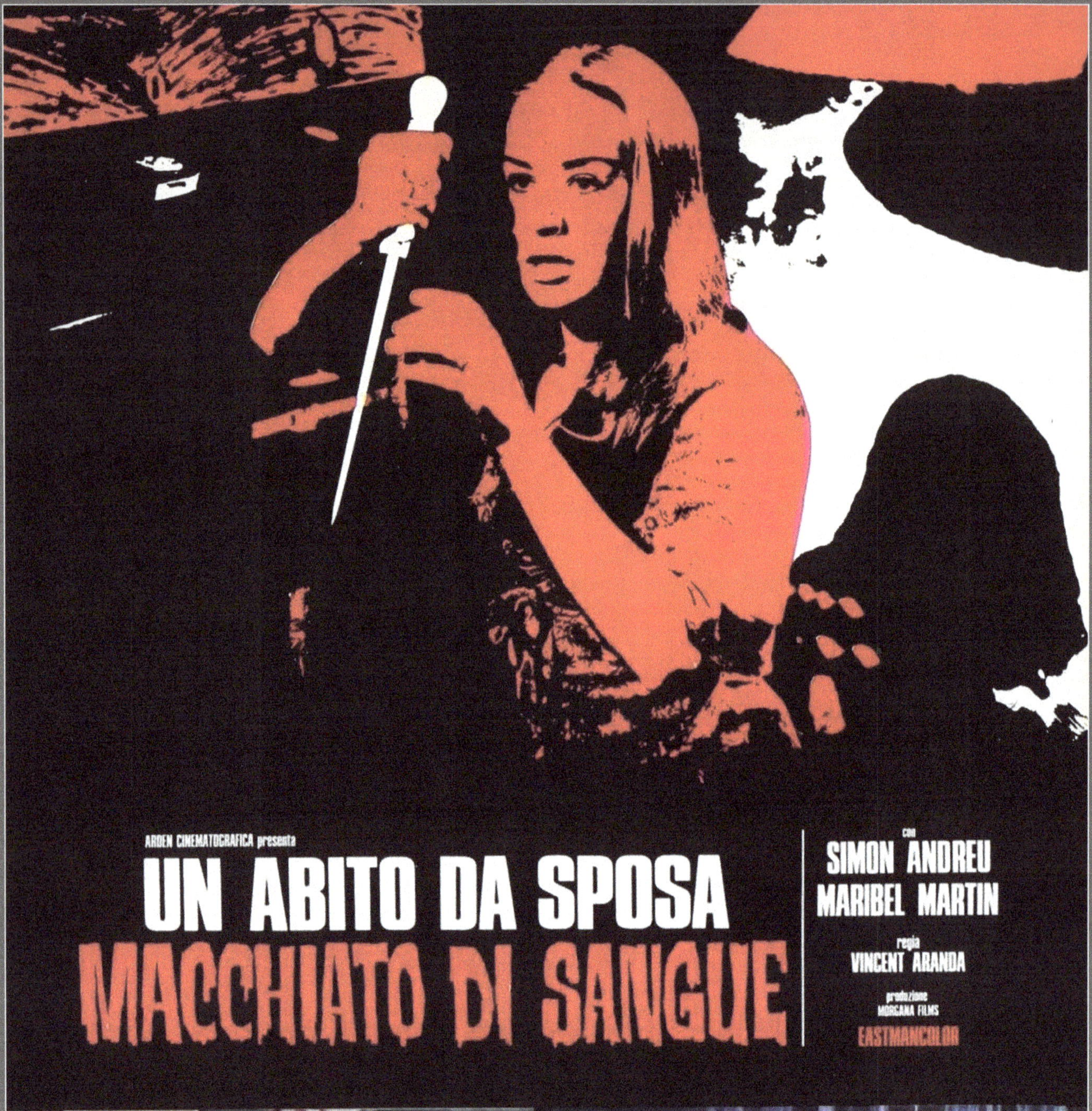

ARDEN CINEMATOGRAFICA presenta
UN ABITO DA SPOSA
MACCHIATO DI SANGUE
con
SIMON ANDREU
MARIBEL MARTIN
regia
Vincent Aranda
produzione
MORGANA FILMS
EASTMANCOLOR

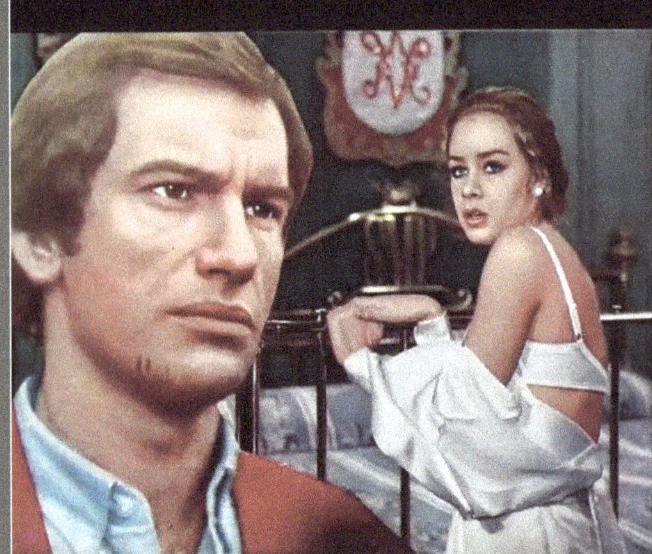

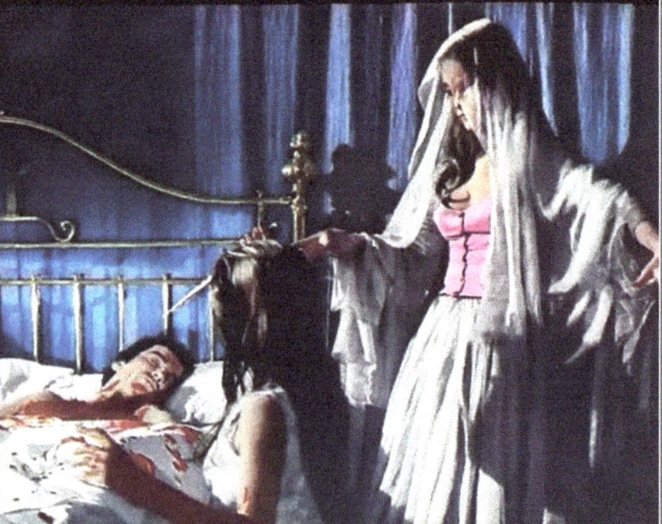

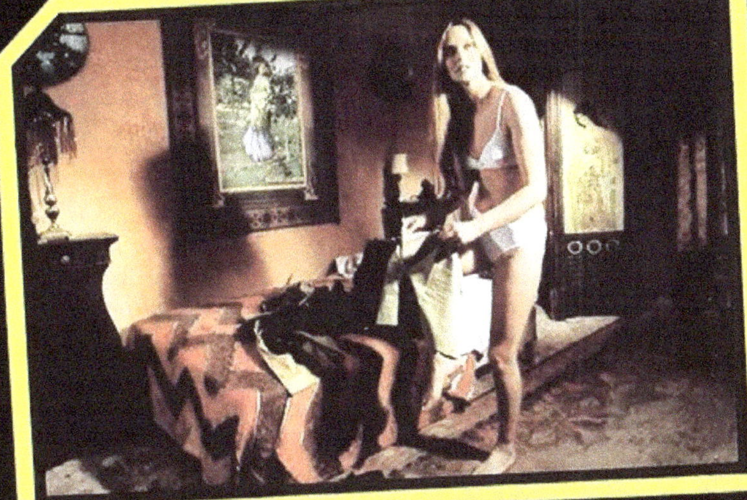
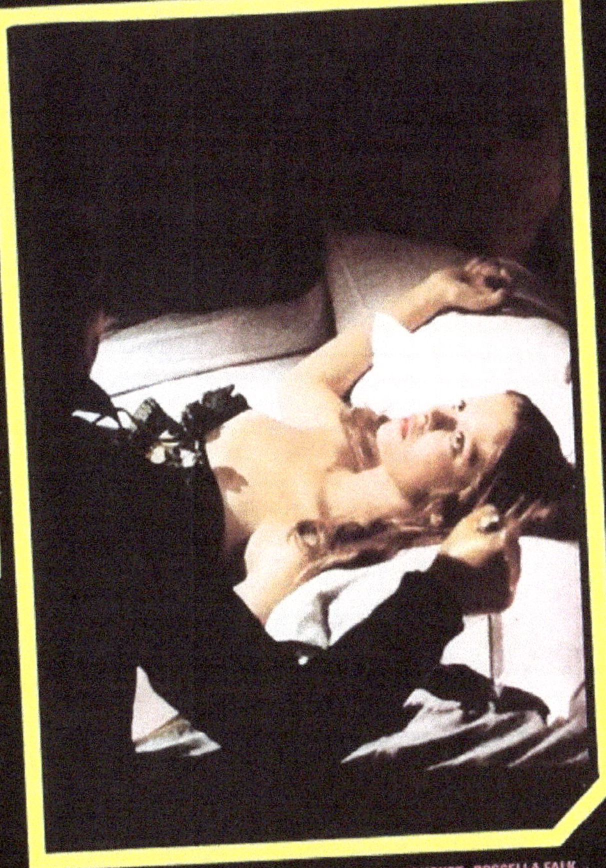

LA TARANTOLA DAL VENTRE NERO
("The Black-Bellied Tarantula")
Original Title: **La Tarantola Dal Ventre Nero** (Italy/France, 1971)

OPPOSITE PAGE:

UN ABITO DA SPOSA MACCHIATO DI SANGUE
("A Blood-Splattered Bridal Gown")
Original Title: **La Novia Ensangrentada** (Spain, 1972)

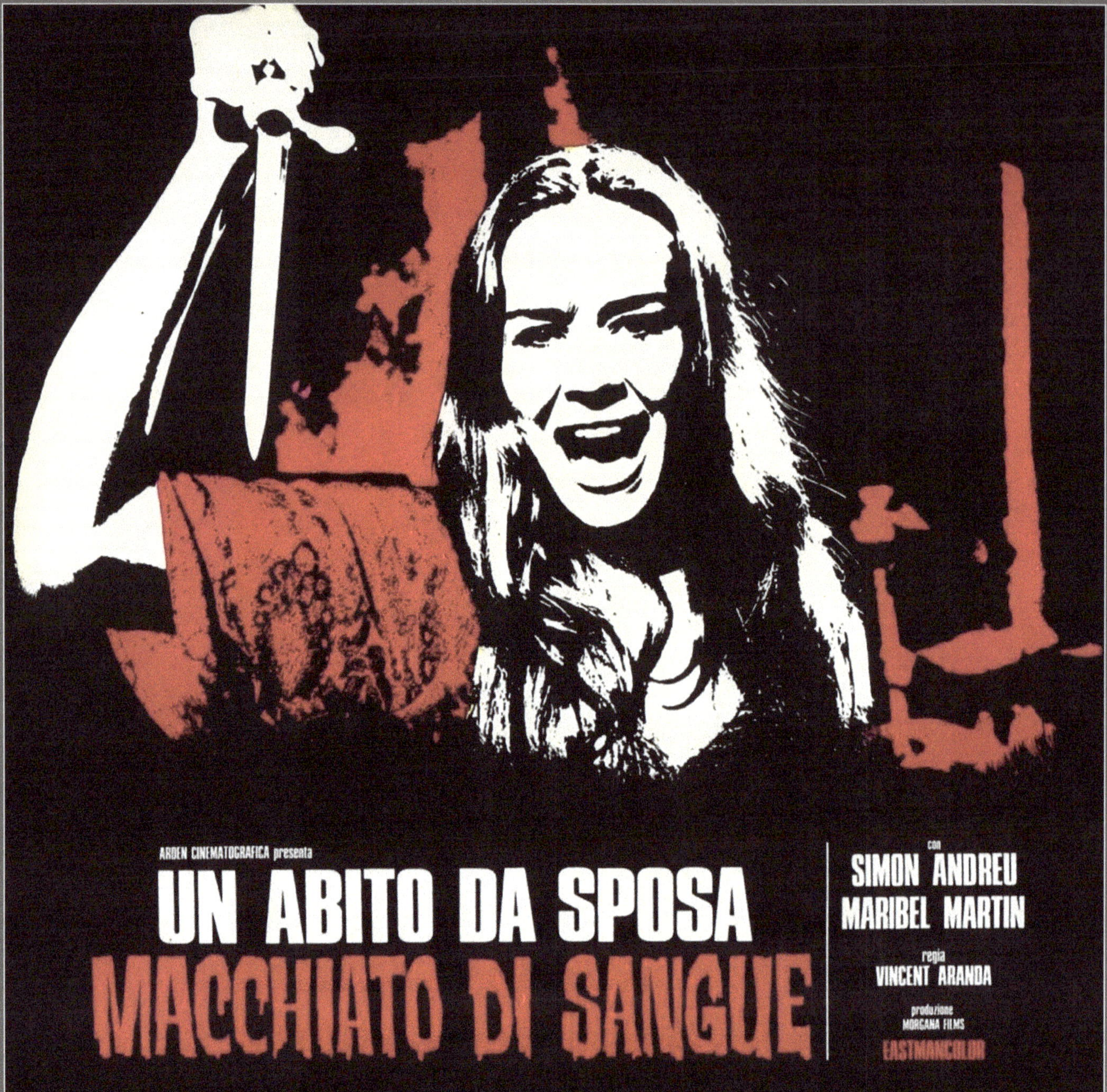

ARDEN CINEMATOGRAFICA presenta
UN ABITO DA SPOSA
MACCHIATO DI SANGUE
con
SIMON ANDREU
MARIBEL MARTIN
regia
Vincent Aranda
produzione
MORGANA FILMS
EASTMANCOLOR

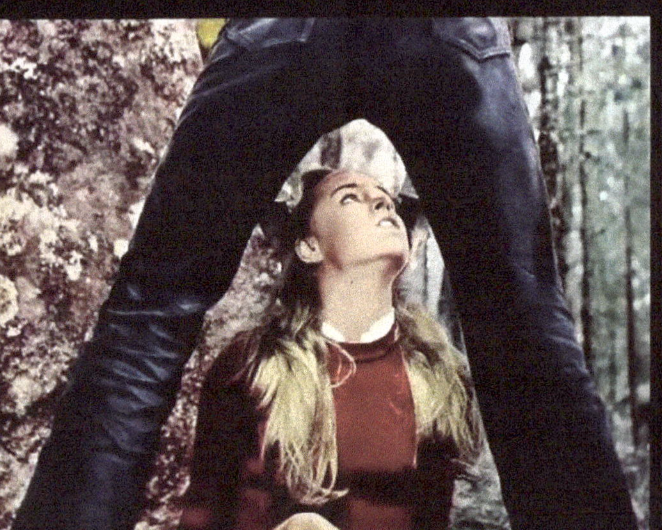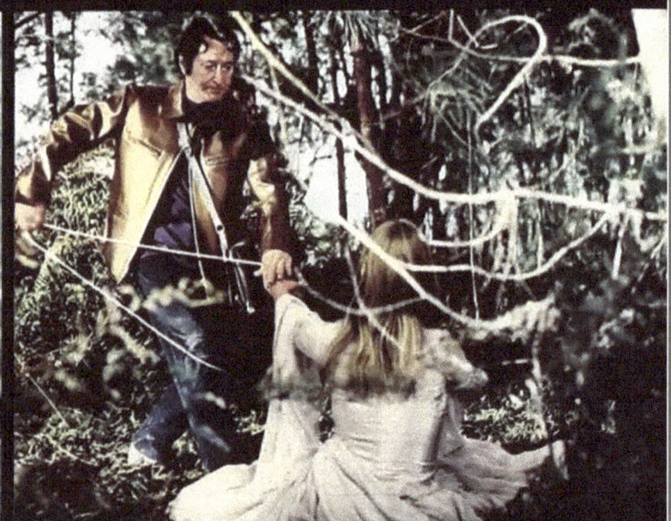

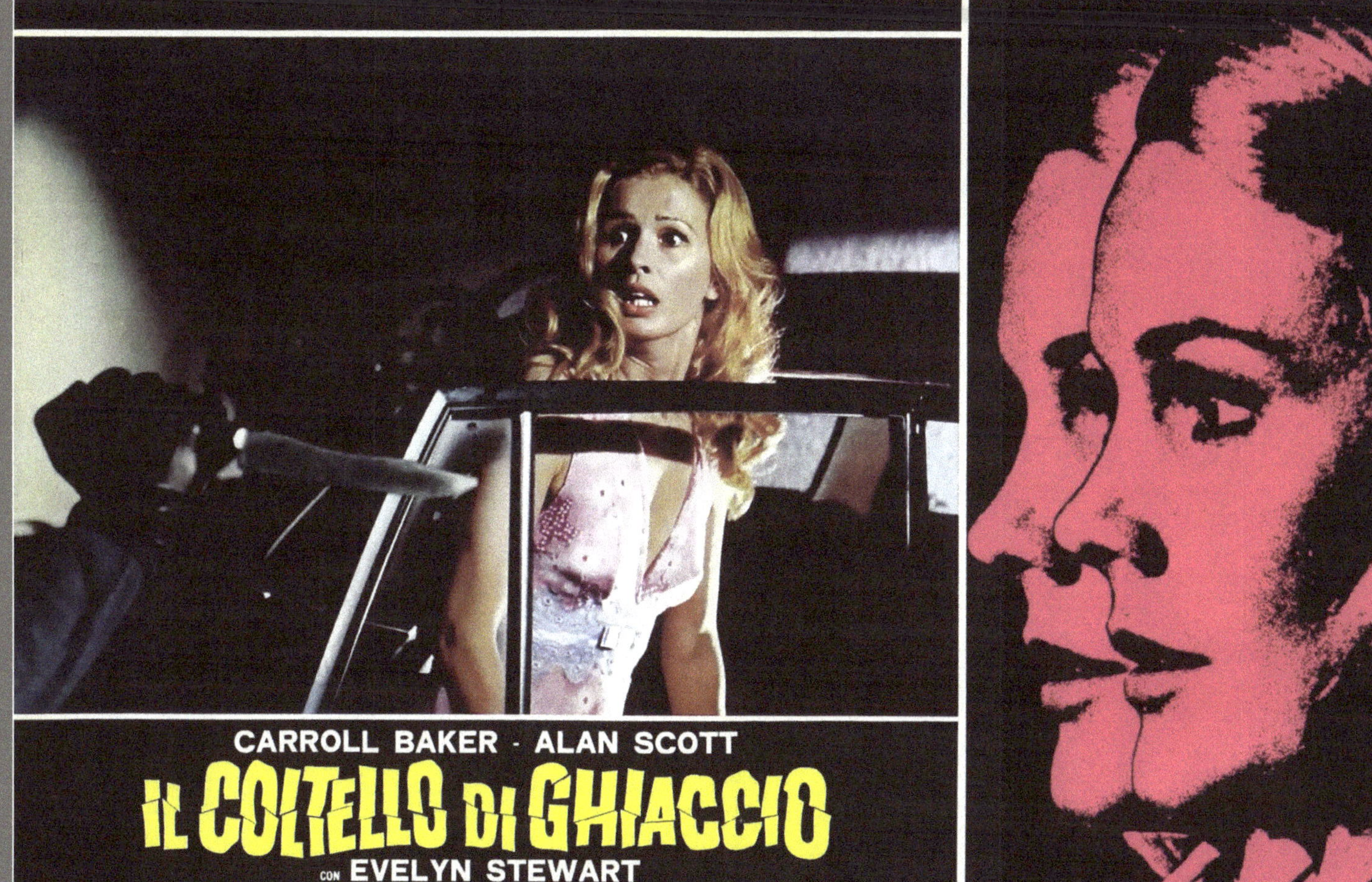

IL COLTELLO DI GHIACCIO
("The Knife Of Ice")
Original Title: **Il Coltello Di Ghiaccio** (Italy/Spain, 1972)

OPPOSITE PAGE:

UN ABITO DA SPOSA MACCHIATO DI SANGUE
("A Blood-Splattered Bridal Gown")
Original Title: **La Novia Ensangrentada** (Spain, 1972)

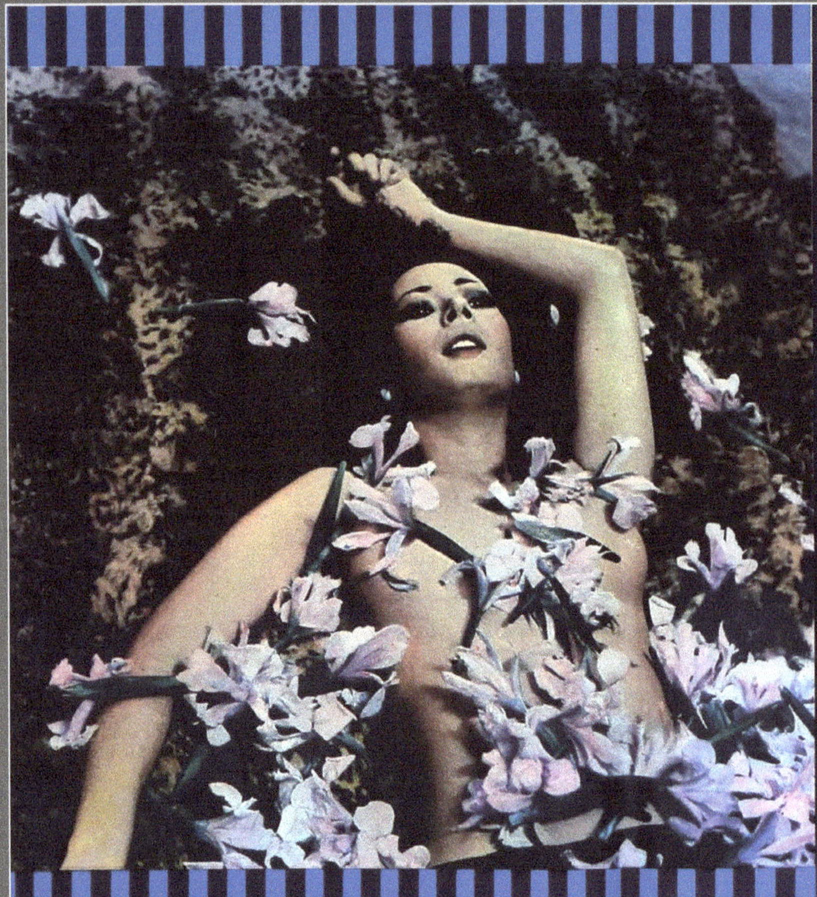

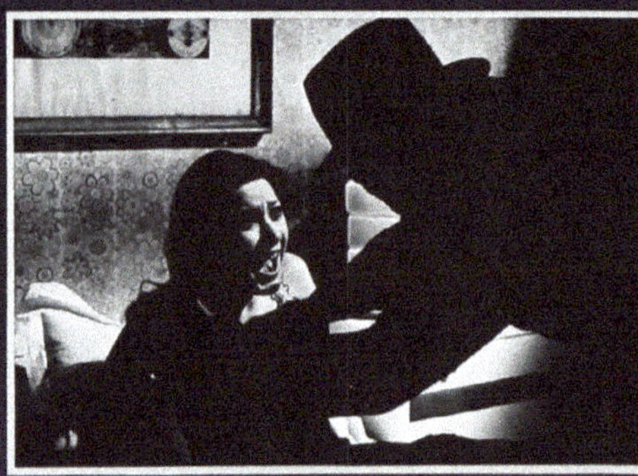

GEORGE HILTON   EDWIGE FENECH in
PERCHE'
QUELLE STRANE
GOCCE DI SANGUE
SUL CORPO
DI JENNIFER?
con PAOLA QUATTRINI · GIAMPIERO ALBERTINI · GEORGE RIGAUD
FRANCO AGOSTINI · BEN CARRA' · CARLA BRAIT
e con ANNABELLA INCONTRERA   regia di ANTHONY ASCOTT
prodotto dalla LEA FILM - GALASSIA FILM
EASTMANCOLOR COLORE DELLA SPES
POSTER FILM - VIA PANAMA 87 - ROMA - TEL. 803252

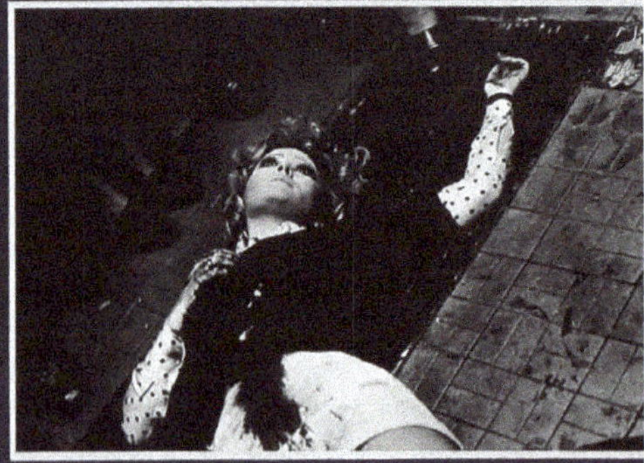

GEORGE HILTON   EDWIGE FENECH in
PERCHE'
QUELLE STRANE
GOCCE DI SANGUE
SUL CORPO
DI JENNIFER?
con PAOLA QUATTRINI · GIAMPIERO ALBERTINI · GEORGE RIGAUD
FRANCO AGOSTINI · BEN CARRA' · CARLA BRAIT
e con ANNABELLA INCONTRERA   regia di ANTHONY ASCOTT
prodotto dalla LEA FILM - GALASSIA FILM
EASTMANCOLOR COLORE DELLA SPES
POSTER FILM - VIA PANAMA 87 - ROMA - TEL. 803252

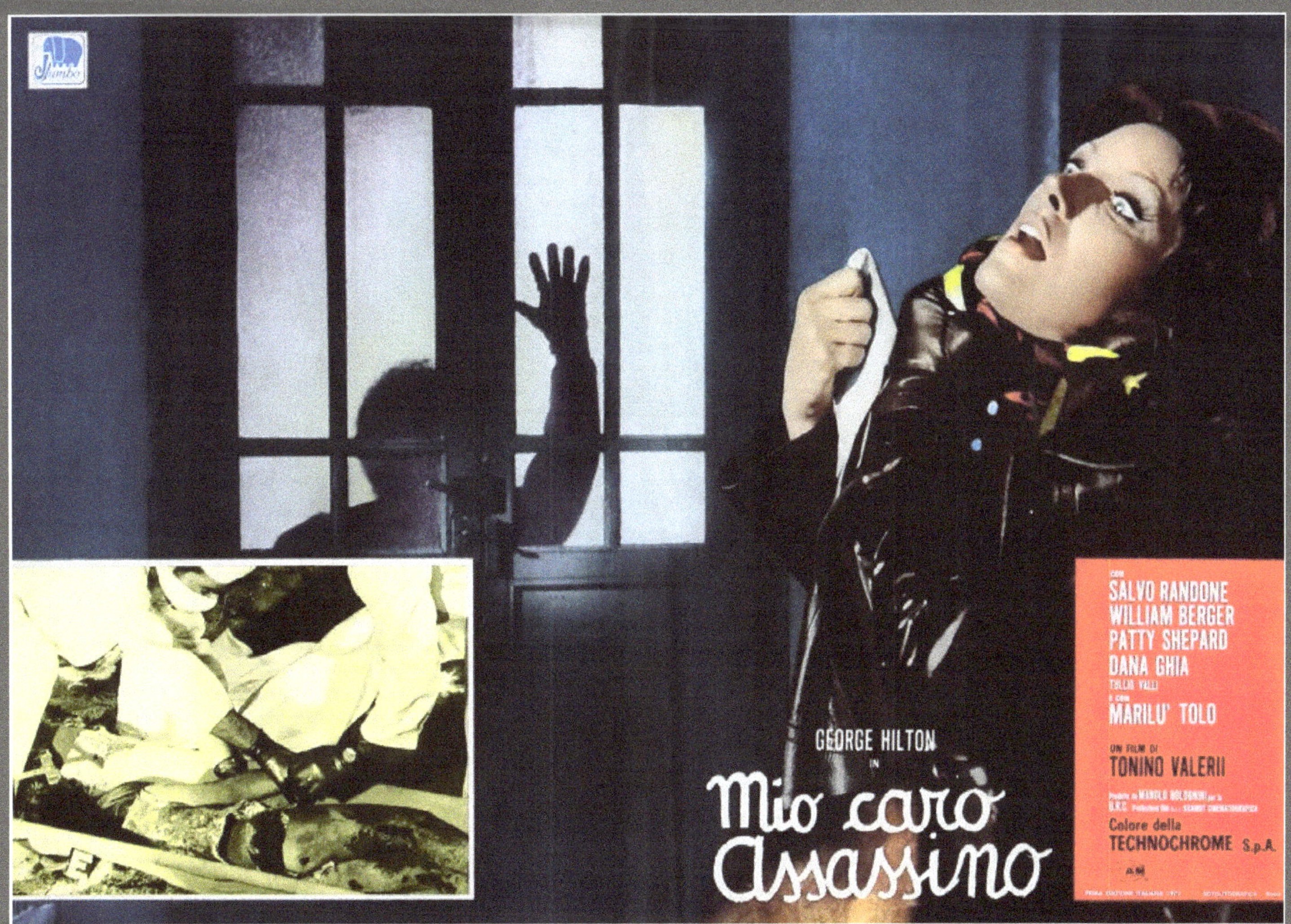

MIO CARO ASSASSINO
(''My Dear Killer'')
Original Title: **Mio Caro Assassino** (Italy/Spain, 1972)

OPPOSITE PAGE:

PERCHÉ QUELLE STRANE GOCCE DI SANGUE SUL CORPO DI JENNIFER?
(''Why Are There Strange Blood-Drops On Jennifer's Body?'')
Original Title: **Perché Quelle Strane Gocce Di Sangue Sul Corpo Di Jennifer?** (Italy, 1972)

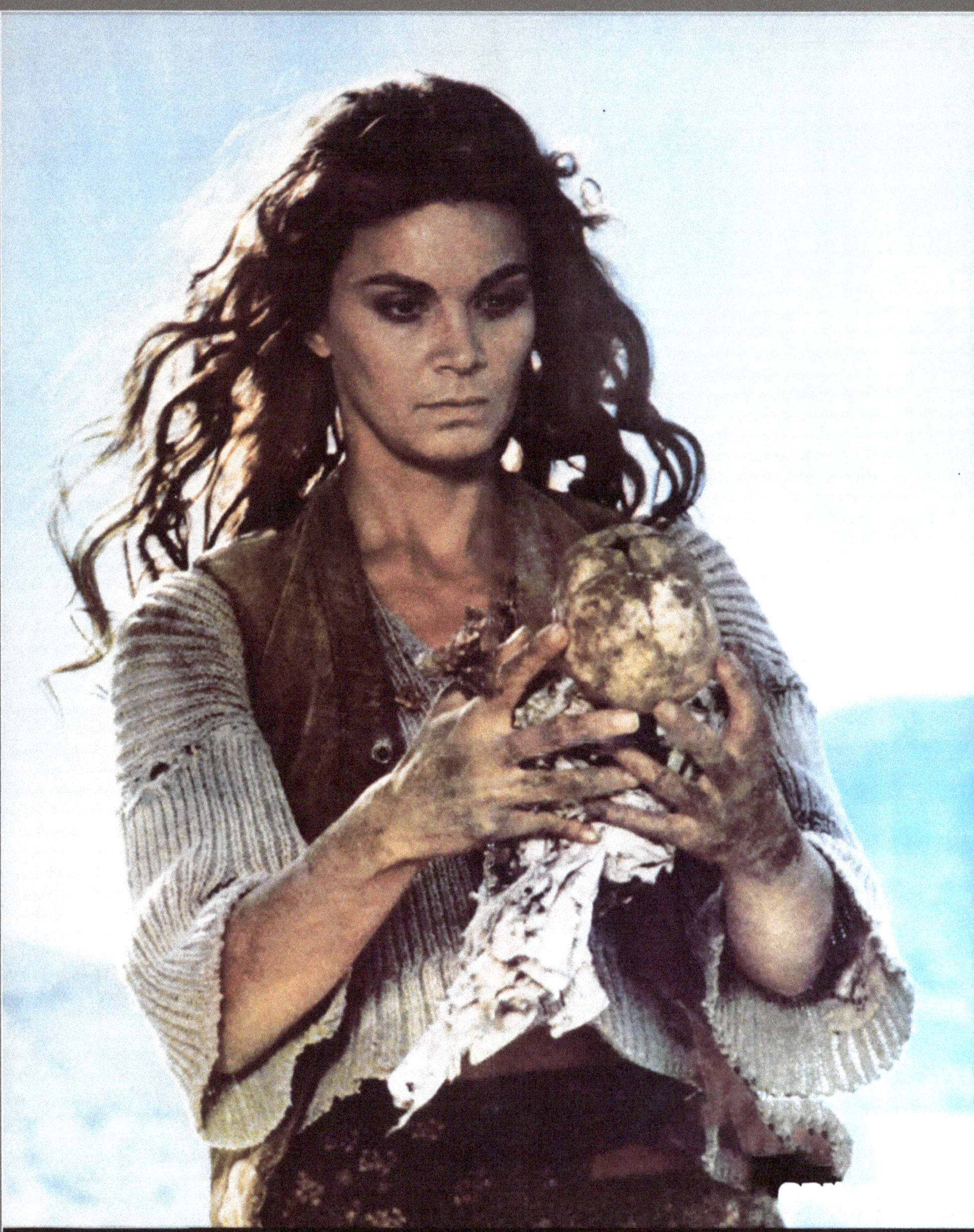
IN ORDINE ALFABETICO
FLORINDA BOLKAN
BARBARA BOUCHET
TOMAS MILIAN
IRENE PAPAS
MARC POREL
GEORGE WILSON.
MEDUSA DISTRIBUZIONE PRESENTA
non si sevizia
un paperino
ANTONELLO CAMPODIFIORE · UGO D'ALESSIO · VIRGINIO GAZZOLO
RIZ ORTOLANI   REGIA DI LUCIO FULCI
MEDUSA DISTRIBUZIONE · Roma
TECHNICOLOR
TECHNISCOPE

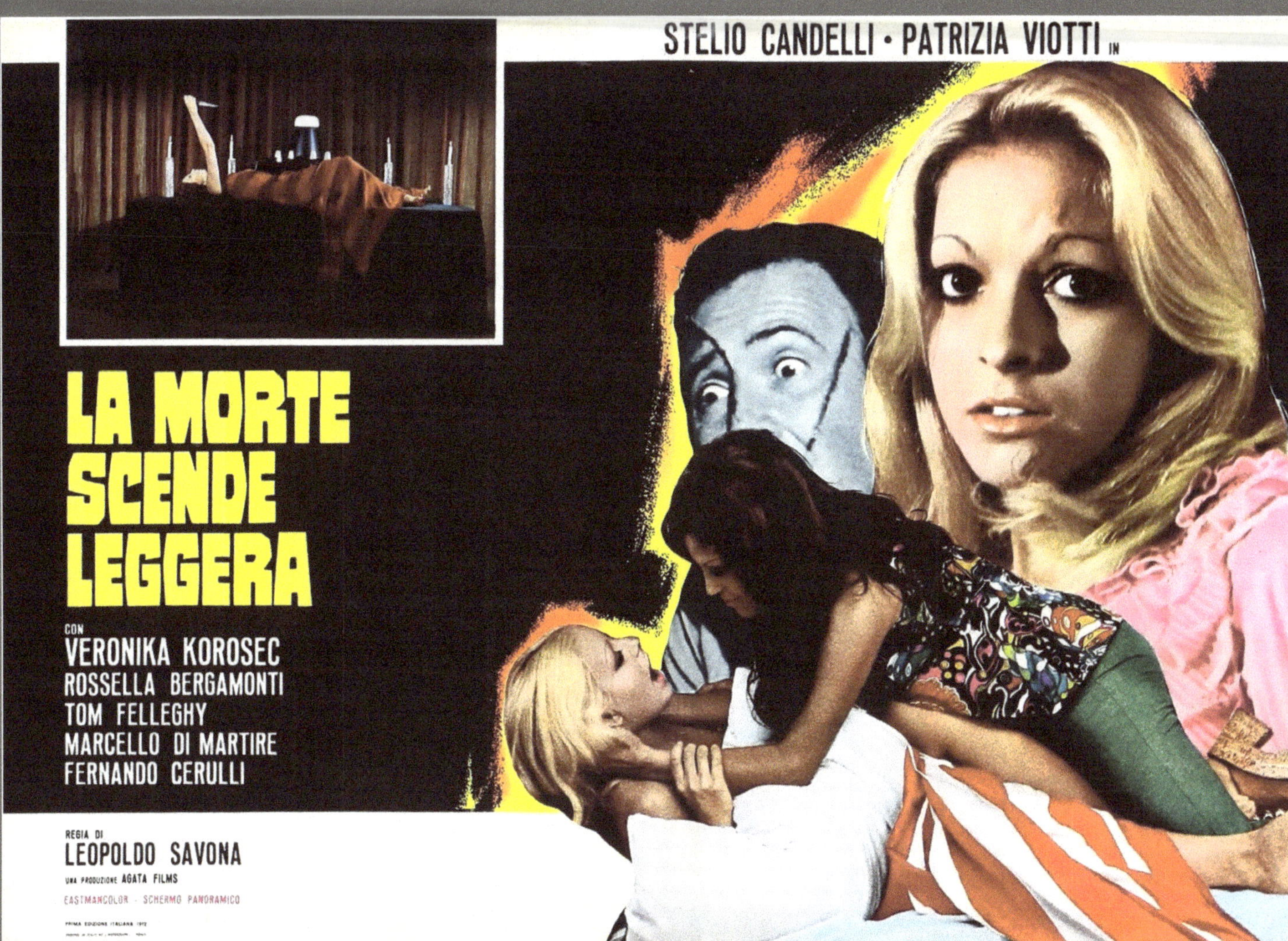

LA MORTE SCENDE LEGGERA
("Death Descends Lightly")
Original Title: **La Morte Scende Leggera** (Italy, 1972)

OPPOSITE PAGE:

NON SI SEVIZIA UN PAPERINO
("You Don't Torture A Duckling")
Original Title: **Non Si Sevizia Un Paperino** (Italy, 1972)

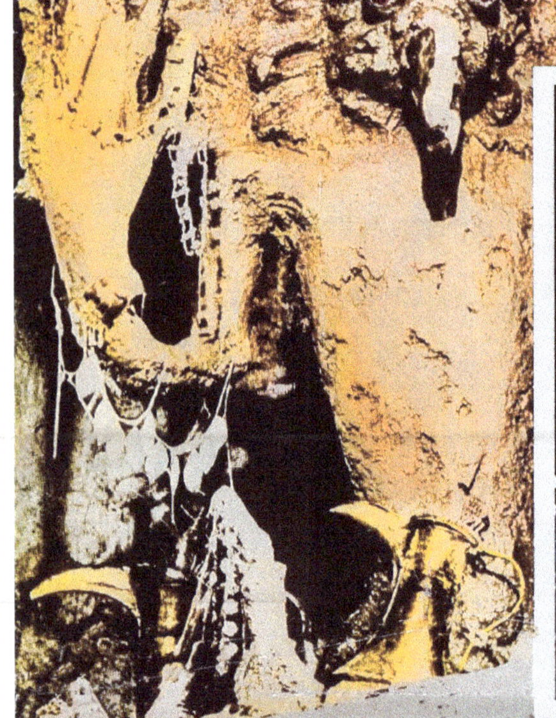

PERCHE' IL DIO FENICIO CONTINUA AD UCCIDERE?

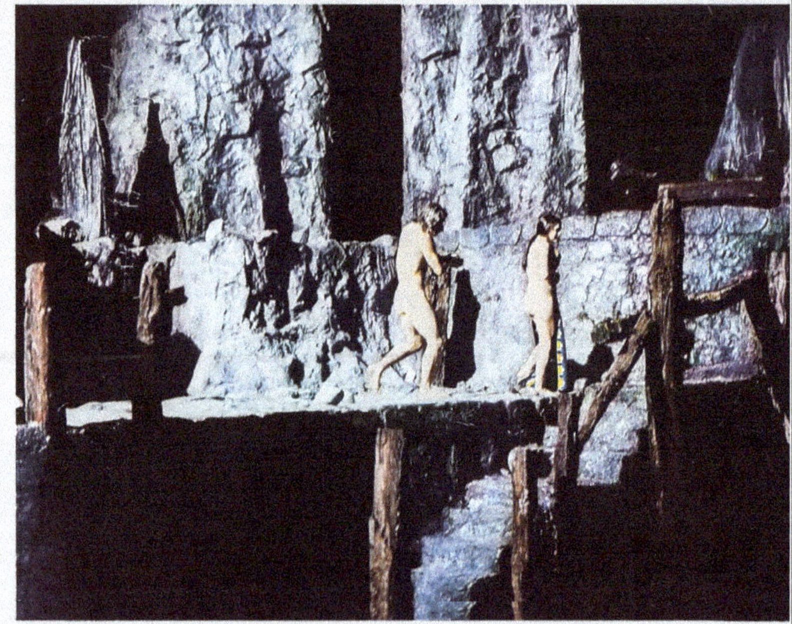

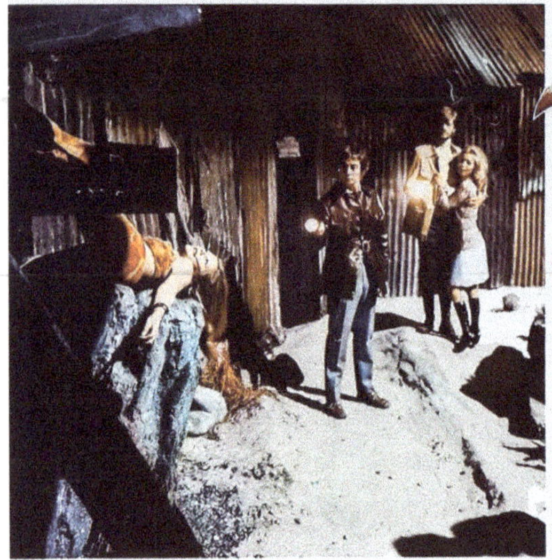

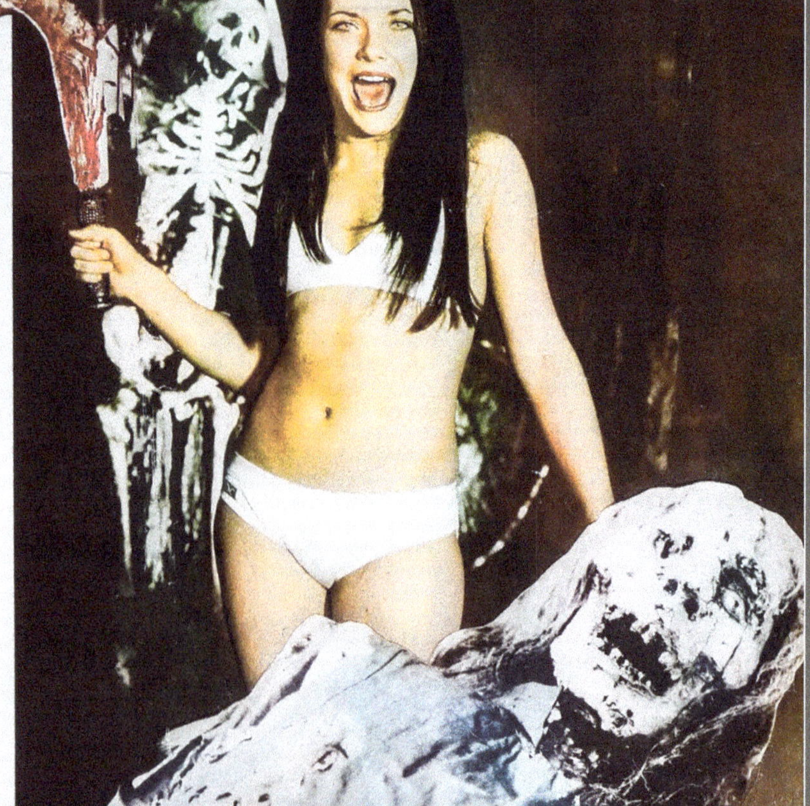

BRYANT HALIDAY - JILL HAWORTH

GARY HAMILTON - ANNA PALK

MARK EDWARDS - DENNIS PRICE

JOHN HAMILL

Regia di JIM O'CONNOLLY

Anno di edizione MCMLXXIII

EASTMANCOLOR - SUPERCINEVISION

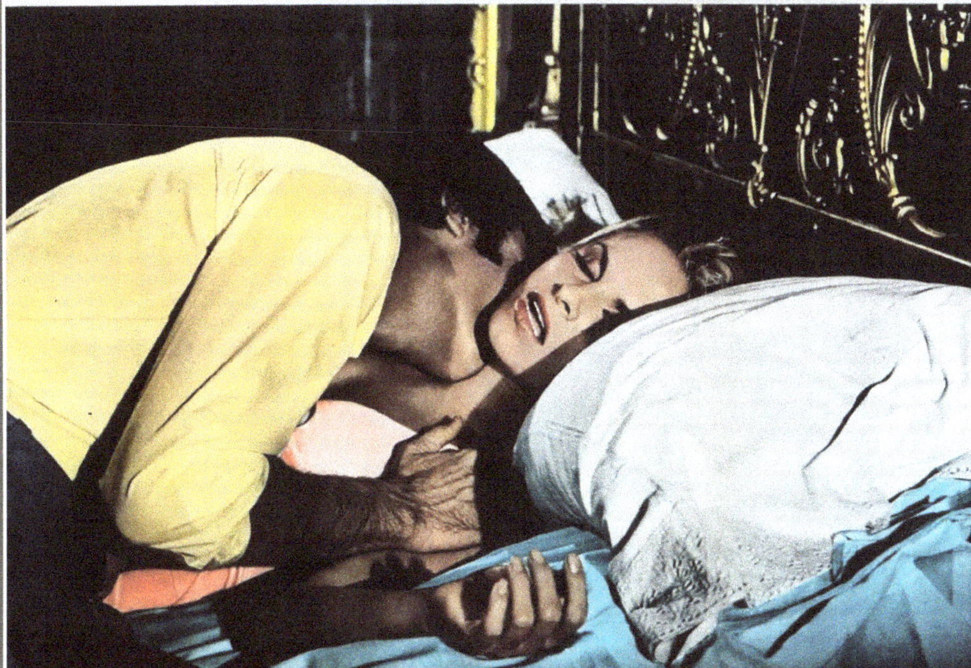
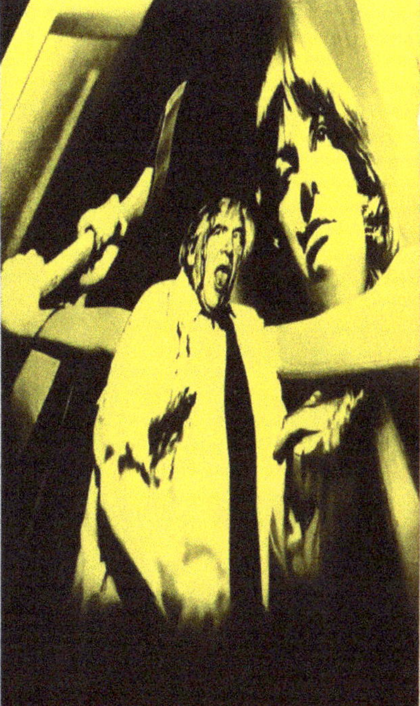

CARA DOLCE DELILAH... MORTE
("Dear Sweet Delilah... Dead")
Original Title: **Dear Dead Delilah** (USA, 1972)

OPPOSITE PAGE:

PERCHÉ IL DIO FENICIO CONTINUA AD UCCIDERE?
("Why Does The Phoenician God Continue To Kill?")
Original Title: **Tower Of Evil** (UK, 1972)

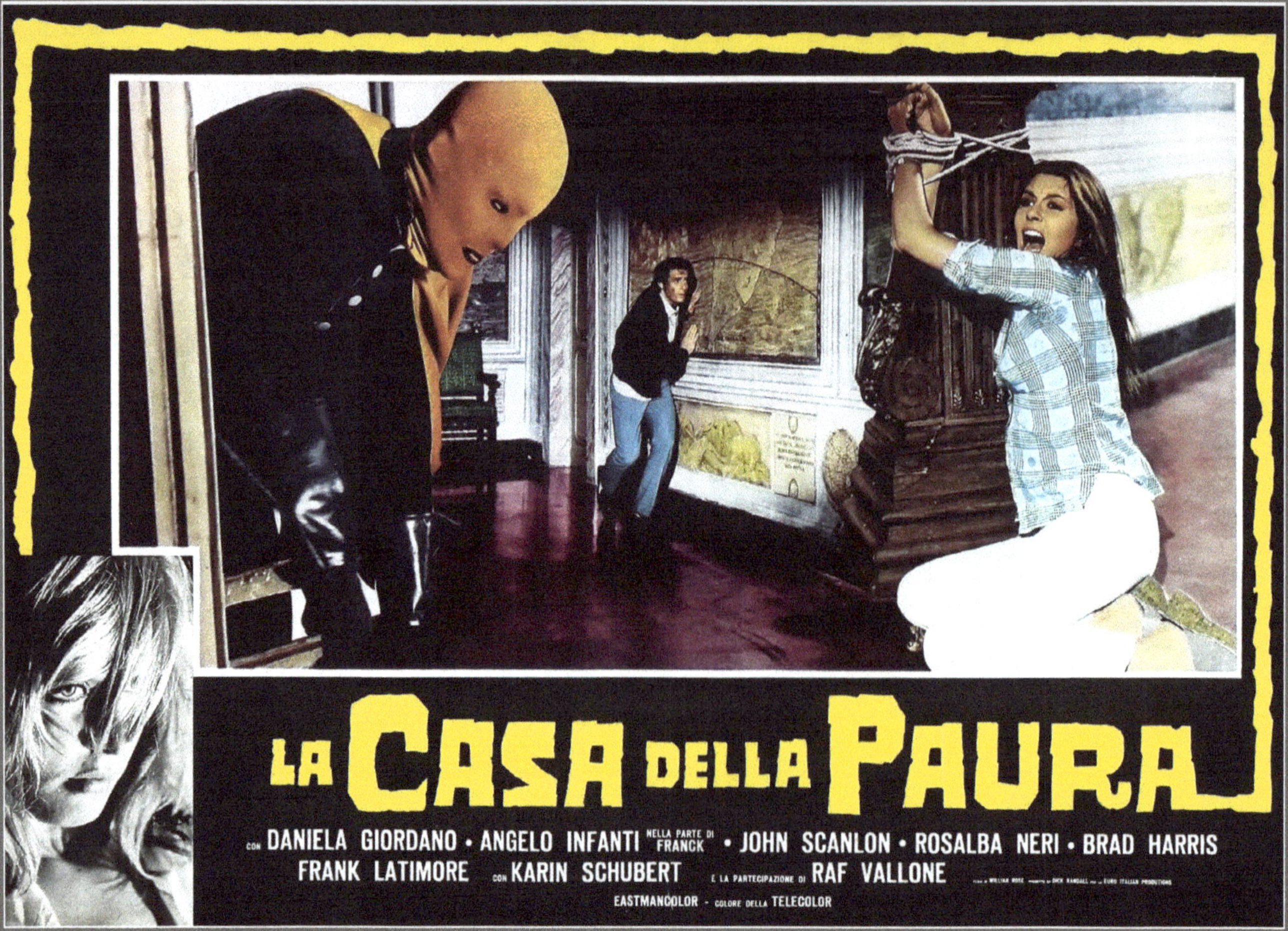

LA CASA DELLA PAURA
CON DANIELA GIORDANO • ANGELO INFANTI NELLA PARTE DI "FRANCK" • JOHN SCANLON • ROSALBA NERI • BRAD HARRIS
FRANK LATIMORE CON KARIN SCHUBERT E LA PARTECIPAZIONE DI RAF VALLONE
EASTMANCOLOR - COLORE DELLA TELECOLOR

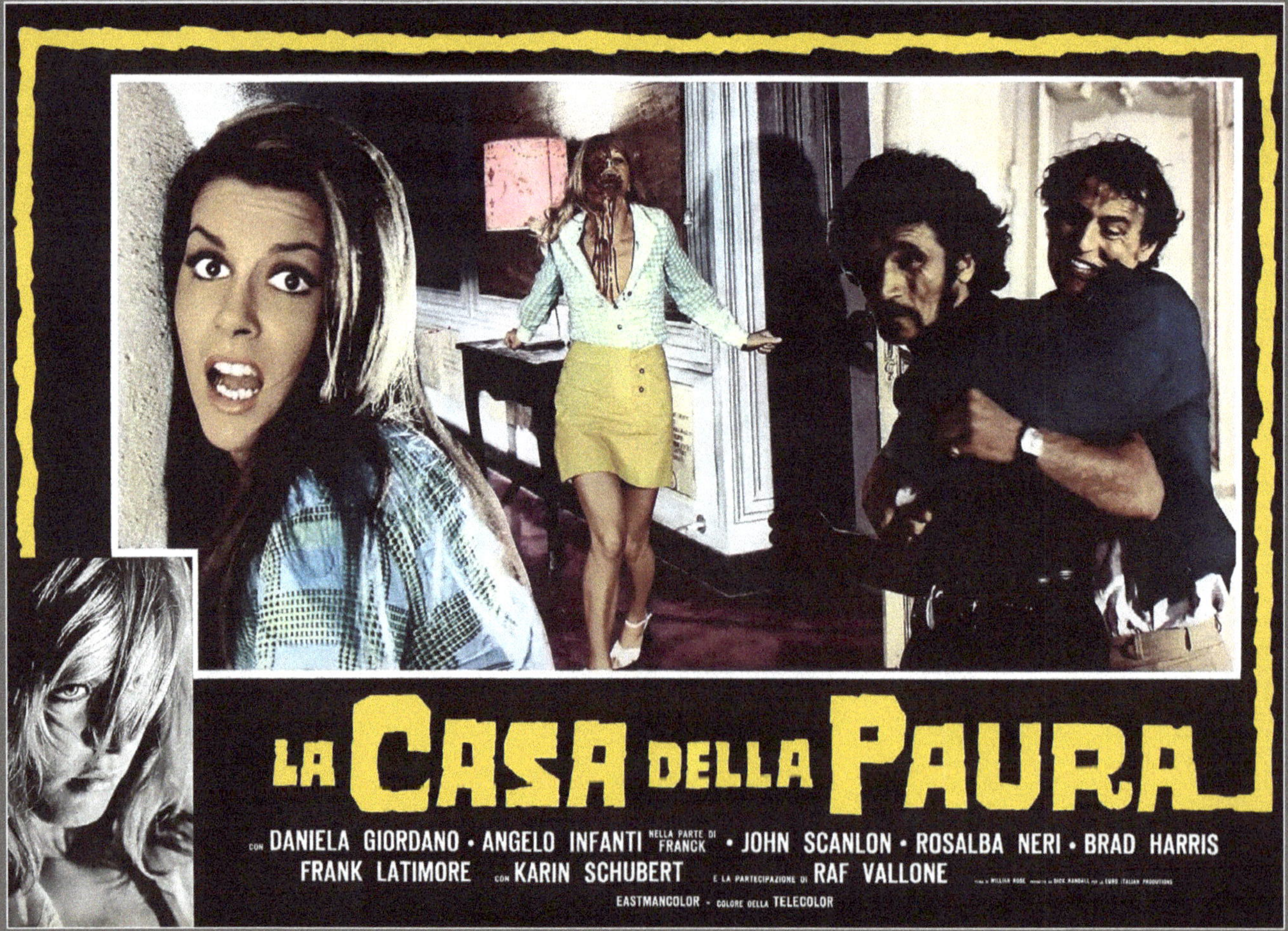

LA CASA DELLA PAURA
CON DANIELA GIORDANO • ANGELO INFANTI NELLA PARTE DI "FRANCK" • JOHN SCANLON • ROSALBA NERI • BRAD HARRIS
FRANK LATIMORE CON KARIN SCHUBERT E LA PARTECIPAZIONE DI RAF VALLONE
EASTMANCOLOR - COLORE DELLA TELECOLOR

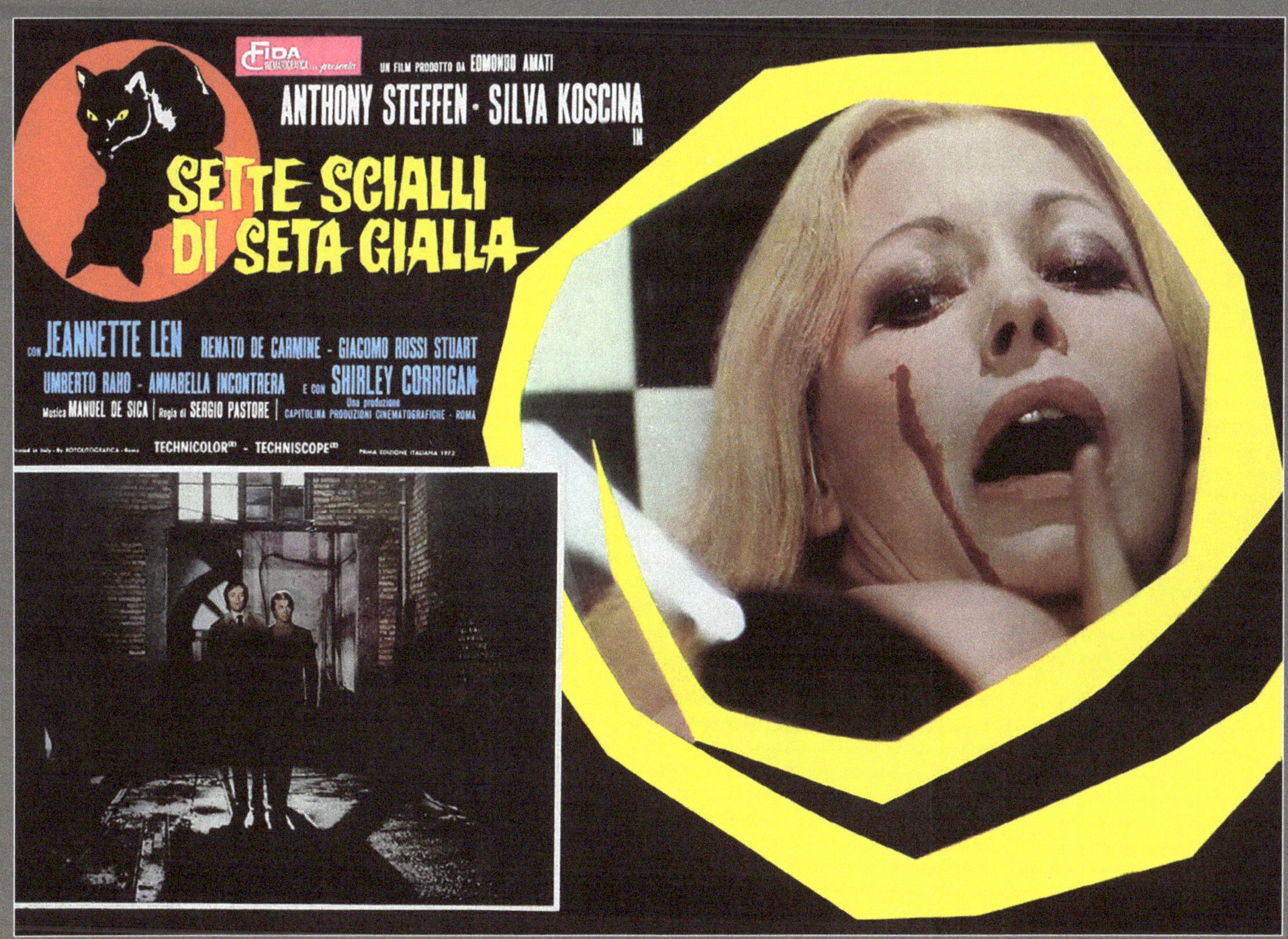

SETTE SCIALLI DI SETA GIALLA
("Seven Shawls In Yellow Silk")
Original Title: **Sette Scialli Di Seta Gialla** (Italy, 1972)

OPPOSITE PAGE:

LA CASA DELLA PAURA
("The House Of Fear")
Original Title: **Girl In Room 2A** (USA, 1973)

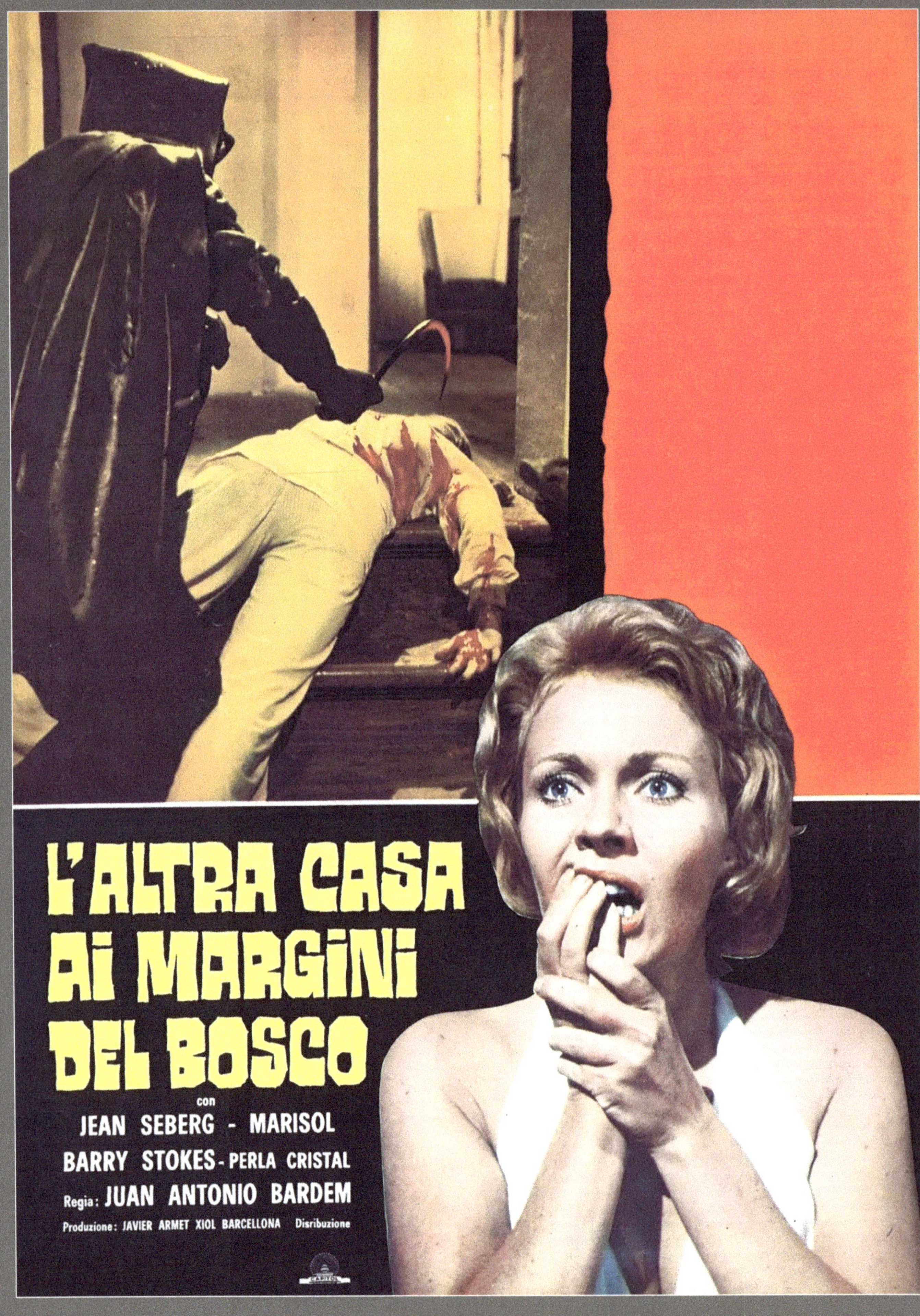
L'ALTRA CASA AI MARGINI DEL BOSCO
con
JEAN SEBERG - MARISOL
BARRY STOKES - PERLA CRISTAL
Regia: JUAN ANTONIO BARDEM
Produzione: JAVIER ARMET XIOL BARCELLONA   Disribuzione

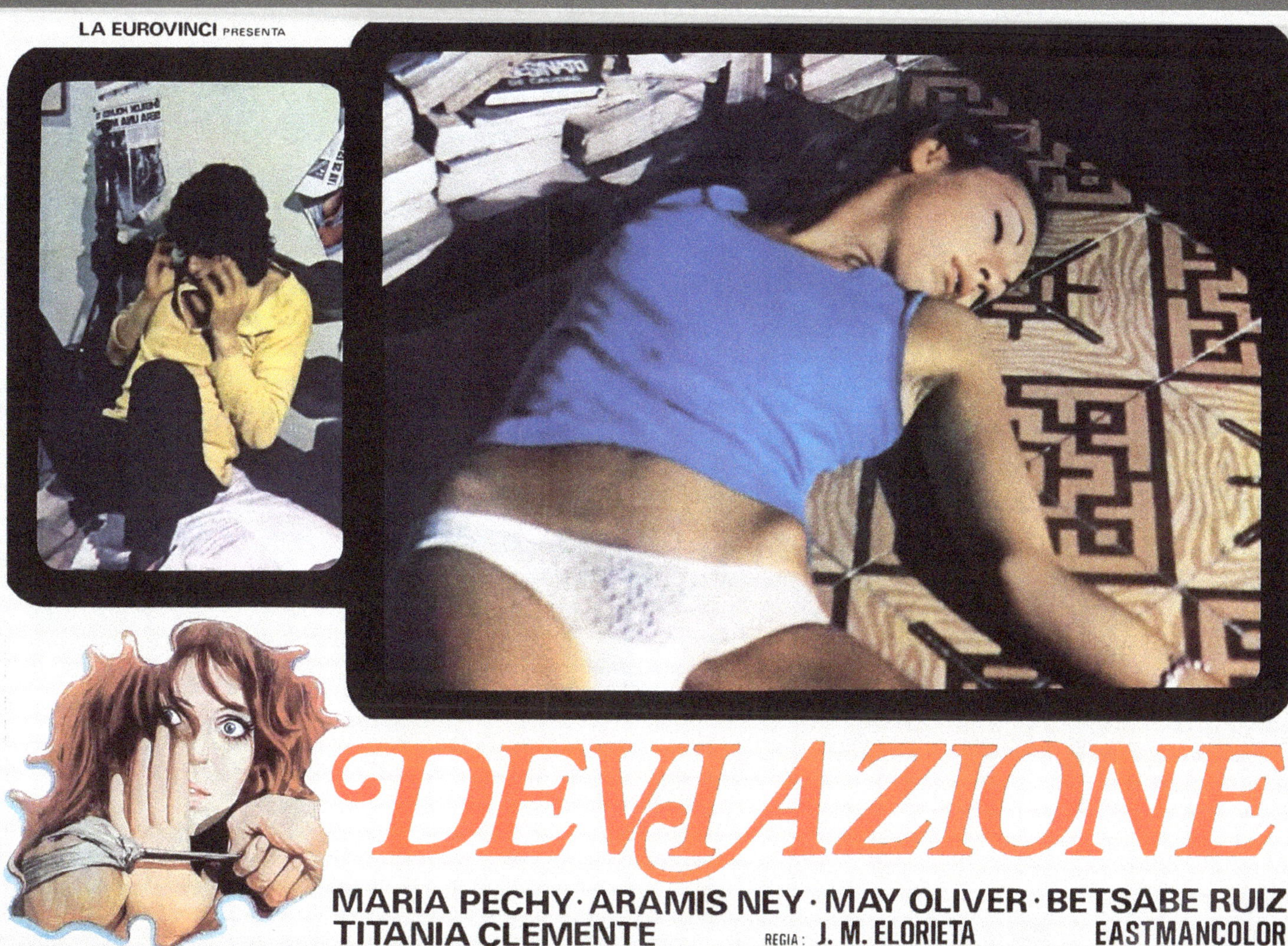

DEVIAZIONE
("Deviancy")
Original Title: **El Espectro Del Terror** (Spain, 1973)

OPPOSITE PAGE:

L'ALTRA CASA AI MARGINI DEL BOSCO
("The Other House At The Edge Of The Woods")
Original Title: **La Corrupción De Chris Miller** (Spain, 1973)

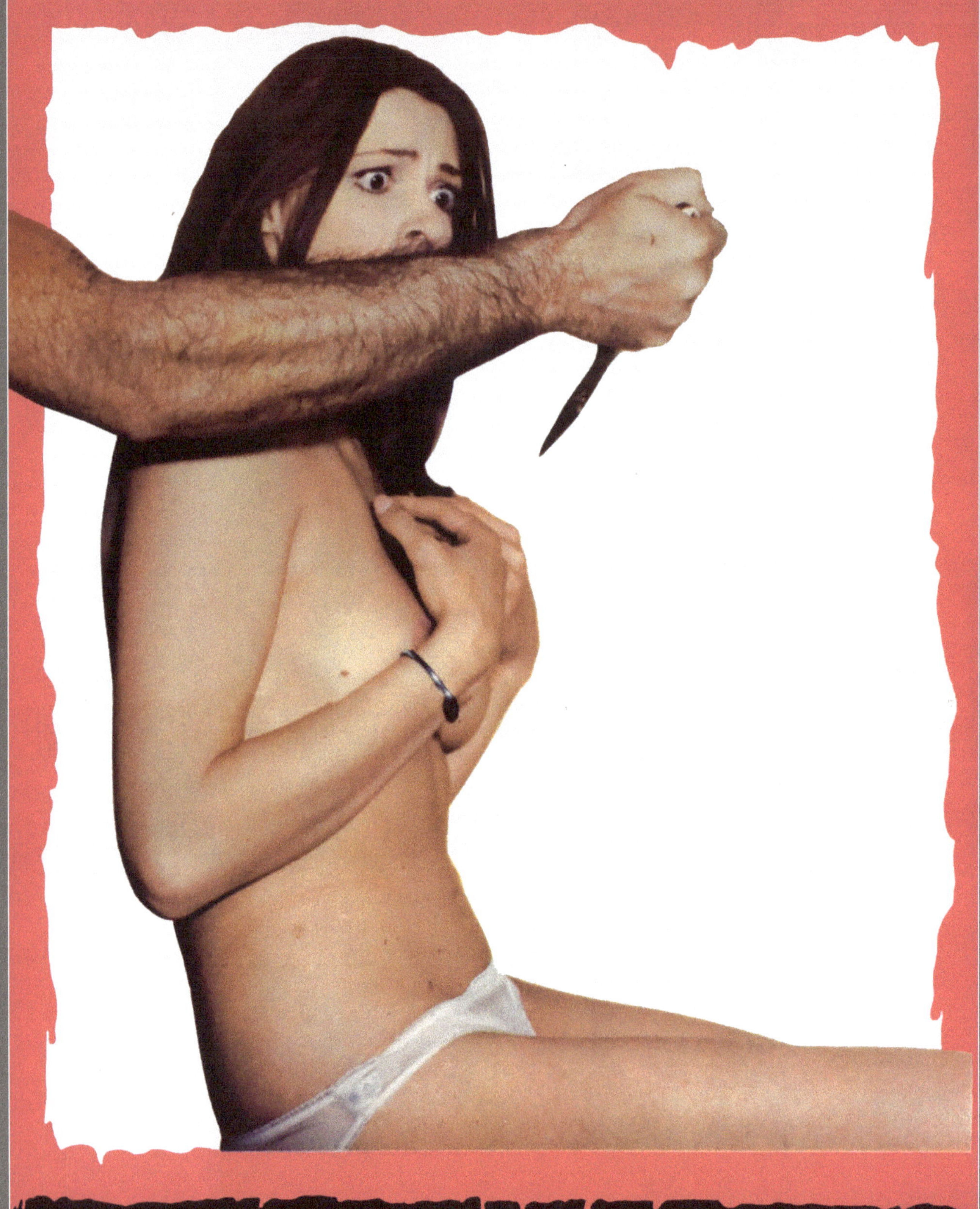

Remo Angioli presenta
Rita Calderoni
NUDA PER SATANA
James Harris Jolanda Mascitti · Renato Lupi · Barbara Lai · Cota Cobert · Augusto Boscardini · Alfredo Asti Stelio Candelli regia: Paolo Solvay
TECHNICOLOR TECHNISCOPE
Una produzione C.R.C. distribuzione pac